勢　効力の歴史

母へ
最後の夏

ギィエストル　一九九〇年

フランソワ・ジュリアン著

勢　効力の歴史

——中国文化横断——

中島隆博訳

知泉書館

LA PROPENSION DES CHOSES

by

François Jullien

凡　例

一、（1）（2）（3）……という表記は、著者による原注を示す。

一、（a）（b）（c）……という表記は、著者による中国語原文の参照箇所を示す。

一、訳者による訳注は、（＊）で示す。

一、本文で用いられる「　」『　』（　）という記号と、傍点による強調は原著のものである。訳者が部分的に補う必要があると考えた場合には〔　〕を用い、文献からの引用で訳者が補足したものには【　】を用いた。

一、参考文献に関して、すでに日本語訳があるものはそれを参照した。ただし、本文を踏まえた上で、一部改訳したり、新たに訳し直したりしているが、一々示すことはしていない。

目次

第一部

第二部

第三部

勢　効力の歴史——中国文化横断

序文

一　静と動の間にあるもの

わたしたちは、一方に、事物の配置——条件・形状・構造——があり、他方に、力や運動といったものがあると考える。静と動という二項対立。これは、あらゆる二項対立がそうであるように、抽象的である。それは便法であり、現実を表象するための一時的な手段——現実を明らかにはするが、単純化してしまう——にすぎない。問われるべきは次のことだ。二項の間にあって、理論的には矛盾に陥るためほとんど思考されずにいるが、そこに実際に存在するものが賭けられていると感じられるものは、何なのか？

この問いは、西洋の論理の枠組みでは禁圧されているが、常に回帰してくるものである。配置を貫いているダイナミズムをどう考えるのか？　さらには、どうすればあらゆる状況を同時に事態の推移として感知できるのか？

二　困惑させられる曖昧さ　「勢」（地位・事態／権力・エネルギー）

こうしたことを考える際、中国語の「勢」(1)がガイドとして役に立つだろう。とはいえ、それは、どちらかと言えば一般的な語であって、通常は、哲学的で普遍的な重要性を与えられてはいない。この語こそが困惑のもとであり、その困惑からこの書物は生まれた。

辞書によれば、この言葉は「地位」や「事態」と訳されたり、「権力」や「潜勢力」と訳されたりしている。翻訳者や注釈者は、正確にその意味が決められる分野（政治）を別にすると、大体は、自分たちにとって不正確に見えるものを脚注で補うことになる。だが、その場合でもこの語の複数の意味を引き合いに出すだけで、この語が特に重要だとは考えていない。まるで、（十分には「厳密」でない）中国思想の中にある、甘受し慣れるべき多くの不正確さの一つを相手にしているかのようにである。もともとこれは単純な実用語であり、最初は戦略と政治に必要なものとして作られた。そして、類型化された表現の中で用いられ、いくつかのイメージによって繰り返し独占的に注解されていった。つまり、この語には、真なる概念が有している一貫性を保証するものがない。ギリシア哲学は、記述的で公平無私な合目的性に照らして、真なる概念は整合的であることを要求してきたが、これはその対極にある。

しかし、わたしは、この語の両義性にこそ魅了されたのである。西洋の事物の表象は、よくできたいくつかの反対命題に立脚し、それに頼っているが、この両義性はそれを知らぬまにかき乱す。というのも、この語は、静的な見方と動的な見方の間をはっきり揺れ動くために、そこから延びる道筋を辿っていくと、わたしたちは、自分たちの現実分析が塗り込められている諸次元の対立の裏に、滑り込んでいくからである。とはいえ、この語の身分それ自体が考察されなければならない。なるほど、この語が見いだされる様々な文脈では、それは一義的な解釈を逃れ、十分には定義されないままである。しかし同時に、この語は、思考を分節し表現するのに、決定的な役割を果たしてもいる。この語は、多くの場合目立たず、ほとんどコード化されず、注釈もされずに働いているが、それが中国の思索の最も重要な一部を支え、根拠づけているように思われるのだ。そのため、この語に備わったこうした使い勝手のよさについても、わたしは問うていきたい。

かくしてこの書物は、次のような賭から始まっている。「勢」は、明らかに大きく異なる観点の間で引き裂かれた困惑させられる語だが、それでもその一貫性を記述しようとすれば、それが可能な語ではないのか？ それどころか、その論理を明らかにできるのではないだろうか？ そして、その「勢」の論理は、変化の中で現実を考え続けてきた中国思想を最も広角に明らかにするはずである。それに加えて、「勢」の論理は、異なる文化に特有の物の見方の違いを越えて、言説が一般にはほとんど取り上げないものを明らかにするにちがいない。それはすなわち、効力 efficacité である。それは、人間のイニシアティブではなく、事物の配置 disposition から出てくる力である。わたしたちは現実に対して、自分たちが望む意味を常に押しつけているが、そうではなく、この内在の力に自らを開き、それをどう摑むのかを学びたいのである。

三　領域を横断して一致するもの　形状の中で働く潜勢力・機能的な両極性・交替の趨勢

したがって、この語は（枠組みがすでに準備されていて、機能があらかじめ定められているような）包括的で画定された概念には対応していないが、道具としての役割を果たす側面があり、わたしはそれを利用することにした。そこには、西洋の精神がなかなか抜け出せないカテゴリーの体系を、失効させるチャンスがあると思われたのだ。とはいえ、こうしたチャンスにも裏面がある。この語は、中国人自身によっても、普遍的で統一的な概念として、総合的に考察されてきたわけではなかった（王夫之でさえもそうであり、それでも彼は十七世紀にこの方向では最も先まで進んでいた)。また、この語は、中国人の考え方を理論化した主要概念(「道」、「理(組織化の原理)」)にも数え入れられなかった。そのため、その重要性を把握するには、諸領域を横断して追跡する必要がある。それは、戦争から政治、書画の美学から文学理論、さらには歴史についての考察から「第一哲学」にまたがる諸領域である。こうして、わたしたちは、様々な仕方で現実を条件づけているものを、異なった方向から順々に考察していったのである。すなわち、第一部では、「配置から生じる潜勢力」(兵法において)と位階的な「地位」が持つ規定的な特徴(政治において)が考察される。第二部では、書において文字の形を貫いて働く力、絵画において配置から出てくる緊張、文学において文章の布置から生じる効果が論じられる。最後に、第三部では、歴史状況から出てくる趨勢と、自然の大いなるプロセスを支配する勢いが問われる。

「勢」を手がかりにして進んでいくと、わたしたちは中国思想の論理を、これらの大きな領域すべてにわたって問うことになるが、そこから、普遍的な関心を惹くいくつかの問いが出てくる。たとえば、古代中国での兵法に関する考察は、政治思想という面も持ち合わせているものだが、なぜ人格的な諸特性(兵士の勇敢さ、統治者の道徳性)を働かせて、目指す結果に達しようとしないのか? また、中国人の目には、書の筆線=筆跡の美しさは何に由来すると映っているのか、いかなる理由で絵画を巻物にするのか? 中国人にとって、詩的空間はどこから生じるものなのか? 中国人は歴史の「意味」をどのように解釈しているのか? そして最後に、現実を正当化するのになぜ神の存在を措定しようとしなかったのか?

いずれにせよ、この語に沿ってある領域から別の領域に横断することで、それが重なりあう場所を見定められるようになる。最初の散乱から一連の収束に向かうわけだが、ここには共通した主題が認められる。それは、戦場での軍隊の配置、書の文字や描かれた風景が示す配置、文学の諸記号が作り上げる配置等々の、形状の中に働く潜勢力という主題である。また、政治においては君臣、美的表象においては上下、宇宙的原理としては天地等々の、機能的な両極性という主題である。そして、さらには、戦争の推移や作品の展開、歴史状況や現実のプロセスといった、単なる相互作用から自然に生み出され、交替しながら進展する趨勢という主題である。

　こうした多くの側面を有した主題が、協同しながら、中国の伝統の意味を明らかにする。とはいえ、「伝統」といった表象が、とりわけフーコー以来の人文学に対する反省の重要な流れの中で疑われてきたことを、わたしたちは十分に知っている。そうであるのに、それでもなお「伝統」を単純素朴に語ることができるのだろうか？　中国文明は実に広く過去を参照し、伝承関係に相当の注意を払っているが、わたしたちはその中国文明から影響されてしまったのだろうか？　あるいは、中国文明がその他の文明よりも、より統一されており連続的だったということなのだろうか（ただし、中国文明が与えるかもしれない「停滞性」という印象は、中国文明が実に力強く変遷してきた以上、幻想にすぎないことを理解した上で）？　それとも、むしろ中国文明に対して、わたしたちの外の観点――まさにフーコーの『言葉と物』の冒頭で喚起されていた「他処 hétérotopie」の観点――を置き、比較することで、中国文明にある恒常性と同型性という様態が理解されるということなのだろうか？　こうした様態は、互いに置換され続ける「言説の形状」を内部から見ている人には、はっきりとは見えないものだからである。

　そうすると、この書物の出発点には二つ目の賭があることになる。中国思想の概念史という観点からすれば失望を与えるかもしれないが、「勢」は、中国思想を開くものとして研究する価値があるのではないだろうか？　というのも、諸領域が交わるところに、同一の基本的な直観があることが感じられるからだ。それは、疑いのない明証として、広く何世紀にもわたって伝播されてきたもので、現実、しかも一切の現実を、布置 dispositif として捉えた上で、その布置に依拠し、それを働かせる必要があるという直観である。そして、技法、知恵、あるいは中国人がそのようなものとして考えるものはどれも、布置から発する勢いpropensionを戦略的に利用して、最大の効果を生むようにするものなのだ。

四　文化を開く語

こうした効力に対する直観は、中国ではあまりに一般に広がっているために、抽象的に反省されないし、またあまりに流布してもいるので、一つ一つ切り離して認識するのも困難である。それは、言語の中に入りこみ、そこで了解の根本をなしているために、その内部では注釈を必要としないほど堅固なものだ。この直観は、言葉による説明から常に退き、どんな特別な語の中にも顕れない。しかし、それを、「勢」という語は、通りがかりにではあっても、明らかに垣間見させる。「勢」は、効力への直観を、それぞれの個別領域において、重要な例として映し出すのである。「勢」は、この直観だけを表現するわけではないが、この直観が現存する場所を探り、その論理を標定することを可能にする。

したがって、わたしたちは、「勢」から始め、「勢」を遡ることによって——これがわたしの課題である——、この直観を表象し、それを沈黙から引き出し、理論として説明しなければならない。確かに、わたしたちが有するどんな所与の概念でも、中国の言説の中に忍び込んでいる自明なものを、十分に把握することはできないだろう。とはいえそれは、中国においてそうであるように、思考の共通了解が問題になるからではない。反対に、この直観を理解するには、対立する二つの面を分離しないことが必要だが、わたしたちにとっては、二つの面の対立こそが思考を助けるものだからである（「勢」という語を西洋の言語に翻訳すると、静的な観点と動的な観点の間で回折してしまうのがその特徴的な症状である）。したがって、対話を始めるには、わたしたちの視点を脱中心化し、側面から攻撃しながら、概念化に訴える以外に手はない。概念化は、これまでは二次的なものにとどまってはいたが、それが粗描するものによって、新しい出発点を開くものだ。そして、ここでそれに資するのは、「布置」と「勢い」という語である。この二つが組み合わさりながら、互いに新しい関係を結んでいくことで、出発点が開かれる。この二つの語は、西洋に固有の哲学言語の縁にあるものだが、概念の枠組みを定めることによって、西洋文化と中国文化の間にある差異を徐々に引き受けていくのである。

五　哲学的な先入観の逆照射

「勢」は、自明であるのに思考されない。この配置のモデルは、中国文化全体に隠された共通のモデルであり、諸領域が交差するところで明らかになる。それは、対立と協同によって働き、機能の体系をなす。そして、このモデルは、西洋固有の思想を練り上げるのに基盤として役立ってきた諸カテゴリーの妥当性を失わせ、それを再び問いに付す。なかでも、目的と手段、結果と原因というカテゴリーがそうである。これは西洋哲学のある種の先入観なのだが、その「伝統的な」特徴も、外から見られることで、対比によってより浮き彫りにされる。その特徴とは、自動性よりも仮説と蓋然性に基づき、相互依存と相互性よりも唯一で「超越的な」一極への集中を好み、自然よりも自由に価値を置くものである。

西洋思想の発展との関係で言えば、中国人が独自なのは、事物の終局としてのテロスを全く考慮せず、現実をもっぱらそれ自身から、つまり推移するプロセスに内在する唯一の論理という観点から解釈しようとしたことにある。

したがって、ヘーゲル的な臆断からはきっぱりと手を切りたい。それは、中国思想が、古代文明に共通した宇宙論的な視点から離れられず、「存在論」や「神学」に代表される、より「自覚した」、したがって優れた発展段階へ進むことができずに、「幼児期」にとどまっているという臆断である。そうではなく、たとえ中国思想が概念による形式化を重視しなかったにしても、その思考のあり方には、極度の一貫性が隠されていることを認めたいのである。そして、その一貫性を用いて、わたしたちには親しすぎたために解読できなかった西洋固有の知の歴史を、外から解読し、さらには、わたしたちのア・プリオリな心性を発見したいのである。

六　西洋の問いの手前に遡る

確かに、西洋哲学はその始まりからして、自由に問うことを活動の原理にすることが、自らの使命だと考えてきた（現在でもそうであるように、常に、より束縛を離れた思考を求めて始まった）。だが、それとともに、わたしたちが問う問い、いや問うことのできる問いの傍らに、そこから問いを発している何かがあり、そのためにそれを問うことができていないということもわたしたちは知っている。それは、わたしたちの思考の根底であって、インド＝ヨーロッパ語によって織りあげられ、思弁的理性によってひそかに切り分けられ、形を与えられ、「真理」への特殊な期待によって方向づけられてきたものだ。

ここで提案している中国文化を横断する旅は、わたしたちを条件づけているものをより詳しく測るためでもある。とはいえ、これは、人を安心させるような、無邪気な逃走の欲望や異国趣味の誘惑によるものではない。また、西洋の不幸な意識や、（自民族中心主義のただの裏返しである）文化的相対主義という新しいドグマの論拠としてそれを役立てようというのでもない。そうではなく、こうした迂回という手段を取ることで、わたしたちの物事の理解の仕方を、ただただより遠くまで遡りたいと思ったのである。そしてそこから、わたしたちの問いを更新し、思考の生き生きとして喜びにあふれた躍動を再発見したいと願ったのである。

読者への注記

この本は、前作『プロセスか創造か』【*Procès ou Création*, Paris, Éd. du Seuil, 1989】、とりわけその最終章（第十七章「同一の知解の仕方」）に直接続くものである。しかし、その切り口はほぼ正反対である。前著では、わたしは王夫之（一六一九〜九二年）というひとりの作者の思想の一貫性を分析することから始めた。しかし、今回の研究では、「勢」という中国語を論じて、一つの領域から別の領域へ、五十人以上の著者（古代から十七世紀までずらりと並んでいる）を渡り歩いたのである。とはいえ、研究の精神は変わっていない。なぜなら、一つの作品を扱う場合であれ、「勢」という語を扱う場合であれ、重要なのは、ある文化の全体にある、隠された論理的な脈絡を、凝縮した形で再発見することだからだ。そして、今回のこの研究でも、王夫之の思想は常にわたしの念頭に置かれていた。

望んでいることも同じである。中国学の専門化という暗礁にも、その反対の通俗化という暗礁にも乗り上げず、狭くはあるが唯一可能な、理論化の道を進んでいくこと。中国学の専門化は、自らの殻に閉じこもるために、もはや思考する余地がなく、不毛と化しているし、通俗化は、中国学に取り付きやすくするという口実から、その対象を曲解し、一貫性を欠いたものにしてしまう。文献学者であるという要請と哲学者であるという要請が結合されるべきなのだ。つまり、最も詳細に（一つ一つの文献とその研究に降りていきながら）読むと同時に、最も遠くから（差異を認めた上で、一つの観点のもとに）読むこと。そうすることで、しごくありふれた二つの形の幻想を乗り超えたいのである。一つは、素朴な同化である。それは、一つの文化から別の文化へ、あらゆるものを直接に移し換えることができると思う幻想である。もう一つは、単純にすぎる比較である。それは、問われている他性を把握する枠組みを、まるでア・プリオリに持っているかのように考え、比較を進める幻想である。そうではなく、ここでの歩みは、より慎重に、徐々に解釈を加えていくことによって、問題を提起しながら道を切り開いていくものだ。

以上から、わたしは、著述に際していくつかの選択を行った。中国文化の諸領域から援用するが、どの領域においても、歴史的な系譜をつねに尊重し、それを説明の基礎として用いる。ただし、歴史的な系譜そのものを詳論することはしない。これは、論理的な筋立てを完全に明らかにするためでもあると同時に、中国学の主題を明確にして（文脈を参照する場合は注に付す）、専門家でない人にもたやすく読めるようにするためでもある。また、比較は、比較対照といったかたちで一挙になされるのではなく、むしろ仮説的な取り決めとして働き、探求すべき差異にとっての目印として、指標として用いていく。そうすることで、中国的な立場がより重要なものになるのだが、二つの伝統に与えられた役割は必ずしも等しくはない（なぜなら、中国への参照はこれから明らかにしていくものであるのに対して、西洋哲学を参照することはすでに馴染んだものであり、暗示的に言及できるとこれまでは考えられてきたからである）。

本書の中には、何枚かの挿絵を入れてある〔一四五〜五六頁〕。専門外の読者にも、「勢」の美的な次元を感じとってもらいたいがためである。巻末に中国語語彙集を示したが、中国学の研究者はそれによって、この語が文献の中でどのような特徴をもって現れているかを検証できるはずである。

一つの観念をたどること。これが何よりもわたしの喜びだったのです。

第一部

第一章　潜勢力は配置から生まれる（兵法において）

中国で古代末（紀元前五〜三世紀の「戦国時代」）に開花した兵法思想は、本来の考察対象をはるかに超えるものであった。諸文明を世界史的に見渡しても、中国の兵法は、その独特な体系化が斬新であっただけでなく、そこからある型をもった解釈が生みだされ、その合理的な説明の形式が、現実全体にまで投影されたのである。通常、戦争は予見できないものであり、偶然（もしくは宿命）によって支配された領域だとされてきた。ところが、中国の思想家はその反対に、早くから、戦争の展開は純粋に内的な必然性によるものだと考えていた。そして、その必然性は論理的に予見できるし、完全に管理できる。これは極めて根底的な考え方であり、その後には、それを洗練する実りある仕事が続いていった。その結果、兵法思想は、現実を規定する仕方を範例的に明らかにし、効力の一般理論を呈示したのである。

一　勝利は交戦の前に決する

最初にあった直観は、プロセスに対する直観である。プロセスは、それが置かれた力関係に応じて変遷する。優れた兵法家は、含まれている要素すべてを事前にそして正確に計算し、それらが自分に最も有利になるように状況

『孫子』紀元前四世紀

を常に変えていく。兵法家にとっての勝利とは、自分に有利になるように生じさせた不均衡から導かれる、必然的な結果、予見できる結末にすぎない。ここには「逸脱」などなく、適切な策を講じさえすれば、必ず有利な結果が生じる(a)(1)。兵法家の技術とは、実際の対決が起こる前に有利な結果に導くことなのだ。状況の中にある兆しを十分早くに――その初発の段階で――察知すれば、状況が形を取り現実化する前に、それに強い影響を与えることができる。なぜなら、有利な方向づけは、早くなされればなされるほど、容易に機能し、実現されるからだ。理想的な段階に達すると、優れた兵法家の「行為」はもはや目に見えない。勝利に導くプロセスが事前に決定されているために（その展開は実に体系的に漸進する）、それはひとりでに進み、計算や操作を全く必要としないように見えるからだ。そうなると、真の兵法家は「容易な」勝利しかもたらさない(b)(2)という定式は、表面的に矛盾しているにすぎない。というのも、勝利が容易に見えるのは、勝利の瞬間には、戦術面での功績も多大な人為ももはや必要なくなっているからだ。本当によい戦略は気づかれず、最良の将軍は成功を誉められない。普通の人には、その「勇」や「知」が「賞賛」されるべきものには見えないのである。

こうした兵法思想は、軍事力の行使を最小限にすることを強調して、究極の表現に至った。「勝利の軍隊［勝利を約束された軍隊］は、先に勝利してから戦う。しかし、敗戦の軍隊［敗戦が必至の軍隊］は、戦闘を交えてから勝とうとするばかりだ(3)」。最終段階での軍事力による戦闘のみによって勝とうとするものには、どんなに才能に恵まれていても、敗れる危険が常にある。しかし、その反対に、すべてのことは、事前に、つまり出来事が決定される前の段階に懸かっているはずだから、その時にイニシアティブを発揮して配置と策略を取れば、自然とうまくはまるし、論理的に互いに結合し、作用を及ぼしあって、常に有効に機能する（プロセスの「自然性」あるいは「論理」。この二つは、以下で詳しく見るように、二つの異なる角度から同一の事柄を意味している）。こうすることで、

『孫子』

次に来る出来事の推移を効果的に支配できるし、さらには、誰も実際に戦闘を行おうとは思わなくなる。[4] 優れた兵法家は「戦を好まない」、と述べられるゆえんである。だが、間違えてはならないが、この対決しないという理想は、道徳的な配慮からではない。重要なのは、あらかじめ勝利を絶対確実にすることだけである。また、この対決しないという理想は、抽象的な考えに終始するものでもない。というのも、最も萌芽的ではあるが最も決定的でもある段階において、向かうべき方向にどうやって正しく進んでいけばよいのかが考慮されているからだ。これはユートピアではない。重要なのは、個々の状況において働き、それを拘束し特徴づけている効果を、自分の思う方向に、自分のために働かせることだけである。[5]

二　配置から生まれる潜勢力という概念

このように見ることによってはじめて、配置から生まれる潜勢力という概念が明白になる。それは、兵法思想の文脈では、通常、「勢」という語によって示される。[6] すべての兵法は、この概念によってより正確に表現し直すことができる。たとえば、戦争の「巧みさ」は「配置から生まれる潜勢力（勢）にある」[c][7]。これは、兵法家は遭遇した諸条件を活用して、自分が有利になり、最大の効果をあげるようにしなければならないという意味である。摑まえるべきダイナミズムは、陣形＝布置 configuration から出てくるが、その理想的なイメージに水の流れがある。高いところに集められた水に穴を開けると、その水は低いところに押し寄せていく。[8] それは迸り、石までも押し流す。[9] ここから、作用する力 efficience に二つの特徴があることがわかる。一つは、この力は、客観的な必然性がもたらす帰結である。もう一つは、この力は、その強さからして、抵抗できないものである。

孫臏
紀元前四世紀

『孫子』

戦略的な観点からすると、潜勢力を生みだす「配置」には、どんな内容が与えられるべきなのだろうか？　それは、先に見た比喩のように、起伏する土地の形状との関係だけからは解釈できない。もちろん起伏の形状は、作戦を行う場所として決定的な要素であって、兵法家は、遠近・高下・平険・広狭といったその特徴を最大限利用しなければならない[10]。だがそれと同程度に重要なのは、将卒たちの士気が溌剌としているか意気阻喪しているか、気候条件は好天か悪天か、軍隊は統制がとれているかばらばらであるか、体力的に元気か疲れ切っているかどうかという、その他諸般の事情に関する要素である[d][11]。どの要素にしても、状況による強制力を、次の二つの方向に働かせるようにしなければならない。つまり、積極的には、自軍の全兵力をあげて攻撃に向かわせることであり[e][12]、消極的には、敵軍から一切のイニシアティブを奪い、受け身にまわらせることである。「勢」を重んじれば、敵軍がどれだけ多かろうが、敵はもはや抵抗できない[f][13]。単なる数の多さは、より決定的な上位の条件には劣るのである。

中国で発明された（紀元前四〇〇年頃）弩《ど》は、弾道が正確であると同時に、衝突の際にとてつもない破壊力があるために、それが使用されるようになると、戦争のやり方が大きく変わった。そして当然のことながら、その「しかけ〔機〕」の「発動」は、兵器の潜在的なエネルギーが突然爆発することを象徴するのに用いられた[14]。「いっぱいに引きしぼられた弩」、これが「勢」である[g][15]。弩は「勢」のモチーフにふさわしいのだが（潜勢力は弓を引きしぼるイメージで表現される）、技術面で弩が成した革新はさらに、戦略面で「勢」を厳密に利用する能力に類比されるような、決定的な進歩を表してもいた。そこで、弩のイメージは、より正確には次のように表現された。弩に特有の利点は、「発射点が近くにある（肩と胸の間）のに、どこから発射されたのかを他人に知られることなく、百歩以上離れたところから人を殺すことができる」[16]ことである。これは、優れた兵法家の場合でも同じで、「勢」を用いると、最小の労力によって、最大限の効果を得ることができる。それもまた、（時間的にも空間的にも）遠く

『淮南子』紀元前二世紀

孫臏

『孫子』

孫臏

から、働いている諸要素をただ活用しているだけなので、普通の人は、こうした結果が生じてもそれがどこからやってきたのかわからないし、それが兵法家の功績だと認めたりしない。

そして、「勢」の多様な側面を決定的に定め、それを特権的なモチーフにした最終的なイメージは、次のものである。木や石は、平面ではじっとしていて動かないが、斜面では動き出す。四角いものは止まっているが、丸いものは転がる。『孫子』「軍隊の指揮に長けた者にとって、配置から生まれる潜勢力は、高い頂から丸い石を転げ落とすようなものである」(17)。配置という言葉で、対象に特有の形状（丸い、四角い）が説明されるとともに、それが置かれている状況（平面、斜面）も説明される。つまり、最大の潜勢力とは、極限的には、高低差によって表されたのである。

三　力関係が人の徳に優り、超自然的な規定が退く

こうした比喩は、さらに別のことも明らかにする。坂の上から勢いよく転がり落ちそうになっている丸い石が、訓練のゆきとどいた軍隊のイメージとして用いられるが、それは、兵士の個人的な資質よりも、兵士がその中で戦うことになる布置の方がより重要だということを示している。最古の兵法書は、こう述べる。優れた兵法家は、『孫子』「配置から生じた潜勢力に勝利を求めるのであって、配下の人間には求めない」(h)(18)。つまり、決定的なのは、状況をうまく配列することから論理的に出てくる客観的な勢いであって、諸個人の立派な意志ではない。次の定式はさらに徹底している。「勇気と憶病は、勢の事柄である」(i)。注釈は、「軍隊が勢を得れば［つまり配置から生まれた潜勢力を利用すれば］、憶病者も勇者になるし、軍隊が勢を失うなら、勇者も憶病者になる」。さらに、「勇気と憶病は、

勢のヴァリエーションである」[19]。どれも簡潔な表現であり、実践的な指示にすぎないが、しかし、それが与える哲学的な影響は実に大きい。これらの表現は、次のような強力な考えを含んでいるからである。人の徳は、固有内在的に得られるものではない。なぜなら、そうするイニシアティブも支配力も人には無いからだ。そうではなく、人の徳は、条件の「生産物」(この言葉の唯物論的な意味においても)であり、いかようにも操作されうるものなのだ。

こうした見方が築かれたのは、実践的な効力を発揮せよという最も厳密な命法に導かれて、最大限の合理的な説明を行ったからにほかならない。「戦国時代」(紀元前五世紀〜三世紀)には、覇権を求めて敵対する諸侯たちの間で戦争が激化し、前代未聞のレベルにまで達していた。諸侯は存亡を賭けた戦いにあけくれており——これは、現代の理論家が「絶対的な」戦争を理解するのに用いた「極限までの展開」という原理と完全に一致する——、単なる信仰や、些かなりとも「観念論的である」立場には、わずかな余地も認められなかった。少なくとも、この特殊な領域ではそうであった。ただし、その当時の趨勢によって、戦争は「特殊な」領域だとは考えられなくなっていた。戦争は並外れた重要性を持ち(戦争は二世紀にわたって続いた)、すべてをおおった唯一の関心事だったのである。こうした条件が揃ったことで、当然のことではあるが、兵法思想は、より普遍的な思想への変遷を速め、ありとあらゆる幻想を乗り越えて、決定主義の真相を徹底的に暴いていった。そして、その極点において、配置から生まれる潜勢力としての「勢」という概念が、理論の重要なポイントになったのである。

事実、それに先立つ時代では(紀元前五〇〇年まで)、戦争はまだ儀礼的なものとして理解され、名誉というコードによって支配されており、根こそぎ絶滅しないように季節を考えて戦われるだけでなく、吉凶について神託が下されなければいかなる試みも行われなかった。ところが、今や、「勢が人に勝る」[j][20]、つまり戦術的な布置が道徳的

『淮南子』

な諸特性に優るだけでなく、さらには、戦略を優先するために、超越的あるいは超自然的な規定がすべて退けられたのである。あらゆる要素を考慮した上で、唯一「勢」が真に肝心要の要素なのだ。[21] 木を斬ろうと斧を持った人が、日柄が良いか悪いかを気にすることはない。反対に、どんな吉兆が出ていても、その人が斧の柄を握り力を振るわなければ、結果は出ない。[22] この例が示しているのは、「勢」だけが現実のプロセスに対して、実際の効き目があるということだ。同様に、矢を作るのに高価な木を選んだり、芸術的な装飾をほどこしても、射程距離は少しも伸びない。弩が引きしぼられることだけが重要である。「勢」からしか現実的な効果は期待できないのである。

四　事態が変わり、布置が更新される

次に、「勢」の効力がどのように働くのかをより具体的に明らかにしていこう。一般的には、兵法が目指すのは、一連の諸要素を考慮した上で、確たる規準を立てて力関係を推測し、前もって作戦を立てることだとされる。だが、これもよく知られているように、戦争は活動であって、しかも相互的なものであるために、優れて予見できない変化の領域にあるものだ。したがって、どちらかといえば、戦争は常に理論的な予知の埒外にあった。そして、これがあらゆる戦略の実践的な限界だと常識的には考えられてきた。ところが、中国の兵法家たちは、「勢」という概念に訴えてその矛盾を解消するために、このアポリアを気にかけていない。彼らが用いた定式は、正しくは次のように読まれるべきである。「いったん自分たちに有利になるような原理を決めたなら、それに対して好ましい「効力がある」配置（勢）を作り、「作戦が展開するときに、この原理にとって」外的であるものを補佐するべきである」。[k][23] この後に、次の定義が出てくる。それは、中国の伝統にある他の諸領域にも適用されていくことだろう。

「〔具体的な布置としての〕「勢」は、利によって事態を制することである」[1]。これら二つの表現は、中国の最も古い兵法書の第一巻の中ほどにあり、冒頭で諸要素を抽象的・恒常的に規定したこと（「五事〔道・天・地・将・法〕」と「七計〔主孰有道・将孰有能・天地孰得・法令孰行・兵衆孰強・士卒孰鍊・賞罰孰明〕」）を受けて、次の、シミュレーションに基づいた戦術の記述へ移行させる役割を果たしている。『孫子』 戦術がその全効力を発揮するのは、それが完全に状況の変遷に合致する場合であり、戦術をうまく適用できればそれだけ敵に勝つことができる。「勢」に依っていれば、局面が変わって最初の計算を逃れたとしても、おのずと再び計算に組み込まれるのだ。

ただし、中国の戦略的直観が豊かなのは、恒常的なものと変化するもの（理論と実践、原理と事態等々）をうまく連結した中間的な概念を提供するからというだけではない。むしろ、戦争の推移と切り離せない事態の変遷から、いかにして主要な戦術上の切り札を作り、それによって、戦略的な布置から生じる潜勢力そして効力を更新するのかを適切に示すからである。戦争の指揮官の技術とは、比較的固定していて位置を把握しやすい陣形を敵に取らせながら、自軍の陣形は常に更新して、相手を一貫して惑わし、だましつづけ、裏をかくことによって、手も足も出ないようにすることにある[24]。この時、その技術は、無窮である天地の大いなるプロセスそのもの（道）のように、『淮南子』 計り知れないものになる。通常ならそのあり方を示す手がかりがどこかにあるものだが、このプロセスは、個別の配置に固定されないために、何も与えないのである[m][25]。水のイメージに戻ると、ここでは、その水平的で穏やかな流れが考えられている。「水の性向が高所を避けて下に向かうように、〔うまく指揮された〕軍隊の配置も敵の強い所を避けて弱い所を攻撃する。また、水が地形に応じて流れを定めるように、軍隊も敵に応じて勝利を制する」[26]。『孫子』 こうして、「水」は、堅さとは正反対のモチーフとして、極めて変化しやすいことによって（それは柔軟の極みである）、逆に、最も剛直果敢な力の象徴になったのである。

したがって、配置が効力を発揮し、陣形として役立つのは、それが更新されるからである。戦略的な陣形としての「勢」は、流れる水のように動くべきであり[n]、「敵に応じて変化することで、勝利を勝ち取る」[27]。これが意味するのは、自らを適応させることが必要だというありきたりな常識以上のことである。ここにある直観はそれよりも深いもので、潜勢力は固定した配置では窮してしまう、というものである。あらゆる戦術が根本的に目指すのは、ダイナミズムをしっかりと連続させて自分に有利にすることである（他方で、敵からはイニシアティブを奪い、身動きできなくする）。配置に備わったダイナミズムを再び活性化するには、配置を交替し、反転させる以外にない。

『孫子』

ここで、兵法は中国文化の最も中心的な概念と結合する。それは、常に新しく変化し続ける自然の流れから出てくる効力に基づく概念であり、昼夜の交替や四季の循環によって例示される、「道」という概念である。「道」は至高のものであり、個別の配置の中で固定されることがない。それゆえ、「道」の絶対的な作用力は、決して滞ることも、窮まることもないのである。

五　大いなる独自性　対決の回避

古代中国の兵法思想の中心にある、配置から生まれる潜勢力という考えは、ついには一般的な表象として用いられるようになり[28]、その後の伝統がこの観点から離れることはなかった[29]。二十世紀になっても、毛沢東は抗日戦争――「持久」戦――の最中、至極当然のようにこの概念に訴えて、最も相応しい戦術を提起したのである[o][30]。それは、常に「機敏に」[31]、機会や状況に自然に反応する、臨機応変の戦術である。特定の配置の中に固定され、「閉塞」して物象化すると、すぐさま困難な状態に至るが、そうでなければ、それだけ効力を発揮するのである。

ここに働いているのは、プロセスの観点である。勢いを臨機に用いさえすれば、プロセスは自分たちに有利になるように変遷する。ところで、兵法を扱った古代中国の文献を読むと、そこに体現された表象の型が、英雄的で悲劇的な見方に大きく対立していることがわかる（また、なぜ古代の中国人がこうした見方にかくも無縁であったかもわかる）。なぜなら、英雄的で悲劇的な見方の中心には、対決があり、それは状況が行き詰まるという最悪の事態にまで至るのに対して、配置から生まれる潜勢力を戦略的に利用できる人にとって、敵対関係は、完全に支配可能な内的な論理によって、おのずと解消する方向に導かれるものだからだ。悲劇の人は、自分を凌駕する力に取り返しのつかない仕方でぶつかり、反抗するばかりで、譲る（ソフォクレス劇のキーワードである eikein〔譲歩する〕）ことがない。しかし、戦略の人は、すべての要素に備わった論理に合致し、それに順応できるために、それらを管理できると自負するのである。前者は、「運命」としてやってくるものの発見が致命的に遅すぎるが、後者は、働いている勢いを事前に見抜くために、それを思うがままに利用することができるのだ。

より厳密に軍事的な観点から見ると、「勢」に基づく中国の理論と、ギリシア人から手渡された「戦争の西洋的モデル」（ジョン・キーガンとヴィクター・ディヴィス・ハンソンが、最近これを新たに解明した）とは真っ向から対立している。見てきたように、中国の兵法の目的は、あらゆる手段を用いて、実際に交戦する前に、力関係から出てくる趨勢の方向を自分に有利になるように変え、交戦が決定的な契機にならないようにすることにある。なぜなら、交戦には常に危険がつきまとうからだ。ところが、その反対に、ギリシアが理想としたのは、ホメーロスが記述しているように、一騎打ちや鞘当てからなる衝突の時が過ぎた後の、「すべてか無か」の会戦であった。紀元前五世紀のギリシア人は、軽歩兵や騎兵といった軽量の部隊よりも、重装歩兵を重んじ、攪乱や回避といった技術や消耗策よりも、戦場で隊列を整えて正面から対峙し、軍事力を直接行使する方が重要だと考えたのである。そのため、戦争では、満を持した両軍の正面衝突が決定的だと考えるに至った。それは、接近戦であり白昼の戦闘である（ここでアレクサンダー大王が思い出される。クイントゥス・クルティウスによれば、アレクサンダー大王は「ひたすら見つからないように通り過ぎようとする追い剝ぎや盗人のような奸計によって」勝利を得ることを拒否した）。それは、全兵力が破壊に投入され、勝利のほかには、敗走か死かの出口しかない、短時間の戦闘でもある。ハンソンが言うように、「戦闘が始まりもしないのにその前に勝つことは、［……］戦闘で示される人間の武勇とは別の手段で勝利を得るような、「不正を働く」陣営に許されたものである」(32)。この英雄的な対決の道具であり、象徴であるのは、槍である。古代ギリシアでは、飛び道具は一般に軽蔑された。それは離れたところから殺し、戦士個人の功績を斟酌しないからである。これは、最も完成された飛び道具である弩をそのイメージに用いて、「勢」に価値を認めることからは何とも遠い。

ところで、戦闘での決定的な直接対決は、ヨーロッパでの戦争の現代的な考え方の中にもある。とりわけクラウゼヴィッツはそうである。クラウゼヴィッツは、周知の通り、西洋で最初に、理論的な仕方で戦争の現実を包括的に説明しようとした思想家として盛名を馳せた。クラウゼヴィッツが対抗したのは、装備と補給という実践問題からだけ軍事知識を寄せ集める「村学究の徒」や、角度の計算をすれば、万古不易の原理に基づいた正確な科学として戦争を理解できると信じている人々であった（当時もっとも有名だったのは、フォン・ビューロー〔策源（作戦基地）と作戦軍のなす角度を論じる〕とド・ジョミニ〔内線陣地〕である）。さらに、彼らとは対極的だが、戦争を人間が行う単なる一つのはたらきであり、したがって完全に「自然的である」として、それを理論の対象にすることを拒否する人々にも反対した。かくして、クラウゼヴィッツは、戦争を現実的に「思考する」ためには、技術 art という語で戦争行動を理解するほかなかった。そして、技術という語で戦争行動を理解した上で、西洋の哲学では伝統的である、手段と目的あるいは目標(最終目的としての目的Zweckと中間目的としての目標Ziel)というアリストテレス的な関係によって、戦争を論理的に構想したのである。目標は、あらかじめ定められた目的から見ると、最もふさわしい手段である。つまり、より普遍的な目的から見ると、中間的な段階にある。そして、この普遍的な目的は、究極的には、政治の次元に属している(これは、クラウゼヴィッツが若いときに、カントの格率風に表した規則によっている。「汝は、そこに到達するのが最も重要で決定的だと思う目的を目指せ。そして、その目的にとって、汝がそれを歩むのが最も短いと思う道を選べ[33]」)。ところが、古代中国の兵法思想に、手段と目的の関係ははっきりとは認められない。それに代わって置かれているのが、布置〔勢〕と効力〔利[p]〕の概念なのだ。

クラウゼヴィッツは、戦争を合目的性finalitéから考えたために、(目的として目指された)直接対決を最も重んじた。しかし、それだけではなく、勇敢さや果断さといった道徳的で計量不可能な要素にも、本来的な重要性を認めたために、戦争を蓋然的な表現で考えなければならなかった[*](用いる手段は、望まれた結果を導くチャンスが最も多いものだけである)。ところが、クラウゼヴィッツとは全く異なって、中国の兵法家たちは、戦争を勢いと効果をもたらす条件づけから理解している。つまり、中国の兵法家たちは、クラウゼヴィッツが軽蔑を込めて「単なる間接的な撃滅」――前もって行われ、麻痺と転覆によって進んでいく――とみなしたものを重視したのである(反対にクラウゼヴィッツにとって本質的なものである会戦die Schlachtは、中国の兵法家たちにとっては単なる終局にすぎなかった)。さらに言うと、彼らの論理では、戦争にとって重要な道徳的性質は、状況から単に帰結したものであって、クラウゼヴィッツのように本来的な要素では決してない。したがって、彼らは、戦争のプロセスを蓋然性からではなく、「必然性」や「自動性」という用語で考えたのである。

こうしてようやく、クラウゼヴィッツの考察の中で、摩擦の理論が果たしている役割がわかる[**]。それは現代の戦略についての考察にもつきまとっているもので、あらかじめ練り上げた理想的な作戦と、その実行との違い――ここで作戦は運次第になる――を説明するものである。しかし、中国的な「勢」の考え方は、わたしたちが「実践」と「理論」とに切り離したものの間に入り込み、この二項の対立を解消する。そして、実行という考えの向きを変えて、働いている勢いに応じてひとりでに、自然に、不確実さも損失もなしに遂行するものにする。ここには、消耗もなければ、「摩擦」もない。

一方の「勢」と、他方の「手段」と「目的」。こうした重要なカテゴリーが暗々裡に隔たっていることから、全体的な差異が出てくる。そして、この差異は構造化しうるものである。とりわけ、戦略についての考え方がこのように対照的であることは、中国においても西洋においても、政治の領域に反映せざるをえない。重装歩兵による正面衝突を選ぶことは、直接的・無媒介的・一義的に決定を得ることであり、それは、もう一つのギリシア人の発明である、議会での投票と緊密に対応している。それと同様に、配置から出てくる効力という様態として、勢いに注意を向けることは、中国的な権威という考えの中にいっそう顕著に現れるのである。

（*）　次の箇所を参照のこと。「およそ現実の戦争は、内的必然性を有する厳格な法則の支配を脱して、確からしさの計算に従わざるを得ない」（『戦争論』上、第一篇第二章「戦争における目的と手段」日本語訳六七頁）。

（**）　次の箇所を参照のこと。「摩擦は、現実の戦争と机上の戦争とをかなり一般的に区別するところの唯一の概念である」（『戦争論』上、第一篇第七章「戦争における摩擦」日本語訳一三二頁）。

第二章　地位が決定的な要素である（政治において）

一　効力は人格とは関係ない

兵法と政治は同じ根本問題に関わっている。人が思い通りに世界を支配できるようになる力はどこから出てくるのか？　それは、個人的な諸能力を活用することによってなのか、それともそこに働いている力関係によってなのか？　それは、主観的な——道徳的、知的な——力を投入することによるのか、それとも状況が客観的にもたらす趨勢によるのか？　古代末（紀元前四〜三世紀）の中国思想は、これらの対立が相互に対峙し、排斥しあうと考えて、それらを理論的に徹底していった。とりわけ、選択肢の後項、すなわち事態の推移は人格とは無関係に決定されるという考えの方をである。

それはまず道家的な表現を用いて、賢者の知恵として、最も一般的には次のようなかたちで示された。自己を無にし、物の勢いをその固有の性向に応じて働かせること、物に価値や欲望を投影せず、その必然的な変遷に常に適合すること。それというのも、物の性向から、迷いのない方向性が出てくるからだ。それは、「選ぶ」のでも「教える」のでもない方向性である。(1)　物は間違いなくおのずと「ある方向に趨く」のであり、「二つに分かれて苦しむ」

『荘子』紀元前四世紀

ことはない。[a] そこに主観性を介在させると、予測や計算を導き入れてしまい、趨勢の無謬性を妨げる。両者は互いに両立しないものであり、自然の自発性が意識の活動に相対するや、全面的な反作用がすぐさま引き起こされる。イニシアティブは全く世界の側にある。それは、西洋で、人々が自らを全く受動的に神に任せ、神の意のままに従おうとしたのと同じである。活動によって世界を高圧的に支配するのではなく、物に導かれるがままになろう。自分の選好を押しつけずに、存在者の流れに沿って、より抵抗が少ない道を行こう。「押されたら進み、引っ張られたら来る」。「風が渦巻くように」、「羽がひるがえるように」、「ひき臼が回るように」である。

このことを、政治の次元に移し換えてみよう。つまり、現実を機能的な諸関係の働きに還元するのである。事物の配置＝性向は、世の流れという趨勢を必ず生じさせるものだが、社会集団においては、それは位階化された「地位［勢］」として見出される。[2] ここでも、「勢」という語が、戦略的な布置と類比的に、権力の布置を示すものとして用いられている。賢者の知恵は、現実に含まれた勢いを、最大の効果をあげるように自然に働かせるのが理想だと述べたが、それと同じく、政治的な治も、純粋に客観的な規定によって、権威の関係から「必然的に」出てくると論理的に考えられたのである。

さて、位階的な地位から出てくる効力には、二つの特徴がある。一つは、地位の効力を用いる人間の人格的な価値、とりわけ道徳的な価値には依拠しないということ。もう一つは、地位の効力を利用しようがしまいが、それ無しでは済ませられないということである。この効力は、純粋に道具的に補助として働くが、それと同時に、絶対的に決定的なものでもあるのだ。たとえば、馬車・薬・装身具といった例は、その用途は違っていても、最初は補助的にしか見えないものが不可欠になることを表している。[3] 美しい女性を手に入れ、美しい装飾品で飾ると、みんなの視線を惹き寄せるが、彼女たちから装身具を奪い、ボロで覆うなら、男たちは逃げ出してしまうのである。これ

慎到
紀元前四世紀

とは別に、有効な補助の働きを想起させるのに、風のモチーフも重視されている。弩から放たれた矢が空高く上昇できるのは、風の力を摑むからであるし、草が遠くに運ばれるのは、風によって持っていかれるからである。そのモチーフを神秘的に表現するとこうなる。龍は雲に乗って威風堂々と舞い上がるが、雲が消えると地を這うミミズになる。龍は、飛躍を助けていた「勢」を失ったのだ。

以上のイメージを政治用語で解釈すると、次のようになる。いくら聖賢であっても、地位（勢）の助けを得られなければ、他人はおろか近親者にも影響を及ぼすことはできない。反対に、どうしようもない不肖のものでも、その助けを得れば、偉大な聖賢たちを従わせることもできる。(b) 兵法で重要なのは軍勢の数ではなく、配置から生じる潜勢力をどう利用するかであった。それと同様に、政治においても、支配者が「恃む」のは「力の強さ」ではなく、その「地位」なのだ。(c)(4) この両項が対立していることが大事である。それらは通常は結びついていると思われているが、「力」という概念は人格的な意味合いを帯びすぎていて、人間に生得的に備わる能力という考えを十分には払拭できていない。それに対して、「地位」という観念はそれだけで、〔人格にとって〕絶対に外在的な規定を表現できている。

商鞅
紀元前四世紀

古代ギリシアに比すると、中国では哲学的な論証があまり展開されなかった。このことから、わたしたちは不当にも、中国には哲学的な論証の余地などなかったのだと思いこんでしまったのかもしれない。ところが、効果をあげる補助としての地位という政治的な概念は、他のどんな範例とも違って、テーゼ対テーゼという理論的な議論を引き起こした。(5) 地位が決定的であるというテーゼがまずあり、それに反駁するテーゼが一つ一つ段階を踏んで提示された。それを要約すると次のようになる。

『韓非子』
紀元前三世紀

① 地位が要素として介在するにしても、それだけでは十分な要素ではなく、それと並んで、人格的な価値も加えられなければならない。先に挙げた例をひっくり返すなら、雲がどれほど分厚くても、ミミズは龍とは違うのだから、それに乗って昇ることはできない。

② 地位という要素は、積極的にも消極的にも働くことができるので、それは中立的であり、公平無私なものである。だから、良い君主には善政を行わせるが、悪い君主には暴政を行わせる。

③ 人間の本性は一般的に善というよりは悪だと考えると、地位が繰り出すカードは、結局、役立つよりは損なうように働く危険がある。

以上から導かれる結論は、すべては人格的な能力にかかっているというものだ。国は馬車であって、「権威ある地位」は国を引っ張る馬である。[6] 良い御者の手にかかれば馬は速く遠くまで駆けていけるが、悪い御者の手にかかれば反対の結果になる。

こうした反駁は常識的なものであり、特定の文化的な取捨選択とは無関係なものに見える。しかし、さらにそれに対してなされた体系的な批判は、先ほど推奨された「勢」という考えをより徹底化し、独創的なものにしたため、『韓非子』一段と興味深いものである。[7] この再反駁は、争点をずらし、そして意味を区別していく。つまり、ここで目指されている政治的な治は、ユートピア思想家たちが夢想する理想的な徳治ではなく、規則正しく働く国家機構による治である。[d] そして、自然的な配置として理解される「勢」と、「創設された」権威の関係として理解される「勢」は区別しなければならない。[e] なぜなら、後者が前者から自由になることで、政治に固有の枠組みが確立されるからだ。事実、歴史において、自然的な配置がものをいうのは、良かれ悪しかれ極端で例外的な状況、黄金時代か災厄の時代かだけである。こうした状況下では、普段なら有している操作余地が奪われ、事態を管理できない。その時に聖人や暴君が登場してくるが、それは、彼らの善い性質や悪い性質のためではなく、必要からくる調整のためである。他方で、平時では、実定的な権力が創設した位階的な地位が、十分な規定力として働き、人々の間に治を持続させるのである。

反駁者のテーゼは、冒頭で、地位に並んで人格的な能力という要素が共存すると主張していたが、それは無理である。この二つの規定は、互いに排除しあい、「矛盾」するからだ。「矛盾」は中国的な概念で、「矛」と「盾」を売る者が、この「矛」は何でも貫くことができると言いながら、それと同時に、この「盾」は決して貫くことができないと言って売る喩え話から作られたものだ。したがって、千年に一度その治世がやってくるという、救済の聖賢を待つのではなく、今すぐ権威の地位を最大限有効に働かせて、国がうまく運営されるようにするべきである。位階化された関係が現実に存在するだけで、治を生み出すには十分である。ここから次の結論が出てくる。国を馬車に比することを反対に理解すればよい。つまり、馬車が頑丈で、繋がれた馬が良ければ——馬は、前に示したように、地位に与えられた効力である——、才のある御者は必要ではないし、一定の距離をリレーするようにしておけば、どんな凡庸な御者でも、速く上手に駆けさせられる。また、リレーすることで、馬は、それぞれの持ち場でその能力をフルに発揮し続けることができる。こうしたイメージの論理を明確にすれば、統治者がなすべきことはただ、その優越した地位によって、政治的な「リレー」を整備するだけであり、そうすることで、自らの権威から出る力を十全に保持できるのである。

『韓非子』

二　政治の地位は力関係として働く

人格的な徳性が優先すると主張する人々と、就いている地位にしか効力を認めない人々との間でなされた以上の議論は、古代末期の中国（紀元前四〜三世紀）においては、「儒家」の信奉者と、伝統的には「法家」に分類されてきた人々との対立であった。とはいえ、両者は少なくとも、次の一点では一致していた。すなわち、権力は君主制の形を取る。これが西洋との本質的な違いなのだが、中国では王制以外の政体は一度も構想されなかった。しかし、王制をどう理解するかにおいて、両者は違ったのである。儒家はそれを、本質的に道徳的な支配であり、「天命」の表現であり、聖賢君主が及ぼす範例的な影響を通じて行使されるものだと考えた。その反対に、法家は、王制はいかなる優れた意図を体現するものでもなく、それが支配力を持つのは、君主の地位が圧力を行使するからにほかならないという。(f)(8) この対立の背景には、古代中国における環境的・社会的・文化的な違い、そして心性の違いがあり、そのために、この対立は何よりもまずイデオロギー的である。一方は、少なくとも精神の上では、古代の宮廷に属しており、儀礼と伝統の価値に惹きつけられ、君主のそばに「文官」として仕えていたのに対して、他方は、事業と取引からなる世界――彼らは当時の中国が例外的な発展を遂げていることを知っていた――から影響を受けており、自分たちの現実的で自信に溢れたヴィジョンを、権力の運用だけでなく、社会集団全体の運用にまで投影したのである。とはいえ、この違いは、「階級」に属しているのではないし、進歩派と保守派の対立でもない。なぜなら、法家は、そのモダニスト的な考えにもかかわらず、新しい法権利を要求するどころか、実定的な効力を配慮して、ひたすら専制的な独裁政治に資するからだ。したがって、彼らは「法家」というよりは、正しく言うならば（見かけに依拠しただけの慣用的な翻訳を排して）、権威主義と全体主義の理論家である。というのも、中国の政治理論は、総体的に見ると、法権利ではなく権力を思考しており、「法家」の思想家たちも、こうした方向性を変えるのではなく、それを徹底化して定着させたからである。

地位といえばまず、君主の地位である。時には権門大官という影響力ある地位が問題になりうるとしても[9]、中国の政治思想が「勢」という語で理論を構想したのは、王の地位についてのみである。他の地位は、それが地位として主張されると、君主の地位を犠牲にしてしまうために、断固排除される。中国の権威主義者は、君と臣を厳密に相剋的な関係として理解したのである。君主権が地位によってのみあるのなら[g][10]、人々にそれを承認させるにあたって、儒家が夢見る父権主義とは違い、彼らの側からの親愛や敬愛という感情は一切当てにならない。厳密に考えれば、君主権は賞罰の権限にのみ存する。それは、その権限を保持する君主を除いた万人を強制し、各人の意図をただ一人の権威に従属させるものだ[11]。それゆえ、政治的な地位が完全で十分な布置＝装置として働くのは、それが積極的にも消極的にも働き、抑圧的でありながらも奨励的であることによる。君主がその地位に「処《お》る」[h]には、何よりもまず、怖れと利益という二本の柄を誰にも渡さないことだ[*]。もし、君主が誰か他の人に「勢」を奪われると、君主は必ずその人の支配下に置かれ操作される[i]。そして、そこから反乱と暴動が生じるのだが、それは王位を打倒するためではなく、それを簒奪して、王位を保持する者がいた場所を手に入れるためである。見てきたように、この装置が、それを手にしている人の道徳的・個人的な資質と関係なく機能すればするほど、簒奪の危険はそれだけ増すし、王位はそれだけ容易に他の人の手に渡るのである。

こうした君主制は、専制君主が万人に対立する以上、多くの場合は潜伏的にすぎないとはいえ、恒常的な紛争の種であることは明らかである。君主がまず対立するのは、いうまでもなく、貴族、大臣、顧問であるが、次には、

*『管子』紀元前三世紀

妻、母、妾、私生児、嫡出子とも対立する。なぜなら、地位の理論は、君主への迎合という繊細な心理学と重なっているからだ。君主は、自分の意を汲み、常にそれに沿って発言する人を誰よりも警戒する。なぜなら、彼らはそれによって信頼を得て、いつの日か君主より有利な立場に立つかもしれないからである。[j][12]その反対に、君主の支配力が強まるのは、君主と家臣の間の距離が維持される場合である。それはちょうど、普段森の奥深く隠れている獣が、われわれをたえず畏れさせるようなものだ。[13]地位の特権は、薄めたり分割したりしてはならない。この点で、寵臣や家族は服従しないものより悪い。[14]地位が完全に排他的で独占されていれば、それが争点になることなど無いはずである。

『韓非子』

『管子』

この道理は、封建制においても同じである。[15]〔君主制において〕君主と臣下の間がそうであるように、封建君主は封臣の力をできるだけ弱めて、自分の権威に易々と従わせなければならない。それゆえ、封土を多く分与するのは、気前が良いからではなく、君主が自分の優越性を確かなものにするためである。そのために、封土は、その遠さに応じて縮減されなければならない。影響力が距離に応じて失われていく以上、それを補う必要があるからである。一般的に言えば、地位の不均衡が増せば増すほど、またそこから帰結する不平等が大きくなればなるほど、それだけ権力は、うまく――封建君主の側から見ればより容易に――行使される。[k]上述した兵法家と同様に、封建君主は、力関係を自らに有利に働かせることで、他人を従わせる。政治的な諸概念と戦略的な諸概念は、それぞれの領域で一致するのである。[16]すなわち、外の敵に対する最良の武器（戦略的な「勢」）が、内においては、臣下に対して権威的に臨む地位（政治的な「勢」）なのであり、これが君主を支えている。

『呂氏春秋』紀元前三世紀

『韓非子』

（＊）ここの記述は、『韓非子』第四十「難勢」（「処勢」）や、同第七「二柄」（「二柄者、刑徳也」）の表現によっている。

三　全体主義の道具としての君主の地位

しかしながら、君主の地位は、それを脅かす人々への防衛的な観点からのみ考えられてはならない。君主の地位には固有の効果があり、とりわけ情報の面では、この地位にあることで、君主は帝国の中で企てられるすべてを知りうる。君主の地位には、多くの古代社会に共通する権威主義という側面に加えて、もう一つ別の側面がある。それは、体系化すれば現代にも当てはまるもので、君主の地位は全体主義の道具でもあるのである。

中国の専制政治の理論家たちは、古代末にその思想が形成された時から、実に明晰に次のことを理解していた。政治権力の根拠は、本質的に、人々を包括的にかつ厳密に知ることと、その知によって、洗いざらい把握できる状態にしておくことにある。この着想は、それ以前に、探求・経験・検証に基づいた科学的な知の可能性の条件を定義しようとした人々（墨家）――すでに認識の領域においても、儒家の伝統が良心による道徳的な直観を重視したことに反対していた――から得られたものだ[17]。西洋の伝統には、真実在に対立する仮象への形而上学的な疑いが実に深く刻まれているが、その疑いを中国思想に認めることはできない。反対に、中国思想が特に関心を払うのは、各々の認識はどうしても断片的であり、穴だらけであって、主観性によって損なわれているのではないかということである。それをカバーするには、他人に頼る必要がある。諺にあるように、「二つの目は一つの目に勝る」。客観性に達するには、認識を全体的なものに広げると同時に、それを他の認識と比較対照する必要がある。専制政治の理論家は、そうするのに理想的なのが君主の地位だと考えたのである。ただし、それは全員一致によってではなく、強制によって、客観性に達するものであった。

厳密な認識論が、人々を支配するのに適した驚くべき道具に変わったのである。君主の地位は、国家のすべての機構の中心に置かれており、君主の前にはすべての情報が集まり、出頭してくる。さらには、それが所持する権力によって、君主の地位は、なかなか明らかにされない情報をこじ開けたり、根も葉もない情報を取り除くこともできる。しかし、そのためには、王は分離と連帯[l]という二つの方策を体系的に用いなければならない。つまり、複数の意見を「分離」することで、王はそれぞれの意見を突きあわせる前に、それらの出所を正確に知り、一つ一つを徹底的に調べた上で、それぞれの意見の持ち主を名指しして責任を負わせる。それと並行して、人々を「連帯」させることで、互いにしのぎを削らせ、密告を助長する。そうすることで、王は、私欲のからんだ意見が、皆で一緒に行った決定という匿名の隠れ蓑に覆われて、罰せられることなくまかり通ることのないよう、それらを白日の下に暴くことができる。また、それと同時に、集団的懲罰という脅威をちらつかせることで、あらゆる徒党の形成を未然のうちに止めることができる。[18] このように、対照的かつ相補的に二つの方策を巧みに働かせることで、君主の地位は、真に、知の機械[m]にまで高まる。君主は、あらゆる情報を力づくで収集し、データを詳細にかき集めることで、宮殿の奥にいてもすべてを「見聞」できるのだ。こうなると、君主の力はもはや物理的なものではない。それは、臣下を自分が監視しやすいように配置し、その結果として――家臣同士が必然的に相互監視をするために――、臣下が君主に見られるようにするだけである。しかし、政治的にはそれだけで十分である。なぜなら、その力によって、体制批判の徴候を前もって暴き、萌芽的な段階で――それが露見したという事実だけで――無化できるために、懲罰を加える必要もなくなるからだ。君主は、人柄が道徳的であることは期待されないが、その地位に相応しく「聡明」であることは期待されるのである。[n][19]

したがって、君主の地位は二つの基礎の上にあることになる。一つは、目に見えるもので、課せられた法を万人に尊重させることである。もう一つは、注意深く隠されているが、人と人との結びつきを、碁盤の目のように綿密に区分けして警戒することである。言い換えれば、君主の地位は、中国の専制体制を構築するのに役だった二つの柱を結び合わせることで保たれている。一つは、公的で厳格で万人に等しく適用される「規範〔法〕」という柱であり、それは賞罰を定める。もう一つの柱は、隠された政治的な「技術〔術〕」であって、並行して調査したり、情報をわざと歪曲したり、あるいは、批判・比較対照・クロスチェックを行ったりするものだ。(o) 君主の地位にあれば、公然と命令することも、秘密裏に操作することもできるのである。

ここに至って、君主の地位に本来的に備わる、効果的な支えという考えを、積極的かつより正確に理解できる。王の技術とは、王の地位のために万人を一致協力させることにほかならない。(p)(20) つまり、直接に自分の力を投入するのではなく、自分のために他人に力を尽くさせるのだ。王は自分の五感だけでは物事を十分知覚できないし、自分に備わった能力だけでやろうとするとすぐに消耗し、すべてを統治できなくなる。したがって、〔優れた王と劣った王の間にある〕グラデーションは、何よりも経済の論理に対応しているのだ。「劣った王は自らの能力を使い尽くし、中間の王は他人の力を使い尽くし、優れた王は他人の智を使い尽くす」(21)。すでに見たように、雲が龍を飛翔させるのだが、それと同様に、他の人々が君主を高めるのである。あるいは舟が水に支えられるように、王は民によって支えられる。さらに言えば、王は、山頂にあって千仞の谷に張り出している木のようなものである。(22) そこで重要なのは、木の長さではなく、それが乗る山塊の高さである。

『淮南子』紀元前二世紀

『韓非子』

統治術については、次のような理論的な問いがある。もし王がどうしても海辺に退居したいと思い、首府を離れたとしたら、それは間違いだろうか？ それに対して、中国の全体主義の理論家は、否と答えた。その理由はこうだ。王が国の中心にある宮廷にどれだけ熱心に居続けたとしても、それが自分の地位を占有していることにはならない。[q][23] その反対に〔自分の地位を占めていれば〕、王は遠くにいても、完全に権力装置を手中にしているため、万人を管理できる。地位は、個人的な力を投入することによってではなく、技術的に占めるべきものだということを理解しなければならない。地位は、局地的で限定された場所に物理的に現前することではなく、制御装置を操作する次元にある。だからこそ、地位によって、根底的かつ全体的に権力を行使できるのである。

四　権力装置の自動性

以上の条件のもとで、君主の地位という装置の本性は、二つの側面に要約できる。一つは、この装置は、人間が発明した純粋な産物であるということだ。それは、いかなる超越的な構想から出てきたものでもなく、人間が技術的に組み立てたものである。もう一つは、この権力装置は、まったくひとりでに自動的に機能するということだ。それは、扱う人の資質には関係なく、ただ滞ることなく十全に作用しさえすればよい。つまり、技巧的であると同時に、自然に作動するものなのだ。この二つの側面を繋ぐことで、それは装置として機能する。

さて、自然に作動するといったが、この自然さにも二つある。一つは、臣下たちの自然さという面である。王は、二つの「柄」という操縦装置を握っているが、[r] それは、対極的な二つの感情を、本能的・原初的に家臣の中に喚起 『韓非子』
する。すなわち、報償は自然と愛着を引き起こすし、懲罰は自然と反発を引き起こすのである。[24] もう一つは、「柄」の自然さである。王は命令を下す地位におり、それを作動させるだけでよい。王は熱心に取り組む必要もなければ、自分の力を尽くす必要もない。ふさわしい季節が来れば、何も手をかけずとも果実が自然に熟すように、王の地位におれば、「自ら前に進んで行かなくとも[s]」、「功績」という名声が自然とやってくる。[25] また、水が滔々と流れ、船が浮かぶように、君主の地位からも、自然の勢いが「窮まることなく」出来し、布告した命令が倦まず実行される。地位にいることで、王は人々を支配するが、それはまるで彼自身が「天」（自然）であるかのようである。王は人々を用いるが、それはまるで「鬼（幽霊）」の不可視の領域に王がいるかのようである。[t][26] 言い換えれば、地位という権力装置を働かしさえすれば、王は、王の行動の規則性（天の運行がそうであるように）から逸れることもないし、その結果、非難を浴びることもない。[27] また、王は、人間の世界に目に見えない仕方で取り憑いているために（幽霊のイメージ）、臣下は外的な因果律によって規定されたとは感じずに、自分たちの純粋な自発性の結果そうなったと感じるので、王は決して「困る」ことはない。[28] 家臣たちは、自ら動いているかのように動かされ、自分本来の内面性の発露であるかのように操作に身を任せる。したがって、「地位が機能」していれば、命令がどれだけ厳格であろうとも、障碍にぶつかることはない。[u][29]

古代中国の理論家たちが詳細に分析したように、全体主義的な権威主義の力は、ひとえに次の事実に懸かっているのだが、これは、決して矛盾しているわけではない。つまり、抑圧は極点に達すると、もはや抑圧ではなく、その反対のものとして見られるということである。抑圧は順当なものに見え、事物の本性の一部であって、正当化される必要もない。なぜこうなるかというと、行使された圧力によって、ついにはハビトゥス〔習慣〕が創りあげられ、圧力を受けた人々の中で、第二の自然となるからだ。しかし、それだけではない。より根本的には、それと同時に、人間の法が、非人間的になることで、自然法のようになることが夢想されているからである。それは、情に流されず仮借なきものであるが、同時に、遍在していて、万人を何時如何なる時にも拘束する。中国の「法家」思想において、「法家」が創設する法は、天地の運行（道）の純粋な展開に含まれ、物の理と完全に合致すると考えられている。法とは、自然の中に本質的に備わる秩序を、社会の中に翻訳したものにほかならない。だからこそ、

「法家」は、君主の地位は、本質的には、常に全ての臣下に対して行使される厳格な生殺与奪の権であると考え、王ただ一人が、この生殺与奪の権を保持するべきだと要求したのである。過酷な運命のように、生かすも殺すも王一人にかかっている。王が、その地位によって、自然の機構がそうであるところの可能性の諸条件を正確に模写しているからこそ、社会全体は、権威から出される命令に隅々まで従うようになり、命令が歪められたり軽んじられたりする危険もなくなる。また、王の地位は、絶対的な段階にあって、画一的かつ普遍的に行使される。そのため、政治という個別的な次元においても、王は実在を調和的に動かす大プロセスを体現できる。王の地位は、人間の地平において、根源的なダイナミズムにまで錨をおろす唯一無比のポイントなのだ（ここには確かに、哲学的な「道家思想」が影響している）[30]。以上が、王が地位にいることで、なぜ事物全体に適用される効力を得られるのかという理由である。操作の仕組みはおのずと機能し、力を入れる必要などないのである。

こう考えてくると、中国の専制政治の理論家たちと儒家の道徳主義との争いもよりよく理解できる。前者にとっては、君主の地位にいれば実に容易に権力を行使できることが、彼らの政策の優位性を証明することになる。その反対に、道徳によって統治するものは、どんなに骨を折っても、信頼できる最終的な成功に達することはない。それは、足の速い動物の後を、歩いて追っていく人のようなもので、苦労して歩き尽くしても、結局は何も手に入れられない。しかし、国という馬車に乗り、馬に導かれるがままに運ばれると（思い出してほしいが、馬は地位に備わる効力の象徴である）、目指した結果に全く自然に、しかも実に容易に至る。[v][31]儒家は、聖賢の中の聖賢である孔子が、大変な苦労をした後で、ようやく七十人の弟子を従えたと語るが、その同じ時に、孔子の主君である哀公は、凡庸でありながら、王として、孔子も含めた万人を易々と服従させていたのだ。[w][32]したがって、儒家の第一の間違いは、道徳をあまりに信用しすぎたこと、とりわけ、臣下に対して持つべき姿勢と、弟子に対して持ちうる姿勢を同

『韓非子』

一視したことにある。

だが、儒家はさらに重大な間違いを重ねた。儒家は、王に仁義を説き恵愛を推奨することで、君主の地位に含まれている政治的装置の行使を妨げ、それを規則的なプロセスの外に逸脱させてしまったのである。親子の愛情でさえ、例外があり反抗を免れないのに、儒家はそれをモデルとして、政治的な父権主義を自然本性に基礎づけようとした。そもそも、仁義とは、ふさわしくない人にも報酬を与えてしまうものではないだろうか？ 恵愛とは、罰すべき人にも懲罰を免れさせるものではないだろうか？ これら二つの徳のどちらかを示せば、君主は気が咎めないだろう。しかし、社会はそのために乱に向かう。(33) なぜなら、臣下が、全エネルギーを王に捧げる義務をもはや感じなくなり、私的な利害関心だけに心を砕くようになるからである。そして、王もまた、「人間性」と「同情」の道に入り込めば、純粋に人間的なやり方でしか動けなくなり、その結果、この地上で彼と争おうとする万人と競い合うことになるからである。そうなると、王はその地位を滑り落ちることになる。

したがって、道徳の誘惑はすべて有害であり、道徳を説くものは背徳的である。それは、何もしなければ全くひとりでに進んでいくものに、ゆるみを導き入れるからである。君主の地位という装置の唯一の使用規則は、(x) その自動性を尊重することである。(34) 儒家の王が、望まれると人々の前に姿を現すのとは異なり、この装置を使うものは、機械の中に隠れていて、歯車と変わるところはない。すべてを見ている人は、自分を見せることは全くしない。他人を限なく見透かしても、自分は不透明さの陰で身を守るのである。(35) 万能であっても、不可視のままなのだ（その地位を実際に行使すればするほど、知覚されない）。事物の大プロセスを表す究極の言葉である「道」のように、「彼はいる」としかわからないのである。

五　中国的な考え方は根底的である

権力の脱人間化という方向に、これ以上に進んだものはないだろう。レオン・ヴァンデルメールシュが見事に分析したように、古代中国の思想家の中では、専制政治の理論家たちが政治思想を最も前進させ、国家という抽象的な概念を生みだした。とりわけ、行政においては、それ以後、国家は純粋な機関として考えられ、それまで支配的であった古い貴族制から全面的に解放されたのである。しかし、中国では、君主制原理が絶対的な支配力を持っていたために、その体制には限界があって、国家を貴族制から解放したようには、国家を王から徹底的に切り離せなかった。そのために、専制政治の理論家たちは、君主をできる限り脱人格化し、君主をただの地位に還元したのである。それは、厳密に組み立てられた政治的装置なのだ。しかし、その機能が王に一極集中しているために、王が具現する機能を越えた目的に至ることはない。そのために、この政治的装置は、その論理からして全く怪物的になったのである。(36)

こうした中国の権威主義者は、今日ではよくマキャベッリの思想と比較される。なるほど、どちらの政治的な省察も、王への助言という見地から出てきており、王の権力を強化することを唯一の目的としている。『君主論』にも、「要は君主の権威を維持することだ」とある。(37)また、どちらの政治的な思考も、とりわけ道徳や合目的的な正当化からは自由であり、権力は、マキャベッリが言うところの「実効的な真理」からのみ考えられている。権力は、純粋に人為的な制度からのみ生じ、利害の純粋な対立として解釈され、力関係というただ一つの現実の中で現れるのである。これは、西洋の政治思想においては新しいことではあったが、マキャベッリもまた、合法的な権力と非合法的な権力を区別しておらず、原理という概念において、君主と暴君を注意深く同一視している。だが、ここで比較対照は終わる。マキャベッリは、君主をその地位に還元することなど夢にも思わなかったからだ。君主を脱人格化することを望むのではなく、ルネッサンスの人間として、君主の人格的な能力に大いに訴えるのである。とはいえ、人格的な能力を、道徳的資質として考えたわけではない。彼の時代の『王の鏡』がみなそうであるように、徳 virtù の効力だと考えたのである。マキャベッリにとって、政治は僥倖 fortuna と争う技術であって、自動性が推奨される装置の規則的な進行ではない。マキャベッリは、その繊細な知性によって、権威主義の密やかな原理を突き止めたが、全体主義的な政治機構がいかなるものかについては、まだ見当がつかなかったのである。

監視による絶対的な支配という理想が、西洋思想において現れたのは、ミシェル・フーコーが、ペストに脅えて罹患者を四十日間隔離した町での理想的な支配として記述したものからである。(38) すべての空間が碁盤の目状に緻密に分割され、人々が常に追跡されチェックされたことで、最も厳密な規則が生存の最も細部にまで働き、そのために、「権力の毛細管的な機能」が確たるものになった。これと同様に、特権的な地位にある完璧な君主という装置は、西洋ではおそらく、フーコーが続いて示した、ベンサムの有名なパノプティコン〔一望監視装置〕になって、ようやくそれにふさわしい形象が見出されたのである。(39) パノプティコンとは、周辺に円環状の建物があり、その中は独房に分割され、それぞれ建物の奥まで一間つづきであって、光が隈なくそれぞれの部屋に差し込むように両側に窓がうがたれている。中央には塔があり、同じように窓がうがたれていて、円環の内側に面している。独房にいる人は、監視され、意識され常に見られる状態にある。塔にいる人は、彼らを監視し見続けるが、決して彼らからは見えない。そのために、看守がその場所を離れたとしても監視の効果は続く。中国のシステムであれ、ベンサムのシステムであれ、機能的な非対称性は同一である。つまり、一方の人々は隈なく見透かされるのに対して、他方の人（君主や看守）は不透明さの陰に隠れている。思い起こすなら、中国の理論では、君主は王宮を離れても、完全にその「地位」にいることができたのである。

フーコーは、「装置が重要なのは、それが権力を自動化し脱人格化するからだ」と述べたが、政治的な「勢」の定義としてこれ以上のものはないだろう。なぜなら、「権力の行使を改良し、より速く・軽く・効果的にするにちがいないこの機能的な装置」は、「人格にではなく［……］諸個人を把捉する関係がその内的な機構によって産み出される仕掛けの中に」、その原理があるからだ。さらにパノプティコンという見られる場所に置かれた人は――君主の地位が設けた場所に置かれた人と同様に――、監視されるのがわかった上で、権力による強制をみずから引き受け、その強制を「自発的に自分の上に働かせる」。そのために、「外部権力は、自分も物理的な重さを軽くでき」、さらには、「非身体性へ向か」えば向かうほど、「その効果はますます恒常的で深いものになり、最後には既定のものになり、たえず継続更新されるようになる」。

一望監視的な図式を発明したベンサムが自賛するように、それが「大きくて新しい統治道具」であるのは、権力を「前例が無いほど多くの量において」獲得する手法だからである。ミシェル・フーコーは、その発明の中に、近代という時代に本質的な歴史的変化の象徴を見た。なぜなら、それは規律化された社会の出現に至るからである。ところが、中国ではすでに古代末から、こうした発明が「勢」の理論家によって、実に厳密に精緻化されていた。しかも、それは、刑務所という遠慮がちで控え目な規模ではなく、万人に対してという最大の規模で考えられたのである。

第一部の結論　操作の論理

一　戦略的布置と政治的装置との類比

戦争の指揮と権力の運用。人はこの二つに、ある種の類似性を感じとる。しかし、それと同時に、伝統的には、両者が共通に有しているものが何かを、より正確に規定することはためらってきた。単なる隠喩の段階（「政治的戦略」）を越えて、両者を同じ図式で解釈することには尻込みしてきたのである。「操作」は自然科学のものであって、人間を操作する理論の構想には、躊躇し抵抗してきたのである。

ところが、中国古代の思想家たちは、こうした躊躇を感じなかった。古代末に社会的・政治的な危機が極まり、儀礼と道徳の主張が強まったが、そうなればなるほど、それへの反動もますます活発かつ急進的になり、儀礼・道徳重視の考え方を揺さぶった。見てきたように、この時に、「勢」という共通の「核」が、兵法と政治を深いところで一つに結びあわせたのである。まず兵法と政治は、目指すものが共通していた。中国の「兵法家」にとって、目指すべきは、敵の絶滅ではなく——それは損失であって、戦争は多くの死者をもたらすべきではない——、敵に譲歩させ、敵の戦力をできるだけ保持したまま、自分のものにすることである。同様に、中国の専制政治の理論家

〔法家〕にとって、政治は「他人を自己に従わせる」以外に目的はない。すべての臣下は常に潜在的な敵として見なされるべきなのだ。敵であれ臣下であれ、他人が有するプランと意図を麻痺させ、意に沿わずとも君主が課した方向にその人の力を尽くさせるのである。また、兵法と政治は、その方策も共通していた。両者とも、状況に含まれている力関係を、できる限り自分に有利なように利用するのみである。この純然たる掟を和らげたり覆い隠すものは、すべて排除するべきである。逆に、他人に気づかれず、しかも他人の意に反して強制の効果をあげるもの――手練手管、罠、隠匿――は強化するべきである。そのため、戦争の指揮にしても、権力の運用にしても、布置＝装置の使用は根本的には同一である。一方は、敵それ自体ではなく、抵抗の能力だけを破壊しようとするし、他方は、邪魔になればすぐに、臣下全員をいつでも絶滅できる。

　加えて、戦争においても、政治においても、働いている布置＝装置は、その機能が同じである。まず共通するのは、プロセスがいったん開始すると完全に自動的である点である。兵法家は、掌握した布置〔陣形〕を働かせることができれば、戦闘の火蓋が切られる前に敵に確実に勝利できる。それと同様に、王は〔装置を手にしていれば〕、強要せずとも臣下を確実に従わせることができる。つまり、純粋な〔布置＝装置の〕効果として、結果はおのずとついてくるのだ。結論的に言うと、こうした布置＝装置は、「自然に」動くため、尽きることはない。すなわち、戦場では、その勢いによって布置はたえず更新されるし、権力装置は、命令を無限に出しても使い尽くされることはない。

　戦略的布置と政治的装置のもう一つの類似点は、操作者が消されていることである。よい将軍は二重に気づかれない。まず、単に戦術的な観点からは、将軍は自軍の配置を見えないようにし、敵の配置を見えるようにする。戦略的な観点からしても、よい将軍は自らの洞察力や勇気を見せずに――しかし、将軍に称賛に値するものが欠けているわけではない——、必ず勝利が状況から帰結するようにする。同じことは、明君にも当てはまる。他人と直接関わる場合、王は自分の内心を一切明かさないように気をつけるが、臣下の内心は完全に見えるように仕向ける。また、権力を用いる場合には、王は仁愛と寛容さを見せずに——とはいえ、民に対しては余裕たっぷりに「徳」として示される——、公平無私に報酬を与えることで、社会の自動調整autorégulationを保ち、それを妨げないよう、細心の注意を払う。つまり、両者とも、実践面では、見られることは、他人に手がかりを与えるため、他人を自分よりも優位に立たせてしまうと分析しているのだ。また、理論面では、真の操作者は、布置＝装置の機能に自分を同一化し、その中に溶け込むと分析しているのである。結論的に言うと、どちらも、道徳的な行動は操作の産物にすぎないと考えている。兵士が勇敢であったり、臣下が忠実であったりするのは、人が望むように彼らの立派な徳のためではなく、そうであるようにただ強制されているからである。効力は客観的な規定から生じる、より正確には、布置＝装置の規定から生じる。そして、成功もまたそこからしか生じない。布置＝装置が人目につかなければつかないほど、成功しやすいのである。

二　道徳主義者 対 現実主義者

機能的な布置＝装置としての「勢」は、兵法家と法家に重視された。それに対して、道徳主義者の思想においては、それは果たしてあまり重要ではない。前者がそれを積極的に引き受けるのに対して、後者は否定的である。しかし、道徳主義者にはそれが正しいのである。なぜなら、道徳は原理からして、状況の有利不利よりも道徳的な諸価値が絶対的に優先すること、そして、力関係によって行使される圧力よりも主観的な決定が勝ることを主張するからである。「勢」の理論家としての「現実主義者」対 道徳主義者すなわち儒家。これは、古代末に「諸子百家」が花開き、中国思想が成熟したときに出来した、主要な論争であった。

まず、戦争の次元ではどうだったのだろうか？　道徳主義者は、兵法に少しの関心も持たず、そのために、「勢」には一切注意を払わなかった。善い君主が道徳的な影響を及ぼせば、戦争はおのずと解決するからだ。したがって、戦争は本来、技術的ではなく、政治の帰結として理解されるべきであり、その政治は、道徳の帰結としてしか考えられないのである。君主が心に生まれつき備わっている徳の端緒を実際に展開していけば、遠くの人や敵対する人も、「間違いなく」門戸を開き、その善良さに引き寄せられて君主の前に進み出て、その支配の恩恵を享受するのである。[1]

次に、社会と政治の領域ではどうだったのだろうか？　道徳主義者にとっては、道徳的諸価値が優先するために、地位に付与された権能には全く無関心であるべきだと言うのである（無論、それは、社会的な位階を批判するのではない。社会的な位階は、誰よりも儒家が尊重している）。孟子は述べる。「古代の賢王は、善を好み、自分の地位（勢）[a]に与えられた権能を忘れる。賢人も例外ではなく、道を楽しみ、他人の地位に与えられた権能を忘れる。もし王公が尊敬を示さず、儀礼を尽くそうとしないなら、賢人に会うことはできない。会うことができないのだから、賢人を臣従させることなどできない[2]」。これは実に示唆的な一節である。冒頭では、理想化された過去への投影がなされる（これは、「法家」に特徴的な、現在への現実主義的な執着とは全く対照的である）。そして、否認の欲望（権力の前では無力であるにもかかわらず、文人は権力への臣従を拒否したい）を満足させる言い回しも用いていく。その上で、この一節は、文人を君主のもとに恭しく招聘することで、狡猾にも互いの役割を反転させるに至るのである。なるほど、途中までは、王はただ善を「好む」し、文人はその道を「楽しむ」ということであった。し

『孟子』紀元前四世紀

かし、そこから徐々に逆転が生じ、最終的には、文人が王のもとに赴き、王に取り入る（これが明白な事実である）のではなく、地上の王の方が文人のもとに赴き、彼らに気に入られようとするのである……。

こうした役割の反転は、道徳主義者の用いる「勢」という語にも特徴的である。一般には、「勢」は配置から自然に出てくる結末を表すが、ここでは、明らかに反対の意味で用いられている〔忘勢〕。これを、水のモチーフと関連させるとさらによくわかる。水は、その自然な流れが、勢いのイメージとして用いられているものだ。孟子は次のように述べる。「人間が本性からして善に向かうのは、ちょうど水が本性からして低いところへ流れるようなものだ。〔……〕。しかし、水の表面をたたけば、水は額よりも高く飛び散る。また、水路をせき止めて逆行させれば、山の頂上でも水を留めることができる。これは水に固有の「性」ではなく、「勢」から出てきたことなのだ」[b][3]。ここでの「勢」は、人為的に水に振るった暴力的な圧力として理解されるべきである。これは、通常の用法とは対極的だが、観点を変えれば、全く論理的でもある。つまり、専制政治の理論からすると、「勢」は地位から自然に出てくる効果であり、それを活用するものだが、その地位に従属している文人からすれば、「勢」は自らに恣意的に行使された強制として感じられるものだからだ。内的な勢いなのか（権力の布置＝装置から出てくる）、強制という外的な力なのか（本性の傾向に対立する）。「勢」という語のこうした両義性は、視点の相剋に起因するものであり、意味の上での相反は社会的な矛盾を反映している。

孟子

三　理論的な妥協と根本的な一致

ところが、兵法の理論と専制政治の理論が高まると、道徳主義者も、彼らの「勢」という概念を考慮し、彼らの理論が「勢」に与えた意味に順応するようになった。ユートピアに埋没しようというのでない以上、現実主義に対応せざるを得なかったのである。ここに至って、戦争に対して、道徳主義者は二種類の戦争を明確に区別するようになった。一つは「王者の」戦争である。これは理想的な戦争であり、古代の〔王朝の〕創始者たちの戦争である。これが王たちは、おのれの道徳的な優位性だけで、易々と戦争を遂行する。もう一つは、覇権を争う戦争である。これが当時の現実の戦争であり、そこでは、軍事力が重要であり、戦術が必要とされる。しかし、効力の観点から見ると、後者の戦争は、前者の古代の君主たちの戦争に比べて決定的に劣っている。なぜなら、古代の君主たちの戦争においては、悪い王に懲罰を加えるために派遣した軍隊が、ただ行進するだけでよかったからである。君主が自分の民に一致して支持されていればいるほど、敵方の民もその君主の善良さに惹かれて、自ら帰順してくるのである(4)。

荀子
紀元前三世紀

これは、政治の領域でも同様である。今や、権威ある地位に、最初の一歩にすぎないにしても、最小限の場所が与えられた。たとえば、権威ある地位は、草創期の君主たちにとっては、道徳的な感化を受けようとしない未開の民を強制するのに役立った(5)。また、帝国の創始者にとっては、微々たるものであってもその領地をふりだしに、権威ある地位を利用して、堂々たる事業に身を投じていくことができたのである(6)。そして、社会全体にとっても、位階化された機構の基礎条件に「勢」があるために、社会のまとまりと安寧が保証されるのである(c)(7)。とはいえ、国の最終的な帰趨を決める真の選択肢は、それでも純粋に道徳的なものにとどまっている。失脚した君主のケースが証明するように、その地位がどれだけ強力であろうとも、非道徳的であれば民は不満を抱き、それによって王は身を滅ぼし、最も身分の低いものにも劣る状況に至る(8)。権力はそれ自体が最終目的ではなく、知恵の「道」の方が「勢」に断然優っている(9)。道徳的な感化が人々に感謝され、人々のやる気を喚起すれば、王は「平安と盛強」を保証される。しかし、力ずくで得られた権力は、威嚇と監視によるために（専制政治の理論家が説いた方法）、「弱さ

荀子

と危険」しかもたらさない。[10] 道徳主義者にとっても、臣下が王に服従することは、政治的に良く治まるための条件ではあるが、服従が自発的でなければそれは本物ではない。ここから次の結論が出てくる。権威ある地位は、服従を引き起こす原因ではなく、服従の帰結や結果として維持されるのである。[d][11]

このように、兵法家・専制政治の理論家と道徳主義者は、「勢」において明らかに対立している。しかし、両者は、論争の基礎にある論理においては、意見が一致している。というのも、両者とも、勢いによって自然に作用する趨勢が、現実を規定する様態としては優先的だと認めているからである。両者を隔てるのは、結局、どのような趨勢を重視するのかということだけである（ここで両者は相容れない）。すなわち、布置＝装置として機能する、力関係から出てくる勢いなのか、道徳の条件として作用する、範例性から出てくる勢いなのか。兵法家・専制政治の理論家が客観的な「必然」を主張するのに対し、道徳主義者は、聖賢の知恵に感化されると人は心を動かさ「ざるを得ない」[e]という。道徳性はおのずと道徳性を引き起こすというのだ。それは競争心を燃やす競合関係からではなく、個人を横断する自然の誘引のためであり、反応が同型的であるためである。したがって、どちらの選択肢も同じ利点を誇っていることになる。つまり、いずれにせよ、勢いは、些かの抵抗にもあわず、それが触発する人に知られることもなく、自在に作用するのだ。状況の趨勢的な特性から生まれようが、徳の誘発的な力から生まれようが、効力はプロセスに内在的である。そして、それが全面的に働き、絶対的に拘束すれば、どんな緊張も相剋も、おのずと解消していく。それゆえ、道徳主義者の説く戦争も、対決に先立ち、対決を免れて、必ず勝利に至るものなのだ。それは戦術的な手管や策略を用いるものではない。道徳主義者は、それらを用いると、敵も同じことができるために、同等の軍事力が対峙してしまい、戦闘の出口が見えなくなると考える。[12] さらに、良い君主は、自分に抵抗しうるものを攻めたりはしない。なぜなら、自分に抵抗できるということは、彼らにある種の道徳的なまとまりがあるからで、そのことは喜ぶべきことだからだ。同様に、道徳主義者が、徳治こそが望ましいと考えるのは、道徳的な範例性だけが、専制君主についてまわる苦労や心配を免れさせるからである。それは、真に全員一致した賛同を引き起こし、生得的であるか後天的に獲得したかは別にして、積極的な行動を行う自発性を生じさせるからである。結局のところ、中国文明全体の基礎にあり、とりわけ儒家の道徳主義の基礎にある儀礼それ自体が、純粋な布置＝装置として考えられたものなのだ。

四　歴史的な妥協と中国の独自性

その後、歴史は次のように推移した。始皇帝が、競争相手を一人残らず打ち破り、中国全土を支配し、何世紀もの間続いていた覇権争いに終止符を打った。それは、道徳主義の伝統に反して主張された、権威主義的で全体主義的な理論を厳密に適用した結果であった。しかし同時に、この新しい帝国は、その力の源である中央集権化された国家機構を堅固にするために、ますます大きく官僚の支持を必要としていた。ところが、官僚にふさわしい人材は、儒家的伝統の継承者である文人の世界からしか募集できなかったのである。ここから、競合する二つの選択肢の間で早くから描かれていたイデオロギーの妥協が生じ、その後の伝統はその妥協に基づいていったのである。

戦争においては、儒家的な原理が継続された。それは、自発的な服従をもたらす正しい懲罰戦争と、利害に基づき軍事対決を必至とする征服戦争を区別し、王と臣下は道徳的に一体化するべきだという原理である[13]。だが、それと並行して、理想的な戦争の枠組みが僅かであっても放棄されたことから、戦術的考察と、配置から生じる潜勢力という極めて重要な考えも取り入れられ、発展していった[14]。ところが、政治においてはその反対に、権威的で専制

『淮南子』紀元前二世紀

的な選択肢の方が枠組みを提供し、地位の理論が帝国の制度の要となったのである。すなわち、君主はその「勢」を用いて、万人より優位にあり、競争対立を離れて、万人が自分のために力を尽くすようにしなければならない。君主はその地位によって、世界の軸であり、あらゆる調整機構の源泉にある。[15] 不均等な力関係から強制力を行使してはいても、君主と大臣の関係はもはや相剋的ではない。それは、協同するものであり、「人間化」されたのである。ここで、これまで一般に用いられてきた、国を表す馬車の隠喩が変容したことは意義深い。以前は、国が馬車であり、地位が馬であった。しかし今や、地位が馬車であり、大臣が馬なのだ。[16] 王たる良い御者は、加えた力に馬がどう反応するかに応じて、手綱を引いたり緩めたりできる人である。こうして、儒家の理想である職務の相互性と調和が、再び導き入れられた。そして、モデルの役割と教育の使命も再び導き入れられたのである。つまり、道徳は地位の助け無しには効果がないという法家の教えを主張しながらも、それと同時に、君主が自らを規範的なモデルとして認めさせ、その教化によって民の風俗を変えられることに地位の特権性を認めたのである。[17] ここで、密かに、道徳主義者の理想に立ち戻ったのである。

結局、一方の効力と、他方の効力とが繋がり結びついていったのである。なるほど、こうした妥協はごまかしであり、服従の要求を自発的な賛同に変え、専制政治を同意という美しい外見で覆ったと見ることもできるだろう。しかし、この妥協は、上述した箇所ですでに想定されていた、二つの競合する方向性の間にある奇妙な類縁性を確認するものでもある。道徳性による教化から生じる効力にせよ、地位がうち立てる力関係から生じる効力にせよ、社会的・政治的現実を、操作すべき布置＝装置のモデルで考えているのだ。どちらも、人間世界の最終目的は純粋に機能的な「治」であるという理想を共有しているし、自然に働く調整機構の価値を究極の論拠として——対立の政治を禁じるために——援用している。この社会的・政治的な「プロセス」は、予見可能であり、どんな障碍にも軋轢にも出会わない。つまり、法権利の要求や、心の自律性の承認、そして「自由」になど出会いはしないのである。

範例性の影響から出てくるにせよ、力関係に発する布置＝装置から出てくるにせよ、効力は、常に間接的に、状況を通じて作用する。そしてそれは、対決——軍事的な対決や言説の対決——に取って代わる。他人を「目的」として扱うのではなく、他人の心を権限のままに扱うこと。これが、操作の論理の隠された公準であり、カント主義を要約した公準とは正反対である。ここには、他人との関係に対する特殊イデオロギー的な見方が前提されている。加えて、説得の努力への諦めと言葉の力への深い不信もまた含まれている。この不信こそが、ギリシア世界とは対照的に、中国の古代世界を特徴づけるものだ。確かに、〔ギリシアの〕修辞学を操作の技法として考えることもできる。[18] しかし、そこでは少なくとも、他人に向かい、他人に訴え、他人の信頼を得ようとしており、他人にも、応答、自己弁護、反対の側に立った論証の機会が与えられている。対立する議論が常に真理を明らかにするわけではないにしても、それは意識的な対抗への手がかりは与える。反論を許す以上、意見の対立は少なくともチャンスなのだ。こうして中国文明と対照することで、民主主義が対面[*]から生まれたことがわかるだろう。それは戦場での対峙と対をなしているもので、アゴーン agôn とアゴラ agora でギリシアの人々は対面したのである。

（＊）アゴーンとアゴラはどちらも人の集まる広場のことだが、前者は種々のコンテストが行われる場所、後者は市場という意味を持つ。

五　操作の技術

したがって、説得に対立する操作に、中国の諸伝統を明らかにする特徴がある。それは個人であれ、集団であれ、他人を前にした際の行動の論理を特徴づけるもので、政治や兵法の領域に限られるものではない。そうすると、この操作の働きは、政治や兵法といった特定の領域を越えて、日常における社会的・道徳的現象として、説明できるだろう。また、それを日常生活において研究することで、次のことを理解できるだろう。操作は通常、人間関係の原理としてどう用いられているのか？　この間接性の戦略が、なぜ戦時だけではなく平時においても役立つのか？この操作の政治は、権力の運用だけでなく、普段の行動にもいかにして関わりうるのか？　とはいえ、この論理は、中国文明の中ではあまりに直観的に知られており、誰もが共有しているために、普遍性の水準で理論の対象にはならなかった（しかも、この論理を明示化できなかったのは、おそらく、それがこうした全員の同意を生みだすからであり、無条件の賛同の対象でもあるからだ）。そのため、外から見ると、実に典型的に中国的なものが、摑まえられもせず、十分説明されないまま、自明だと見なされていることがわかる。

したがって、それを分析するためには、別の基盤を見つけなければならない。ここではもはや、中国の思想家が説明のために努力を払ってくれることを当てにできない。わたしたちは、手元に残された唯一の資源である、直接的な経験に頼ることにしよう。つまり、操作がどのように語られているのかを見るために、小説の証言に耳を傾けてみよう。

逸話を一つ取り上げれば十分である。『水滸伝』は中国の大小説であるが、その中に、不当にも死罪を宣告された軍友の逃亡を助けたために、英雄である美髯公〔朱仝〕が遠くの牢獄に送られた経緯を物語った箇所がある。[19] その地で、彼は立派な人柄によって長官の信頼を得、祭りの夜に頼まれて、長官の息子のお供をして町を歩いていた。と、そこで不意に、命を救ってやった男〔雷横〕に出くわした。彼は仲間と一緒だった。彼らは少しの間、朱仝を脇へ連れていき、自分たちとともに法外の大義を目指そうと誘った。しかし、朱仝は長官への忠義のために拒んだ。その後、面倒を見るように頼まれていた子供のもとに戻ってみると、その子供が消えていた。雷横と呉用も戻ってきて一緒に探し、連れ立って町の外に出ていくと、子供はいたがもう死んでいた。彼らが故意に殺したのである。朱仝は怒り狂って、彼らを追いかけたが、なかなか追いつけずに遠くまで来てしまった。そして追いついた時には、朱仝は計略にはめられていたのである。全ては意図的に仕組まれており、そこには子供の殺害までも含まれていた。朱仝に忠義の理想を諦めさせ、帰還の可能性をすべて断ち切ることで、彼らの側につかせるためである。

「一筆一筆が、人間を摑まえる恐ろしい幽霊の「勢」を作りあげている」[f][20]。この物語の文学的価値を感じ取った批評家〔金聖歎〕は、行間でこう評した。震撼させられる言葉である。というのも、英雄朱仝が、介入したり、選択したり、抵抗したりできないように、すべてが進んでいったからである。雷横たちが膝をついて赦しを請うた時には、美髯公は仲間に加わることを余儀なくされていた。このことを彼らは前もって決めており、意のままに彼を翻弄した。朱仝は心から納得したのではなく、状況に縛られていたのである。しかも、登場する勇者たちは誰も、（恩人でもある友人につけ込んだことに対する）良心の呵責や、（策略によって無辜の子どもを殺したことに対する）義憤をまったく示さない。操作は技術であって、それによって英雄たちの数が増えていったのである。

ところで、中国では、こうした布置＝装置のモデルが、人間関係の運用にだけ認められるわけではない。それは、芸術的な効果にもあてはまり、中国の美学思想にも含まれている。書・画・詩においても、配置から出てくる効力

『水滸伝』十四世紀

金聖歎　十七世紀

が重要であり、それをこうした領域においても把握しておく必要がある。そうすれば、こうした現実の説明方式が、中国において、どれだけ応用範囲の広いものかがわかるだろう。だが、これは、西洋人として——正しく言えば、西洋の観点から——中国にしばしば感じる、あの受け入れ難い政治的抑圧という要素を正当化するものを（あるいは、それを補償するものが芸術にありうるかのように）、「芸術」の側に探し出そうというのではない。そうではなく、文化的な一貫性は包括的にしか摑まえられない以上、操作的な兵法から、最も公平無私な創造のプロセスに至るまで、諸領域を通じてそれを探求するほかないのである。

第二部

第三章　形の躍動、ジャンルの効果

一　ミメーシスの不在　芸術は普遍的ダイナミズムを現実化する

帝国が崩壊し（二世紀末）、それに続いて起こった中国の分裂は何世紀にも及んだ。それは、その時まで優勢を誇っていた、宇宙論的でもあり、道徳的・政治的でもある、統一的な思想体系の崩壊を早めた。そして、その代わりに、かつては統一的な思想の中に混じり合っていたのだが、自立した美意識の出現が促された。ここにようやく、独自の思想としての芸術批評を可能にする条件が整ったのである。

中国の芸術批評は、当初から、芸術活動をミメーシスの活動ではなく、現実化のプロセスとして構想した。ミメーシスとは、ある種の「自然」を、「観念的」であれ「現実的」であれ、再生‐模倣し、その「自然」を普遍的あるいは個別的な次元で理解することだ[1]。それに対して、現実化は、現実の内にあるダイナミズムに個別の形状をもたらすものだ。現実の内にあるダイナミズムが、書に表現された文字や、絵画に描かれた山水、創作された文学作品を貫いて、開示される。つまり、それぞれに具体的な形を取る個々の配置から潜勢力が生じ、それが普遍的なダイナミズムを体現しつつ、その効力を最大にしていくのである。潜勢力とは、書に表現された文字の諸要素を活性化する緊張であり、絵画に描かれた様々な形の躍動と運動であり、文学作品が創造する効果である。したがって、ここでも古い戦略モデルが美学的省察を助けており、芸術もまた「勢」によって、布置＝装置として考えてみる必要がある。

二　書における形の力

兵法から書法へ、この移行は明白である。

古人は書を論じる際、「勢」を重んじていた。［……］なぜなら、書は［字の］形状についての学であるからだ。形状〔形〕があれば、それから出てくる潜勢力〔勢〕がある。(a) 兵法家は［戦場での軍隊の］形状と［そうした配置から生まれる］潜勢力を重んじた。［……］この潜勢力［勢］の有利さを得れば、勝算がある。(b)(2)

康有為　十九世紀末

中国の書は、形状の中に働くダイナミズムを表現する特権的な例である。そうすると、書写された一つ一つの文字において重要なのは、動きに変わる形と、形に変わる動きだということになる。この図式では、形象と運動は等しい。そのため、筆で書かれた文字の「勢」〔字勢〕とともに、文字を書く筆の「勢」〔筆勢〕について語ることができる。(c) 二つの別々の段階もしくは「状態」において、同一の躍動が働き、把握されているのである。「勢」はまた、力として包括的に定義されもする。それは、文字の形を貫き、それを美的に活性化する力である。(3)「「勢」が来るなら止めてはならない。「勢」が去るなら遮ってはならない」。この言葉は、最初の書論とされる論文にある。(4)

蔡邕　二世紀

「形状〔形〕」（字の格好を作り上げている諸要素）と「潜勢力〔勢〕」は、前者が、見かけの観点から文字の「形」

を「視」たものであるのに対し、後者は、字の格好を通じて「勢」を「逐《お》」い、筆の上げ下げから生まれる緊張の効果を捉えたものである。(5) ちなみに、文字の「体」も変遷すると考えられた。「「勢」が調和し、体が均衡する」(6)。しかし他方で、書の「勢」は、書の個々の形としての〔篆書や隷書などの〕複数の字体からは区別されもする。「用いられた字体にかかわらず、「勢」は同じである」(d)(7)。つまり、書法の決定的な要素である「勢」は、筆線＝筆跡の多様なヴァリエーションにもかかわらず、それを統一するのである。

王羲之
四世紀

衛恒
三世紀

　とはいえ、中国の美学的考察が、（ギリシアとりわけアリストテレスの伝統がそうしたように）正確な概念化や定義を行ったり、諸々の用語を弁別しながら発展していったと思うのは間違いである。むしろ、用いられた言葉は、類似関係の網の目の中で働き、常に暗示によって互いをほのめかしあい、対照することで作用しあっていて、限定された場所にあるわけではない。つまり、用語の意義は、事前に方法的になされた、したがって抽象的な（整序された）区別から出てくるのではなく、個別の活用から出てくる。ここでは、用語同士が対をなし、相関して、豊かに意味を喚起し続ける。要するに、美の現象を、諸概念によってではなく、両極性によって表象していこうというのである。(8) こうして、書が有する「勢」は、書に構造的な一貫性を与える、文字に内的に備わった「骨」と結びつけられることもあれば（これは、曲線の魅力的な優美さに対置される）(9)、逆に、書の文字に本質的な骨張った堅固な構造とは反対のもの、すなわち筆線の繊細な形に相当するものに結びつけられることもある。(10)「勢」は、中間的で、過渡的な用語である。それは、ある時には、目には見えない、主観的で宇宙的なエネルギーと関係づけられる〔気勢〕。このエネルギーは書の所作に入り込み、それを貫いて作用する。またある時には、一筆一筆という段階において、「勢」は字の形象と関係づけられ〔形勢〕、それと同一視されることもある。(e)

羊欣
四〜五世紀

　だが、「勢」が書の文字に固有の形状に関係づけられる場合であっても、両極の間を揺れ動くことが重要である。

その際、「勢」は、形象を通じて表現され、形象に潜む「気」を呼びだすのである。「伝統の中に別の名が無いために」[11]、「勢」は、飛翔・飛躍・跳躍と隠喩的に表現された。たとえば、六篆《てん》については、「頸を伸ばし羽を畳んで、その勢は雲に達しようとする」と述べられる。[12] 一般的に言っても、「勢」は「生を与え」[f][13]、あたかも筆を揮ったその時を蘇らせるかのように、文字の一点一画まで振動させ続ける。[14]「勢」がなければ、形象は平板になってしまうのだ。それほど重視された「勢」は、現実化し静止した形象に、絶えざる飛翔という次元を開示することで、形象を深め、形象を超えていく。「勢」は、形象を生み出した内的な躍動であるとともに、形象から結果する緊張の効果でもある。「形」をその勢いにおいて摑むというのは、形象をただの「形」ではなく、進行するプロセスとして見るという意味である。

だが、「勢」という、書に表現された文字の諸要素を活性化し続ける緊張の効果は、具体的にはどこから出てくるのだろうか？　別の言い方をすれば、書に表現された文字が、布置＝装置として有効に機能するにはどうすればよいのだろうか？　用筆の第一の規則はこうであった。「「勢」は、一点一画において、上下・高低・離合する緊張から得るべきである」[g][15]。ダイナミズムを作動させるのは、対照と相関の論理である。文字の形状をなす諸要素は、互いに呼び求めながらも反発し、「向き合ったり」、「背を向けたり」[h] しなければならない。下に折れ曲がっていく上の線には、上にカーブしていく下の線が対応し、前者の端緒にはすでに、後者の前兆と発端が暗に含まれている。同様に、一方の線が厚く重なれば、他方の線は薄く広がるし、墨痕があちらで濃ければ、こちらでは薄い。隔たるから近づき、対立するから補完する。そして、それが極まれば、交換と転換が生じるのである。このようにして、筆線を構成する要素はすべて、「相互に映す」[i] かのように互いに引き立たせ合い[16]、同じ脈動が隅々までめぐり、どこにも「滞り」がない。かくして、「雄々しく柔媚な」[j]「字勢」が生み出される。[17] 書の文字は、強さが最大で調和が

衛恒
張懐瓘　八世紀
姜夔　十二〜十三世紀
張懐瓘

完全にとれた磁場の中に配置され、天地の大プロセスの生き生きした象徴となる。それは、自動調整されるために、充実の源である中心では常に均衡を保ちながらも、ダイナミックであり続けている。

三　絵画における形状の中の緊張

筆を用いる二つの技術に等しく妥当する定式がある。それは、書法であれ、画法であれ、「勢」が「欠如し」、「失われ」ないように、常に「勢」を「得る」あるいは「取る」べきであるという定式である。[k]「得勢」、「取勢」そして「失勢」というこれらの共通した表現を見ると、古い政治的な概念であった地位の効力（地位を占める、あるいは地位を放棄する）が思い起こされるだろう。さて、この「勢」という概念は、書論の延長線上に発展した画論においては、人物画や馬の絵に対して用いられ、配置と躍動という相関する二つの意味を有していた。[18]だが、「勢」がその最大限の重要性を獲得したのは、風景の構成要素に対して用いられた時である。宗教的な情景を飾るものとして山を描写するようになると（ここではじめて自然の枠組みが人間という主題に勝った）、画家は岩の間を蛇行しながら上っていく狭い稜線が、どんな効果を生み出すのかに心を配った。その描線が「龍のようにうねりながら蛇行する」と、稜線は「ダイナミックな形状」（勢）を創り出すからである。[19]この山頂に面して、むき出しの岩からなる別の山頂が高く聳えている。それは朱色の断崖で終わっており、その足元には峡谷が広がっている。画家が言うには、この険しい絶壁が創り出すダイナミックな形状（勢）を際立たせるには、この断崖を燃えるような赤で描かなければならない。[1][20]目も眩むばかりに絶壁を形象化すれば、描線は最も緊張し、形状のもつ潜勢力は極点に達する。さらには、画布の反対側に向かって下降する線もまた、それが画布の縁で途切れることによって、求めてき

顧愷之
四世紀

た宙づりの効果が与えられ、作品が完成する。

「山」は、風景を論じる中国美学の中心的な要素でもあり、「勢」の重要な場所でもある。山の形状の中には、多様な緊張が一緒に働いているからだ。画家は、山の持つ高さと遠さを生かそうとする。地平線に鋭く力強く聳える連峰を描けば、「金で象嵌した犀の櫛」[21]のような効果（勢）を生む。また、山の中腹にたなびく雲や霞を描けば、山に計り知れない高さの効果（勢）をもたらす。[m][22]そして、描線をかすかにぼかせば、山の「勢」は距離を増していく。[23]画家もまた、交替と対照という潜勢力を利用しているのである。カーブした山腹は凹凸していて、それが「開いたり〔放〕」、「閉じたり〔収〕」、広がったり折り畳まることで、「山の勢」は「方向を換え」、うねる。[n]また、山の稜線が起伏することで、「山の勢」は「動き」、伸び広がる。[24]つまり、山もまた、字の格好のように、その勢いにおいて捉えられているのである。そして、山の陽のあたる斜面に対して山の陰になる斜面を配したり、村の活気に寂しい空間の広がりを対置したりすると、緊張はさらに高められる。

この対照を、風景全体に広げてみよう。山には「水」が対応する。山と水は根本的には性質が反対のものだが、ひそかに互いの特性を交換しあっている。すなわち、山は静止した要素を表現しながらも、その側面が多様であるために、「生き生きと動いている」ように見えるし、水は流れて行きながらも、塊をなすその波のために、「形をなしている」ように見える。水の「勢」を活気づけるには、深い谷で取り囲み、岩の間を真っ直ぐに迸ったり、渦を巻くように描けばよい。小さな水滴までも動くようになれば、それは「活水」である。水をあまり「軟らかく」描きすぎると、「勢」は無くなる。しかし、水を板のように「硬く」描いてもいけないし、枯れた木のように「乾いて」描いてもいけない。[25]その描線が勢いの力を帯びるのは、水が「岩壁に飛び散ろう」[o]とする印象を与えるときである。[26]

張彦遠
九世紀

黄公望
十三〜十四世紀

笪重光
十七世紀

唐志契
十七世紀

王穉登
十六〜十七世紀

形象の緊張を求めることは、風景の他の要素にも認められる。その中から、「岩」を取り上げてみよう。その「勢」は、山の麓の方に積み重なるように――「互いにひしめきあって」[p]――堆積する趨勢を強調することで表現される。[27] 木もそうであって、その梢は高く伸びようとするが、とりわけ「松」は典型的である。松を一本だけ描き、稜線がうねるようなその節くれだった幹を「険しく」伸ばすと、「天の川にまで」高く至る。[q] その一方で、松の下枝は反対の方向に向かい、地を這うように広がる。[28]「柳」となると、実に軽くしなやかであるために、枝の先を分けて描けば、「勢」を与えることができる。[29][30]

このダイナミズムの論理は、書に表現された文字と同じく、対照と相互性である。それを見事に示すのが、「樹」のモチーフである。[31]「樹」に「勢」を与える第一の原則は、こっちではみ出し、あっちで引っ込むという、「不揃い」[r]である。枝は、等しく平均して幹から伸びているのではない。枝の交叉がまばらで、枯れた一枝が幹の間に垂れ下がったり、密植していて茂みになっていたりする。「「勢」で度《はか》れば、その妙を得る」[s][32]。不揃いさがダイナミックなのは、それが交替からなっているからである。直線と曲線（一般的にそうするように、曲線ばかり重んじると退屈になる）、丁寧な箇所と「粗雑」でぞんざいな箇所、密度が高く詰め込まれた箇所と散漫に放置された箇所が交替する。ところで、いずれの対立も、「虚」と「実」の対立に帰着する。これは、中国の美学にとって中心的な対立であるとともに、中国の世界観にとっても本質的な対立である。「虚と実との対立を働かせるだけで、「勢」を取る」[t]。松・柏・古アカシア・古桧を、三株や五株にまとめると、その「勢」が活気づく。「木々は英雄や戦士のように躍動して踊りだし、俯いたり頭をもたげたり、しゃがんだり立ち上がったりする。曲がりくねっていてもバランスが取れている」[33]。文字を構成する線と点の間でそうであったように、絵画における美的布置も、相互の呼び求め・緊張・交換から組み立てられると、うまく仕上がるのである。

顧愷之

荊浩　九〜十世紀

莫是龍　十六世紀

方薫　十八世紀

石濤　十七〜十八世紀

四　美的布置

中国美学の歴史を通して見てみると、最初は外的な類似に関心を抱いていたが、その後は、現実の単なる「形式的な」表象を越えていく変遷の歴史であった。そして、最後には、実在と「精神的に一つになり」、それを活性化する「内なる共鳴〔韻〕」に至ろうとしたのである。この歴史の流れの中では、「勢」に特徴的な緊張の効果は、中間の段階にある。「丸い、平たい、四角い」という形式的な「形」は、筆で捉えられるが、そうした形状を通して作用する「勢」の緊張の効果――「曲がったり折れたりして進み、趨勢や方向を示す」――は、筆で捉え尽くすことはできない。なぜなら、「それは心的な表象にあずかっているために、必然的に筆では到達できない」からだ(34)。「勢」が与える緊張の効果は、美学のプロセスの中での、形象的なものから精神的なものへの移行を確たるものにしたのである。

「形」と「勢」の違いは、用いる手段においても認められる。中国の絵画技術の基礎にある、墨と筆の二つを例に挙げてみよう。墨が「山川の「形」を開花させる」のに対し、筆は「山川の「勢」を覆う」。風景で言えば、「墨の海が抱きかかえる」のに対し、筆の描く山は「制御し導く」(35)。前者が、広がり、満たすものであるのに対し、後者は、形作り、動態化するものなのだ。象徴の次元で言うと、「勢」が導きだす緊張は、風景を構成する要素である「風」と類似している。それは、風のように形を貫き、形を活性化しながら伝播するもので、物質的ではあるが姿のないものであって、効果の中にしか現れない(36)。緊張は、完全に現実化されないからこそ、強く感じ取ることができる。筆線の価値は、始まらんとする力を多く有することにあったが、絵の価値は、永遠の未完成を創り出すこ

李日華　十六～十七世紀

石濤

とにあるのである。

水に描かれた軽舟を考えてみよう。舟が遠くにあれば、帆を張る綱は見えない。しかし、「それをまったく描かなければ、表現は「勢」を無くしてしまう」。したがって、遠く離れているために綱を握る手の正確な位置はわからないのだから、綱の下端だけを書けばよい。[37] このように、「勢」がもたらす緊張の効果は、見えるものと見えないものの境界で作用する。その時、形状の明示的な特徴は、隠された豊かな意味の中で深められ、虚によって暗示され、[u][38] 有限と無限は互いに照らし合い、結び合う。最初は純粋な技術にすぎなかったものが、情動を引き起こすのである。形を効果的に緊張させれば、生き生きした印象がすぐに出てくる。「勢」は、実に決定的な効果なのだ。「勢」によって、具体的なものが彼方に開かれ、どんな対象であっても、そこには芸術に本質的な超越が働く。また、「勢」によって、感知される形状が、無限を呼び起こす布置となる。要するに、表現の世界が精神の次元に辿りつき、見えるものの極限において、全く不可視のものに合図を送るのである。

龔賢
十七世紀

五　文学的形状と効果の勢い

中国で書と画は明らかに類縁関係にあり、兵法が提供した共通のモデルが、書法と画法にも見いだされた。そしてさらに、それは文学の一般的な技法にまで及ぶのである。軍隊が「戦場で恒常的な配置をとらない」ように、書に描かれた文字も「その形状を現実化するのに、常に同一の様式を用いるのではない」[v]。というのも、水や火でイメージされるように、字の配置から出る潜勢力（勢）にも数多くあり、「最終的に一つには定められない」[w]からである。[39] ところで、文学もこれとよく似た可変性を利用している。文学作品が表現するものは多種多様であり、それ

虞世南
六〜七世紀

ぞれに応じて作品は違った仕方で作られ、それぞれの文体からは、違った種類の潜勢力（勢）が生じる。[x] 作家はそれを、最大の効果を得るように「制する」[y]、つまり活用しなければならない[40]。文学作品もまた布置として考えられたのである。このことを、中国の最もすぐれた文学論（『文心雕龍』）は、そのうちの一篇すべて（定勢篇）をあてて示した。今日、長い忘却の後に、この作品の並外れた深遠さが再発見されている。

劉勰
五～六世紀

文学作品は、「勢」が文学的形状として、個別に現実化したものである。兵法家の思想から取られた様々なモチーフが、こうした勢いの「自然な」性格を強調する[41]。弓から放たれてまっすぐ飛んでいく矢、深い谷に挟まれて渦を巻く水のモデルがそれである。文体から出てくる勢いは、丸いものが転がろうとし、四角いものが安定しようとするのと同じで、良い方にも悪い方にも働く。それは、内容であれ形式であれ、どちらにも当てはまる。良い方に働く場合には、経書（『詩経』）に範を取れば「おのずと」古典的な典雅さに至るし、想像力に富む書物（『詩経』に対置された『離騒』）から想を得れば「必ず」艶麗な魅力に近づく。悪い方に働く場合には、意図が取るに足らないほど浅薄にまとめられると、その作品は「含蓄」に乏しく、表現があまりにはっきり弁別されて簡約にすぎると、その作品は「修辞的な麗々しさ」に欠ける。譬えるなら、滔々と流れる水に波が立たず、枯れ木に緑陰がないようなものである。

劉勰

この文学論を著した劉勰《りゅうきょう》はまた、効果の勢いは、文体からおのずと出てくるだけでなく、文辞からも出てくると言う。それは、絵画との類比から導き出されていて、絵画が色を組み合わせて個々の形象（馬や犬）を表現するように、文学も情意を交錯させて異なる効果の勢い（典雅あるいは卑俗）を出すべきなのだ。どのような効果の勢いが出てくるのかは、いかなる種類の範型を参照したかで決まるが、作者が勢いを戦略的に運用するには、相反するが相補的でもある二つの原則しかない。一つは、作品に最大の効力を与えるために、状況に応じてできるだけ多

劉勰

様な潜勢力を組み合わせるという原則である。[z] もう一つは、全体の統一を尊重して、作品に必要な均質性を与えるという原則である。第一の原則によれば、[a'] たとえば「雅」だけを好んで「麗」を排除したりせず、将軍が正面攻撃と側面攻撃をうまく併用するように、この二つの矛盾する手法を等しく利用しなければならない。しかし、それと同時に、第二の原則にあるように、それぞれの作品は一つのジャンルに対応するべきなのだ。ここから、その目的に応じて体系的に区分された、本来の意味での文学ジャンルが定義されていった（「典雅」、「清麗」、「明断（表現の彫琢）」等々。こうした共通の文学的基準にしたがって、六つのグループ――5×4＋1×2――に分類された、全部で二十二のジャンルからなる一覧表が得られる）。つまるところ、作品を最も適切に喩えるならば、多彩な糸によって織りあわされてはいるが、それぞれが本来的に有する「地」を手放さない絹織物ということになるだろう。

　しかし、やはり劉勰が示唆しているのだが、観点を変えて、所属するジャンルではなく、作者の個性から作品の効果の勢いを考えることもできる。つまり、勢いは、偏った好みや個人的な習性から出てくると考えるのである。そうすると、この勢いは、「文章が終わっても」（例外的に）広がっていくあり余った躍動や活力と同一視されるかもしれない、だが、それでは、効果の勢いを、文学的創造に投入したエネルギー〔気〕との関係から解釈しすぎることになる。しかし、効果 effet と力 force ――この区別が興味深い――を混同してはならない。「文学作品が自らを任せる効果の勢い」[b'] は、剛にも向かうが柔に向かう場合もあり、その「勢」を得るために、雄々しく激しい表現が必要なわけではないからだ。とはいえ、より精緻に分析すると、効果の勢いは力と異なるにしても、それでもやはり何らかの緊張として現れる。ただし、それをあまり激しく露骨に働かせてはならない。緊張という要素は、潤色〔悦沢〕という反対の要素によって相殺される必要がある。漠としておりかつ調和がとれている潤色が、この緊張という勢いに染みわたることで、緩和と安らぎがもたらされる。[c']

文学的な効果は、勢いから出てくるために、自然であるはずである。そうすると、技巧的な文学的効果は、もはや作品固有の文体や特定のジャンルから出てくるのではなく、反対に、新奇さを目指す強い決意によって作品が作られたときに出てくることになる。しかし、独創性を目指すのは当然だとしても、それを奇抜さと混同してはならない。劉勰はこう結論づける。独創性は、文学の創造に内属している可能性をうまく活用するのに対して、奇抜さは、正しいもの・望ましいものをひっくり返すか、ほぼ機械的に裏返したものにすぎない。(d) それは、まったく効果のない、誤った「疑似独創性〔新色〕」である。要するに、作品の布置を利用する代わりに、それに暴力を振るったのである。

六　スタイルという概念との違い

わたしたちがそこから考察を始めた兵法思想は、文学の作品構成を解釈する主要なモデルでもあった。文体もまた、自然な勢い（それぞれの勢いは、作者として関与する多様で変化しつづける状況に応じた作品から出てくる）をどう運用し利用して、最大の芸術的な効果を挙げるかを目指している。だが、まだ理解すべきことが残っている。狭義の文学的な視点、そしてもともとは西洋的な表象体系からすると、こうした〔中国的な〕観点は、その中の何と関連するのだろうか？

文学の領域での効果の勢いという理論は、西洋の「スタイル」という概念と重ならないこともない。というのも、この理論は、その趨勢の表象において、スタイルについて西洋が伝統的に継承してきた二つの考え方に結びつくからである。一つは、中国で「勢」がジャンルに依拠すると考えられたことから想起されるもので、スタイルを言説

劉勰

の効力から考えた古典的修辞学の「目的論的」な観点である。もう一つは、「勢」を作者の個性に関係づけた点で、発生的文体論の見地と結びつく。発生的文体論とは、ロマン主義の時代に流行し、目的論的な解釈を因果律的な説明に置き換え、スタイルを個人や時代の表現として考えたものだ。バルトの表現によれば、それは「体質変貌」である。しかも、西洋的な考え方から影響を受けた現今の中国の注釈家たちは、「勢」を理論化して、中国的な「スタイル」論だと考えようとしている。ところが、五世紀の『文心雕龍』においても、中国のその他の伝統でも、別の表現（「体」）が「スタイル」という概念を指示しているために、それを知る彼らは困惑している[42]。これは、単に、中国の諸概念が漠然としているとか、その多義性のもつ欠点であるというだけの問題なのだろうか？　そうではなくむしろ、文学現象の理解にあたって全般的な見解の相違があり、最終的には両者は重ならないということではないだろうか？

なぜなら、西洋のスタイルという概念は、形式の哲学から派生しているからである（その証拠に、この領域にはアリストテレス学派の影響がある）。古代では、スタイルは「その機能によって条件づけられた、特殊な作品形式」（P・ギロー）であったし、現代では、「宛先のない形式」である（ロラン・バルト——他方で、「エクリチュール」は形式のモラル」である）[43]。それは、内容との関係で考えられた、効力を有する形式なのだ。ところが中国では、文学的な勢は、書と同様に「形」を通して現実化されるが、その「形」とは、布置＝装置としておのずと作動する形状のことである。つまり、西洋で中国の文学批評書を翻訳する際に、習慣的に「形式」と訳すものは、何らかの「内容」と対立したり協同したりする言葉ではなく、現実化のプロセスが到達したものなのだ。そして、「勢」の方はというと、それは、現実化をその都度特徴づける、個別的な潜勢力のことである。

もう一度繰り返すなら、中国的な観点とは、見えるものと見えないものの間にある、進行するプロセスの観点である。それは、作者が関与した最初の（触発的で、精神的な）状況から、そこに生じたある種の定式まで、また、文学作品の言葉に具体的に含まれる緊張から、読者の無際限の反応に至るまで、すべてにわたっている。ここで作者が真っ先に行うべきことは、このプロセスがより多くの効果を有し、最大の効力を得るように、勢いを「定め」ることである。勢いを定めることは、必然的に、包括的で統一的なものであると同時に、常に変化するものである。そして作者は、それを戦略的にどう利用するかを知っておくべきなのだ。絵画と同様に、文学の「勢」は重要な要素であって、隅々まで循環し、作品の構成を方向づけ、そこに活力を吹き込む。そして、それはまたしても、「風」と対比され、結びつけられるのだ[(e')][(44)]。

躍動―効果としての「勢」。それは、諸記号からなる形状を活性化し、それを作動させる。それは絵画において、風景を通して働いていたものである。この効力の源を目指して更に遡行してみよう。次章では、それを自然の中で確かめていく。

第四章　風景を貫く生命線

一　風水術における生命線

しかし、まずは、「自然」に別の視線を向けて、科学の対象としないようにしよう。科学は、「原理」、「原因」、「要素」を区別し、論証や推論によって自然を理解しようとするものだ。ギリシアが自然を支配してからずっと、わたしたち西洋人はこれを慣習としている（「わたしたち」とは「歴史的な」人間であって、ハイデガーの言い方では、「存在に責任を負えという呼びかけを――「運命」として？――伝え続ける」人間のことである）[1]。そうではなく、身体に備わった内的な感覚とそれに固有の働きによって、自然を直観的に感知しよう。わたしたちの内も外も、現実のすみずみまで、活性化と機能という同一の論理が働いているのである。「自然学」を変更しよう。質料と形式、可能態と現実態、本質と偶然といった操作的な二項対立によって、自然を抽象的に理解しないこと。あるいは、これらの規範的な定式に後から与えられた代用物によって、抽象的に理解しないこと（「アリストテレスの『自然学』は、後景に退いているが、まだ考え尽くされていない、西洋哲学の基礎をなす書物である」[2]）。そうではなく、自然を、あらゆる空間を流れめぐり、終わることなく存在者を生み出す、「根元にあり、運り続ける」一元的な気として感じてみよう。この気は、「到来し変化する天地の大プロセスにおいて次々に広がり」、「万物を貫通

郭璞
三〜四世紀

している」[3]。

したがって、実在の、いや、あらゆる実在の根源には、同一の生気がある。それは、実在に内属し、それを活性化するエネルギーであって、たえず循環し凝集し、循環することで事物を現実に存在させ、凝集することで実在に恒常性を与える。わたしという固有の存在を直観的に感じるように、わたしの周りに広がる風景も、この地下を循環する気によってたえず潤いを与えられている。また、風景の形やその個々の相貌にしても、この終わることなく活性化する気が凝集したものである。したがって、最も美しい光景とは、生のエネルギーが最も強く凝集し、その集積が最も密になった場所である。そこでは、気が強力に循環し、深く交換される。そして、形がますます変化し豊かになることで、隠されていたエネルギーは溢れ出し、諸要素を調和させる最も強い緊張を通して、不可視の調整機構が見えるようになる。そこでは、「心」も「潑剌」とし、充実し、活気づくのである。

このもう一つの自然学には、技術的にではなく直接的にそれを活用すれば、幸福がもたらされるという実践的な用途もある[4]。たとえば、先祖を特別な場所に埋葬するのは、その亡骸をできるだけ長く保存するためである。それによって、子孫を包みこむ先祖の生命力が増進するので、実に論理的なことに、特別な場所に埋葬することで、子孫によい影響がもたらされる。ちょうど、植物の根元に土寄せすると、枝先までよい影響が及ぶようなものである。また、住居を場所を選んで建てるのも、天地の生命力に錨を降ろし、より直接に事物のエネルギーを獲得して、自分自身や子孫にできる限りの富と繁栄を約束するためである。

さて、この生気は、人間の身体でもそうであるように、特定の道筋をたどって大地を縦横に走っている。紀元後まもなく練り上げられた風水師の用語法では、「勢」は、地形に関連した「生命線」を意味した[5]。「生気は地の生命線［地勢］に沿ってめぐり、それが凝集するところにとどまる」[a][6]。生気それ自体は目に見えないので、起伏を通じて、生命線の分枝を注意深く観察するほかはない。そうすることで、生気の通り道がどこにあるのか、生命力が集中し躍動力が凝集された理想的な場所はどこなのかがわかる。したがって、風水師の術は人相見の術とよく似ている。[7] 土や石を交互に貫き、窪地と丘陵に沿って次々と走る生命線は、気が循環する「脈」でもあり、起伏に恒常性を与える「骨格」でもある。[b] さらには、それは地平の端から端まで蛇行しつづける「脊椎」でもある。上ったり下ったり、まがりくねったりして、定まった軌道もなく、あらかじめ決められたモデルもなしに、変化し続ける（これは、戦略における「勢」が、動きゆく水の流れに対比されたことを思い起こさせる）。こうして、生命線は全空間に広がり、ダイナミックな力を与えていく。だが、その生命線を了解できるのは、後退して距離を取った時だけである。これは、個々の場所が近寄らないと知覚できないのと、対照をなしている。「生命線（勢）は千歩離れると現れ、地形は百歩離れると現れる」[c]。「勢」が形をとる個々の場所は、静的で固まった形状をなしている。それに対して、生命線の方は、活動的にたえずその場所に「到来」する。生命線は、趨勢的な運動を更新し続けて、はるか遠くからその場所に有益な力をもたらし、その場所に浸透し活気を与えるのである。

　このように、中国人は、空間をも、自然の根源的な生命力が動かす、永続的な布置＝装置だと考えてきたのである。風景はすべて布置＝装置であり、地面の小さな襞に至るまで、それぞれに特有の配置に応じて勢いを与えられている。そして、その個々の勢いは常に更新されるもので、それに「依拠」し、活用しなければならない。戦場や政治的な支配関係に現れた形状や、書に表現された文字や文学的な諸記号が作り上げた形状のように、いや、これらに先だって、地形は、規則的で機能的な潜勢力を帯びた磁場（風水師のコンパスはまさにこれを探る）において成立する。この磁場が地形を網の目に組織し、そこを効力が蛇行して走る。生命線は力線でもある。[8] こう考えてくると、なぜ中国の風景＝山水の美学が、自然の直観から直接に表現されてきたのかがわかる。というのも、「山水

荊浩
九〜十世紀

の諸相」は、自然の中にあっても、画家の筆においても、「生気と、それが動態化する形状〔勢〕との相互作用から生まれる」からである。[d][9] 中国では、絵を描くことは、風景の形象を通して、宇宙の脈動の根源的で連続した道筋を再発見しようとすることなのだ。こうして、中国の風景の美学は、「勢」という概念を通じて、次の二つの方向性を手にしていった。一つは、哲学的な方向性であって、風景をより理解するには後退することが重要で、描線によって、風景を活性化する不可視のものが属している次元を表現するべきだと強調していった。もう一つは、その後に登場した技術的な方向性であって、粗描と輪郭線を重視することによって、作品構成の全体的な動きを強調していったのである。

二　後退の効果と美的縮小

前者の後退するという考えは、一つの明白な事実から始まり、それを神秘的直観にまで深めていったものである。初期の画論〔宗炳「画山水序」〕が指摘したように、風景〔山水、崑崙山〕に近寄りすぎるとその輪郭が摑めなくなるが、風景から遠ざかれば遠ざかるほど、その広大さを小さな瞳にも容易に囲い込むことができる。絹糸を張って遠くを映し出してみると、圧倒的な山々が方寸の内にはめ込まれる。[10] 同じことを、後の時代は、竹の絵に関して述べた〔郭熙「林泉高致」〕。竹の枝を月夜の白い壁に映すと、その「真の形」が出てくる。[11] ここで、画家の表現は、風水師の表現に自然と結びつく。「遠くから風景を眺めてその生命線〔勢〕を取り、近くから眺めてその実質を取る」[e]。近くからだと細部にこだわってしまうために、交替しながら対立し、高まれば止まるといった生命線の運動のもつ緊張を探求できない。[f] 生命線がそのダイナミズムを形状に示すのは、コントラストを際立たせるように、

宗炳　四〜五世紀

郭熙　十一世紀

包括的に、遠くから見たときだけである。したがって、距離を取ることは、より広い風景を把握するだけでなく、風景を観察しうる対象にすることとなのだ。それは、風景から非本質的な重さをすべて取り払い、それを分節し現実に存在させている唯一の運動に戻す。すなわち、優れた意味で、それは風景を単純な運動に戻すのである。

　後退すればするほど、見られた風景は縮小されるが、事物の縮減は風景の姿を損なうのではなく、反対に、その姿を明らかにする。ロルフ・A・スタンが分析したように、極東でよく見られることとして、「盆栽」術から庭園術に至るまで、ミニチュアがその手引きになっている[12]。人々はこれを、小は大と同じであって、事物の見慣れた比率はまったく幻想であるという仏教的な視点に結びつけている。どんなミクロコスモスも、大きなマクロコスモスと同じく大きい。「世界は瓢簞の中に移し入れられ、一塵の中に須弥山が含まれる」。こうした当時斬新だった仏教の影響を受けたことで、風景を論じた初期の芸術論は、どの実在も等価であり、絵画はそれを活用すると主張した。「縦に引かれた三寸の線は千仞の高さにあたる。横に数尺伸びた墨は百里の距離を表す[13]」。画家は、最小の空間にすべてを包み込み、魔術的な縮尺を行うことで、事物のあらゆる事実性を一挙に乗り越える。画家はわたしたちの前に、全く新しく「秀麗な」世界を作りあげるだけでなく、「精神的な」次元[14]——これは、ここに限っていえば、仏法を指す[15]——をも開いてみせる。そこには、世の万象が「味わわれ」、生き生きと反映されているのである。

　それでは、山水画が見せる小さな世界と地図上の世界は、一体何によって区別されるのだろうか？　中国では紀元直後にはもう、地図作成がすでに高い発展段階に達していた。また、古代の語源学によると、描く行為を指す中国語〔「画」〕そのものが、語源からして「線で画する」ことを意味していたという（この字は、「筆によって描かれた四区画を表している[16]」）。そうすると、両者はますます容易に混同されないだろうか？　しかし、王微はこう述べた。「古人にとって絵を画くことは［中国的なレトリックでは、このように過去を参照することは単なる強調で

宗炳

王微
五世紀

あって、ここで問題になっているものが、当時生まれた山水画であることは明らかである」、都市と辺域に図案を与えることでも、地方と州を区別することでもなかった。また、山や丘陵を示すことでも、湖や川に線引きすることでもなかった」[17]。というのも、地図は、実践的な目的のために単に縮尺を小さくするだけだが、絵画が行う縮小のプロセスには、象徴的な重要性が豊かにあるからである。

王微

地図作成のモデルは客観主義である。画法はそこから離れて、画に相対する書が参照するものに近づいていく。それは、用いる道具とか、描線を構成する点や線といった要素が書に似ているからというだけではない。その手前で、六爻という基礎的で神聖なエクリチュールに結びつくのだ。六爻とは、連続線〔陽爻⚊〕と不連続線〔陰爻⚋〕の交替から生成のすべての神秘を説明するものだ。なぜ結びつくかというと、絵画のエクリチュールは表現的であるだけでなく、その描線に「太虚」を体現できるし、描線を絶えず更新することで、終わることのない事物の変化を喚起できるからだ。「はらいに描かれた線〔「犮」〕で泰山・華山を示し、まがった短い線〔「枉」〕で高い鼻を表す[*]（「犮」と「枉」という描線は、書の場合と同じである）」。絵画が、変化する形を通じて不可視のものを引き受ける以上、それは優れたエクリチュールであり、真に精神的なエクリチュールである。

杜甫
八世紀

詩人杜甫は、友人〔王宰〕の絵を讃えるのに、そこに含まれた風景の巨大さを強調した[18]。

巴陵［中国南西の都市］の近くの洞庭湖から、東の日本まで
赤い岸の間を流れる川は、銀河に達する

そして、描かれた風景の賛辞は、次のような批評的な考察とともに最高潮に達する。

遠勢を巧みに表現することでは、昔にも肩を並べるものはいない(g)
咫尺に、万里の風景を喚起している

加えて、この詩は、絵から発し迫ってくる迫真性も強調する（たとえば、結句は、ユーモアを交えて禅風に述べている。「この川を切り取るハサミがあったなら」）。つまり、描写が果てしない地平まで無限に開かれてはじめて、風景は本当に「写実的」になる。なぜかというと、一つの生気が循環することで、絵の周縁部では、それが風景を極限まで緊張させるし、絵の中心部では、それが風景を活性化するからである。龍のように空にたなびく雲、岸に戻ろうとする漁師、突風に傾く樹木といったよく知られた動きがそれである。この気は遙か遠くから到来しながら、近くの極小の細部までも潤す。省略的な遠近短縮画法の中に描かれた風景は、気の力線をすべて捉えて、それを特権的に表現している。それは、「勢」の潜勢力を通じて、世界を本質的なものに縮約しているのだ。本質的なものとは、どのように名づけられようとも——中国の文人は一般に教説にはほとんど関心を示さなかった——、世界の躍動力と生命力をなすもののことである。

その後、「咫尺《しせき》（一歩四方の空間）に万里の勢を含む」という表現は、中国の画家には自明の理となった(19)。中国では、全体を表現するものだけが、真の絵画である。次節では、この命法が、実践的な観点からどのように画家の技法に影響を与えたかを考察しよう。

（＊）ここは次の箇所に基づいている。「以叐之画、斉乎太華、枉之点、表夫龍準」（王微「叙画」）。

三　風景の全体的な動き

風景の生命線を重視することは、画家の仕事において、形状を作り上げる描線を優越させるということになる。このことに、中国で特に注意が払われるようになったのは、明清の時代になってであり、山水画家たちがより大きな構図を作ろうとした時であった。彼らは同時に、芸術の真の意図からすると「退廃的」な誘惑である、平凡なイラスト的で細密な絵への誘惑に逆らおうとしてもいた。

技術面では、中国絵画は何よりもグラフィックな絵画であるために、「勢」を優越させることは、「輪郭線」を「細線〔皴〕」に優先させることになる。輪郭線が大きなマッスを配置し、絵画の全般的な骨組みを形成するのに対し、細線は輪郭線の内側に書き込まれ、それに依存しながらも、それを断片化し細分化することで、事物の起伏・肌理・明るさを表現する。中国で好んで用いられる解剖学的な用語法を再び持ち出すなら、輪郭線は風景の「骨組」であり、細線は「筋肉」である。ところが、細線は徐々に輪郭線に置き換わり、輪郭線を視野からほとんど消すことになってしまった。それでも、生命線が起伏を縫って曲折しそれを活性化するように、輪郭線は形にとって不可欠な枠組みをなしているのである[20]。したがって、山を描く時には、まずその輪郭のコントラストを際立たせて、「意〔画意〕」の次元において根本的な緊張を定めた後に、細線に取りかかるべきである[21]。山や石の「勢」が定まれば、「この山や石の美醜も一緒に定まる[22]」。よくないのは、その反対のやり方で、空間の片隅から岩を細かく描き始め、最後に「集積」して豊かな起伏に至ろうとするものだ[23]。したがって、対象を一気に描写する「古人」の命法に戻らなければならない。「古人の大きな画には、細かく描かれた箇所も多くあるが、原則は「勢」を取ること

唐志契　十七世紀
方薫　十八世紀
莫是龍　十六世紀

である」[h][24]。

「勢」に至ることが肝要である。勢いの力が事物の多様な要素を結びつけることによってのみ、諸事物からなる実在が現実に存在し、姿を現す。細かく見ていくと、たとえば山は、その全体的な動き（勢）さえ捉えれば、起伏に高低があったり曲折したりしていても、「気がその脈を貫通できる」。また、樹木も、それが不揃いであったり、シルエットが対照をなしていても、「一本一本が固有の生命力を表出」できる。そして、石も、「奇怪であっても理を失わず」、「単純であっても凡庸ではない」。山の斜面も同様で、四方八方に交錯していても、無秩序な印象を与えない[25]。なぜそのように複雑ではあっても雑然としないかというと、この「勢」という全体的な動きが、実在に内的な「一貫性（理）」に対応し、実在に固有な「論理（理）」を再生産しているからである[i]。さて、個別的な要素において真であるものは、それらの配置においてはより強く真である。したがって、個別的な諸要素の配置も、「勢」という全体的な論理に対応して、交替と変化によって進み、相互的かつ連続的である。橋と村落、塔と見晴らし台、小舟と荷車、人物と住居といったものは、この普遍的な命法に従って描かれたり隠されたりしなければならない。さもなければ、それらは互いにバラバラで無縁なままである。結局、「勢」の命法は、構図がダイナミックに統一されなければならないということなのだ。ダイナミックな統一が無ければ、絵は「つぎはぎ」でしかない。ダイナミックに統一されていれば、どんな絵でも、一瞥しただけで「一気に」捉えられる。そして、さらに注意深く時間をかけて解読すれば、細部の一つ一つから、目に見えない調和を味わうこともできる。

この全体的な動きは、形状に固有の緊張としての、山水画の「勢」である。しかし、それはつねに個別的であり、見る角度によって変わるために、摑まえるのは難しい。ここであらためて、人間の身体と比較してみるとわかりやすくなる。人は、立ったり歩いたり、座ったり横になったりするが、どの姿勢をとっても、人の身体の部位は、最

趙左
十六〜十七世紀

唐岱
十七〜十八世紀

小の関節に至るまで、それぞれの姿勢に適合している。中国の批評家たちが好んで行ったように、この対比を推し進めるなら、石は山の「骨」であり、森はその「衣服」であり、草はその「毛」、「髪」であり、水の流れはその「動脈」と「静脈」であり、雲はその「雰囲気」であり、霞はその「顔色」であり、寺と見晴らし台、橋と村落はその「装飾」である。概観すれば、分岐する稜線は山の「四肢」である。こうして、山が真っ直ぐ立ったり、傾いたり斜めになったりする。[26] 人が横になっている時には、だらりと垂れ下がった手は長く見え、折り曲げられた手は短く見える。また、人が日差しを浴びて立っている時には、わずかに一歩動いただけで、全体のシルエットも、地面の上の影も、どちらも変化する。これと同じく、山の全体的な動きも、近くから見るか遠くから見るか、正面から見るか斜めから見るかで違ってくる。正面から見た山の複雑な起伏は、山水画を「通じ」ると、正面の山の形勢と一致するはずである。大きく見ると、構図全体を導く原理は、常に、超然とした・堂々とした・誇り高い山頂であり、その他のものは「それにおもねる」ように「敬意を表している」。小さく見ると、一木一草に至るまで、「同じ生命線に貫かれている」[j]。画家はインスピレーションのままに、自在に心を働かせるべきである。そうすることで、十分緊密に風景と「精神において融合」できる。そして、風景に己を開いて、一体化することで、風景の働きを極大から極小まで一気に摑まえることができる。しかし、画家の心的な能力が十分に充実していなければ、風景の「大勢」が欠如し、絵は生命を失ってしまう。

　こうして、風景の全体的な動きが、風景の地図と同じではないことがようやく理解できる。それは、より手前の、より微妙で把握の難しい創作の段階にあるものなのだ。湧き出る形状が、風景に勢いの力を与え、生命をもたらす（つまり、その美的な効力が働く）。絵を画くことができるのは、〈風景の全体的な動きを〉直観的に把握した時だけである。それは、画家の身体、風景という身体、そして風景を分岐して走る生命から描かれるのだ。絵を画くことは、知的で洗練された操作であるが、ここまで至れば、ひとりでに出来上がる。「全体的な動き〔勢〕を得れば、すべてを思い通りに配置でき、隅々までうまくいくが、[k]それを失うと、収拾しようとしても、まるでうまくいかない」[27]。「勢」は、作品を絶対的に規定する要素である。「勢」は、「かすかで微細な」[1]段階から「押しあげられ」、「観相と計測の」段階で現実化する。これが適切であるかどうかをじっくり検証するには、まず何よりも、すべての創作過程に備わる初発の不確かさにまで遡らなければならない。「勢」は、〔前節で見たように〕見えるものと見えないものの蝶番であるだけでなく、作品の成否を分かつ秘密の地点にも位置しているのだ。別言すれば、「勢」はまさに、すべての山水画を「生かす」ものなのである。

四　詩的空間における遠さの効果

中国には山水画とともに山水詩もあり、どちらも同じ考えに基づいている。つまり、画家と同じく、詩人も距離を縮め、空間を凝縮して、奥底にある輪郭だけを取り上げるのである。王士禛が引く例によると、詩人は、鮮明に知覚できる光景よりも広大な光景を山頂から描写したり、旅にあれば、実際には行き着けないほど遠い港にいると述べたりする。こうした風景の喚起は、虚構的だとか、実際には経験していないということではない。そうではなく、詩人が風景と内的に一体化しているからこそ、風景をその全体の広がりにおいて直観的に捉え、遠くまで延びるその分岐までも手に入れることができる。そして、風景を活性化する無限や、風景に生命を吹き込む気へと、それを開くことができるのだ。それは、逸脱した風景でもあり、崇高な風景でもある。詩人は、計りきれないほど地平を広げ、とても到達できない遠くにまでわたしたちを近づける。そうすることで、通常の知覚、すなわち「里で

王士禛　十七〜十八世紀

計れる」ようなありきたりの客観的な知覚を一気に超出し、目に見えない彼方において世界を把握するのである[28]。そのため、詩人の地理学も、画家と同様に、地形図的な真理からはほど遠い。また、詩人の描く風景も、同じく象徴的な緊張に満ちている。「王維は雪景色の中に芭蕉を描いたと言われるが、それは彼の詩についても同じである[29]」。ありえないことが引き起こす緊張によって、通常の見方が乗り越えられ、夢へと道が開かれる。王士禛は次の例を挙げている。

九江の楓は何度青くなったことか
揚州の五湖は、一片の白い斑点

解説はこうだ。

詩人〔王維〕は続けて、蘭陵の村、富春の街、石頭の城市といった地名を順に引いているが、実際には、これらの場所は広大な空間によって遠く隔たっている。大体、古の詩人や画家は、感興を通して把握したものや、事物の物質性を超えたものだけを書き留めたのである[m]。厳密に対象を得ようとする人は〔舟に印を刻み付けて剣を落とした場所を示すようなもので〕、この原則を見失っている[30]。

「勢」による画と詩の対比をさらに進めてみよう。

絵画を論じる人は、「咫尺に万里の勢がある」と述べる。この「勢」という語は、注目に値する。なぜなら、「勢」を論じなければ、万里の空間を咫尺に凝縮することは、地理の書物〔『広輿記』〕の最初のページにある世界地図を作ることにすぎないからだ。[31]

地図を作成する際の単なる比例関係に基づいた縮尺とは異なり、空間を美的に知覚することは、絵画においてであれ詩においてであれ、生命線を貫く緊張から空間を把握することである。そのために、この空間を構成する諸記号には、配置から出てくる潜勢力（これがここでの「勢」の意味である）が付与され、芸術的な効果がもたらされる。問題の「空間」は、詩が伝統的に喚起してきた「山水」の空間であるだけではない。それは、詩作品がそれに固有の次元において、言語活動によって作り上げる詩的空間でもある。それは、言葉と心の理想空間なのだ。だが、それもまた、全体が気に満たされ、遠さの力学が働く空間である。詩のエクリチュールも、絵画のエクリチュールのように、象徴的な凝集と縮小を行う。ここで、中国の詩で最も短い形式である絶句が、その重要な例として引用される。

あなたの家はどこだろう
わたしが住むのは横塘
船を停めて問うてみたい
あるいは同郷ではないだろうか[*]

哲学者王夫之は述べる。この詩は「墨気が四方に無限に延びていて、作品の余白にまで意味が現前している」[32]。つまり、縮小された詩の空間において、詩に息を吹き込みそれを貫く「気」が——気はすべての実在を貫き、それを現実に存在させるものでもある——、作品のすべての言葉を（記号論的に）最大の潜勢力で満たし、それぞれを最も遠くまで拡大している（あなた－わたし、ここ－むこう）。大きな距離が二人を分かち、関係を薄めているところに、川に浮かぶ舟と舟を見て、突然生まれたはかない希望。巡り会えたら、一緒になれたら……。空間と時間が極限まで縮められると（結句での問いかけの時に）、情景と情感はざっと描かれただけで、含蓄に富むものになる。そして、詩もまた、その「生命線〔勢〕」だけに縮小される。ところが、このように凝縮されればされるほど、横溢が生じ、作品の「余白」は隅々まで満たされ、言葉は果てしなく広がっていく。記号の間の緊張が極限に達し、詩意の勢いが頂点に達する。これが、詩的な布置が完全に働くことなのだ。

こうした有効な配置の技法は、その後、中国の伝統の中で練り上げられていく。そして、多様な文化的実践のそれぞれについて、詳細なリストが作られていったのである。

（＊）盛唐の崔顥の作「長干行」から。

第五章　分野別の有効な配置

一　技法リスト

手や身体の「勢」、起伏する形状や詩の展開の「勢」。こうした複数の「勢」がリストに示されている。ここには、最も普遍的な問いとともに、最も具体的な問いがあった。つまり、挙措を通して、また事物を配列することによって、あらん限りの効力を摑まえ、それを働かせるのが「技法」ではないか？　そして、こうした効力の獲得を正確に総括するには、一つ一つのケースごとに列挙するほかないのではないか？　したがって、リストの役割は、それぞれの領域において特有の配置を類型化した、類型学を確立することであった。特有の配置とは、最も適切だと考えられた配置であって、経験を通して師から弟子へ、世代から世代へと受け継がれてきた秘伝である。長い実践の成果が、実践のために、技術書やマニュアル、そして作法のカタログに書き留められたのである。ところが、唐代（七～十世紀）には、中国人は創造の手続きをより正確に考察し始め、もはや道徳的あるいは宇宙的なレベルで創造の「精神」を考察するだけではなくなった。そのために、多くの要覧が現れたのである。(1)

こうしたリストは、今までのものとは異なる文献である。リストは、技法の習得にとって重要であり、中国文明の「精髄」を開示している。しかし、これまで、リストという形での技術の定式化についてはほとんど考慮されてこなかった。なぜなら、匿名的で一般の知恵を集約したものであれ、大事に守られてきた秘教的な教えを漏らしたものであれ、それは文人が署名して認めるにはふさわしくなかったからである。そのために、これらの概論の多くが中国では失われ、わたしたちの手許には、日本から大陸に派遣された初期の遣唐使である、高名な僧侶〔空海〕や著名な医者〔丹波康頼〕が編纂した作品しか残っていない。当時、中国文明は絶頂にあったのに対し、日本は全くの新参者であり、彼らは日本人を教育してこれらの技法を習得させようとしたのである。(2) これらは、中国では、幼稚で経験に頼りすぎているために、文芸の列には並べられない知であったが、外部の新参者には、最も有効で信頼できるガイドであった。そして今日でも、これらのリストは、一見すると何ともくだくだしいが、中国的な技法=芸術への入門にとっては大いに資するものがある。

二　手や身体の有効な配置

中国で技法と言えば、まずは筆法である。そしてその「有効な配置」は用筆にかかっている。最初に論じられたのは書の用筆であったが、それは画法にも影響を与えていった。「九勢」という題名を持った古い書論がある。そこには、筆先の九つの用法が挙げられており、それだけで運筆のあらゆる状況に対応すると考えられていた。(3) その技法は次の通りである。①字をうまく作るには、上下がうまく対応するようにする。②筆先を円く回転させて、尖った角を避ける。③筆先を線の中に隠す「蔵鋒」という技法は、点画を書く最初と最後に用い、目指すのとは逆の方向に向かって書く。④「蔵頭」も同様で、紙と触れる際に、筆先が常に筆線の中心に来るようにする。⑤「護尾」もまた、点画の最後に、力を残したまま筆先を戻して終わる。その他の用筆はそれぞれ、以上の一般的な

蔡邕
二世紀

配置を補完する。⑥「疾い」動き（「つっつき〔啄〕」や「開きのばす〔磔〕」）、⑦急いで〔趲〕とがった〔峻〕筆先を用いて「さっと払う〔掠〕」動き、⑧抵抗に打ち勝って進むように、筆線を渋滞させる用筆、⑨横線を「鱗」が連続するような密度で書き、縦線を「馬の手綱を握る」ように緊張を保って書く用筆、以上である。そして結論はこうだ。これら九種類の用筆を身につけると、師の助けがなくとも「古人の精神に合致」でき、妙なる境地に至る。つまり、こうした手順に、芸術の本質が含まれているのである。

用筆に対応するのは、弦楽器の指使いである。中国では、書とともに、琴が文人の世界の一部分をなしている。「手勢」という概念は、少なくとも七世紀まで遡ることができるが、様々な手の配置を示した表がマニュアルに保存されるようになったのは、かなり遅くなってからであった（主に明代）[4]。マニュアルにおいて、手の配置は順に呈示され（左右の手それぞれ十六）、指使いの簡潔な表題の下に、それぞれの指の姿勢を示すイラストが補助的に添えられている。それと向かいあうように、もう一つのイラストがあり、それぞれのケースに応じた、動物の姿態や自然風景が示されている。そして、短い詩がこの二つ目のイラストの下に置かれ、その反対側にある解説に対応しながら、描かれた姿勢や風景に適した心理状態をアレゴリックに説明している。ちなみに、これらの姿勢や風景には、独創的で精彩に富んだ「勢」がある。たとえば、「松の木陰で鳴く鶴〔鳴鶴在陰勢〕」、「仲間の群に首を向ける一羽のアヒル〔孤鶩顧群勢〕」、「雲を摑んで飛ぶ龍〔飛龍拏雲勢〕」、「セミを捕まえるカマキリ〔蟷螂捕蟬勢〕」、「幽谷を流れる泉〔幽谷流泉勢〕」、「軽雲を吹き払う風〔風送軽雲勢〕」といった勢いである。要するに、ここでは、図表・説明文・図像表現・詩的表現が一緒になっている。それは、知的・視覚的・情動的な能力に訴えるとともに、分析的・直観的・方法的・示唆的なアプローチに訴えるのだ。そうすることで、それぞれの手の配置の、物理的かつ心理的な意味を表現しているのである。

さて、伝統的に「太極拳」と呼ばれてきたものは、今でも日常的に、一人あるいは二人組で、早朝の公園で練習が行われている。これもまた姿勢の連鎖として現れるが、手や手首だけではなく、身体全体の姿勢を想定していることと、気を最も重視することが特徴である。気を重視するのは、天地においてもそうであったように、それが、わたしたちの存在全体に調和した生命力をもたらすからである。ここで取り上げるのは、ごく最近の「技法」であるが（扱う文献は十九世紀初頭のものである）、その論理は西洋の戦闘術とは対照的であり、豊かな文化的伝統を表している。よく知られた「長拳」というスタイルでは、一般に、「十三勢」[5]が引き合いに出される。それにはまず、八つの動作がある。かわす・後ろへ引っ張る・前に圧力をかける・押し返す・ねじ曲げる・下へねじ曲げる・肘で突く・肩で押す、である。そしてさらに、五つある。前進する・後退する・右へ動く・左へ動く・中を守る、である。第一の系列は、八卦に関連づけられている。八卦は（中国の世界表象の基礎をなす、古代の占いの書である『易経』によれば）、連続線〔陽爻〕と非連続線〔陰爻〕の交替から、体系的で完全な形象の集合を作りあげ、未来を解読しようというものである。第二の系列は、「五行」――水・火・木・金・土――に関連づけられている。五行は、伝統的な中国の自然学であり、結合したり交替したりして、万物の根本的な諸関係を表している[6]。一連の「勢」がより際立ち、「内なる力」が外在化するのは、二人で稽古する（手で押しあう）場合である。「内なる力」は、それ自身が「真気」のダイナミックな現出であり、それを活用する観点から見ると、螺旋を描いて空間を上昇していく「ぐるぐる巻きにされた絹糸[a]」である。一連の「勢」はそれを「解き広げる」形象である。「内なる力」は、中心の気から発して、すべての姿勢の連鎖に広がっていく[*]。

　ところで、中国ではかなり早くから、「房中術」を詳細な定式化の対象としてきた。そして、これもまた「勢」という語によって確立されたのである。性交の諸体位に関して、唐代の概論は（しかし、より古い時代の要素が取り入れられていることも確かである）、ちょうど三十を数え上げ、ここにあらゆるケースが尽きているとした。(7) この「三十勢」にもそれぞれ象徴的な名称があり、動物や自然の世界から借りてきている。「絹を操ること」、「とぐろを巻く龍」、「飛び移る蝶」、「仰向けに飛ぶ鴨」、「枝に覆われた松」、「壇に臨む竹」、「鷗の飛翔」、「野馬の跳躍」、「駆ける駿馬」等々である。これらの表現は実に多様であるが、それが持つ動詞的な様相によって、身体の諸体位が潜勢力と躍動力を備えていることを明らかにしている。ちなみに、同じ考え方ではあるが、これと同じくらい古くから、「勢」は一語で男性の睾丸を示していた。そして、古代中国で一般的な刑罰であった去勢は、その人の「勢を切る(b)」ことを意味したのである。

三　最も有効に運動を体現する位置

リストの編纂は、文化的に最も中立であるはずで、文化による違いはないように見える。それは、諸ケースを列挙し、表にするというわずかな作業であって、それだけ簡単で地味に見える。ところが、わたしたちはある種のとまどいをこれらのリストに感じるのである。というのも、ある箇所では、絶対的に画一的であり規則的であるのに対して、別の箇所では、「理」として相容れられないほど、異質性が極まっているからである。たとえば、先ほどの書の「九勢」は、一般的なケースと個別的なケースを区別せずに繋げていた。そのために、一つのケースが、続く二つのケースを含んだり［③は④と⑤を含む］、固有の論理で分析されるケースがあったり［①、②……］、独特

（＊）　ここは、カトリーヌ・デスプー『太極拳、武術、長生術』七七～八〇頁をもとにしている。

の用法によって説明されるケースがあったり［⑥］、隠喩的にのみ表される［⑨］ケースがあったりする。想像的なものの氾濫は、わたしたちの興味をそそり魅了するものではあるが、これらの精彩に富んだ名称を、ただの寓意的な装飾として受け取るべきなのだろうか？　それとも、実際の理解に資するような象徴的な意味を読みとるべきなのだろうか？　最も奇妙なことは、これらのリストが、ただ列挙するだけで、完全な総体を形成しているということである。その際、リストが挙げる項目のタイトルでもあり、ここでの論理的な基礎でもある――これは必然的であるが――「勢」という概念それ自体は、（数による以外は）決して明確にされず、注釈されず、証明されない。あたかも、リストを利用する中国人にとっては、列挙した総体から抽象的な概念を引き出すべきではないかのようである。諸ケースを通じて直観的・能動的に「勢」にふさわしいと感じたものを、理論的に証明するのは余計なのだ。「実用的な」語である「勢」は、最も実践的であって、その通りに「取る」べきものである。わたしたちが実際に稽古したり、入門者として修行している時には、明らかに「勢」を必要としているのに、それに注意を向けられることはない。それが何であるのかという説明は、それを用いる人にとっては、役に立たないばかりか有害である。こうした問いが生じるのは、コミットしていない、（「勢」に固有の論理から）切り離された視線からであって、読者でしかない人が問うのである。

しかし、そうであるからこそ、この問いは、わたしたちにとってますます問うべきものになる。序文で述べたように、そしてそれが本書の出発点であったのだが、わたしたちの言語には「勢」という語の等価物が無い（わたしたちの言語というのは、インド＝ヨーロッパ語族に属する「西洋」の言語であり、ギリシア語とサンスクリット語に結びついていて、中国語からは一つに見える言語のことである）。翻訳の際、訳者たちは一様に「勢」を、「姿勢」（「位置」）あるいは「運動」と表現した。ところが、重要なことは、「勢」は同時に両方でもあるということなのだ。姿勢の概念が不十分なのは、それがどれだけ一時的だとしても、不動性という考えを含んでいるからであり、理性はその配置を石化せずには分析できない。しかし、現実には挙措は連続しており、一つ一つの「位置」と、ある「位置」から出てくるやいなや別の「位置」に導いていく運動とを、任意に区別できない。だからこそ書法は、グラフィックに分析でき、視覚的で、したがって静態的になってしまう諸要素〔法〕とは別に、様々な「勢」を特徴づけたのである。それでも、「勢」は、用筆によって前者の諸要素と対応している[c][8]のだが。また、同じ理由で、琴のマニュアルには、仔細に分析された指使いのテクニックの描写（ファン・フーリックによると、通例では、一五〇から二〇〇の形象がリストに挙げられている）に加えて、数は少ないが、指だけでなく手全体の「勢」が挙げられている[d]。こうして、和音の演奏に必要な作法を、躍動感のままに包括的に摑えるのである。ここで重要なことは、中国音楽が、音を生み出すのに必要な所作の動きに注意を払っているということだ。それは、今日わたしたちが、音量・五線譜上の音程・音の長さを別々にして音を示すように、音そのものに注目するのではない。動いている姿勢（動きの姿勢）は、二者択一的な思考を裏切るもので、説明しようとしても隠喩的にしか説明できない。たとえば、映画的な手法を用いて、「勢」の集合を「ストップモーション」として理解するとか、グラフィックな表現を用いて、ある平面によって切断された対象の「断面」として説明するという程度である。この時、「勢」は、連続する運動を様々に断ち切った断面としてイメージされている。断面それ自体は固定された平面であるが、そこに、ダイナミックな力が注がれた特有の「形」が読みとられるし、読み取られていくのである。

　だが、ここにはもう一つ別の次元が介在している（ただし、実際に別なのではない。先の場合と同様に、わたしたちが一つの論理の二つの側面を同時に摑まえられないという、理論的な無力さのためである）。つまり、これらの配置はダイナミックであるだけでなく、戦略的でもある。これらの「勢」の集合は、運動の断面をもれなく表すわけではなく、ダイナミズムの働きを最もうまく活用する断面を選んで表していて、最も効果的なものが取られている。配置に備わる固有の潜勢力を捉えるのが技法であり、一つ一つの「勢」のリストは、そうした効力を表した様々な図表からなる一つの集合なのだ。そのため、多くの場合、様々な図表は、それぞれが全く異質であるにもかかわらず、「九」や「十三」といった特殊な数をあてはめた、網羅的で体系的な全体として呈示される。たとえば、中国拳法の一連の動きは多数の運動に分解でき、「勢」の数よりも多い。中国拳法の初心者は、次から次へと運動の諸断片を習得していくが、それは「勢」の数に対応してはいないのである。したがって、この「勢」の集合は――「かわす」、「後ろへ引っ張る」、「前に圧力をかける」等々――、むしろ、ダイナミズムを代表的に表す諸相として考えられるべきである。それは、その中において対立と補完の原理をより直接に働かせ、交替する連鎖関係をより強調するものなのだ。一連の「勢」は、継起する充実した諸極であり、過渡的だが根底的な諸段階なのである。

象徴的な名称が用いられたのも、同じ理由である。中国拳法の「十三勢」は、明らかに八卦（それは八方という基本方位〔東西南北〕と中間方位〔北東・北西・南西・南東〕でもある）と「五行」に結びついているが、それは単に類比の趣味とか修辞の伝統によるものではない。生成に対する『易』の諸形象〔八卦、六十四卦〕や、「自然」に対する「五行」がそうであるように、「十三勢」もまた、働くダイナミズムに対する真の「図」だと見なされたからなのだ（ここでは、図の概念を、わたしたちに親しいカント主義での図式という意味で――だが、むろん、全く別の使用法だが――展開するべきだろう。そうすることで、この「図」が、「知性的な面と感覚的な面」という両面を持った、中間的な表象の地位にあることが説明できる）。事実、中国拳法の稽古で大事なことは、運動を所作に実演することに加えて、それを自己の内にある思考の運動と完璧に合致させていくことである。そうすることで、思考は新しい状態を「創造」するし、同時にまた、六十四卦・五行・基本方位を参照することで、身体的な修練に宇宙的な次元がもたらされる。こうして手で押しながら、わたしは、目に見えない何かを押してもいるのである。

こうしたことは、他の概論に掲載された動物の図像にもあてはまる。性のマニュアルの中では、図像の価値は、かなりぼかした比喩的なものにすぎず[9]、それはそれで、自然主義的でもありかつ魅惑的でもあるという、象徴が有する両義的な快を重視している。しかし、それとは反対に、琴を演奏する手の「勢」を効果的に習得する観点からは、動物の図像はより重要である。なぜなら、すでに見てきたように、山水画の場合と同様に、琴の演奏で重要なのは、全体的な動きであって、それは、直観によって包括的にしかうまく捉えられないからである。練り上げられた計算ではなく、一気に捉えることが大事である。そして、この全体的な動きは、動物や風景に置き替えられることで、より容易にその本質的な統一がわかる。わたしたちは、動物や風景ならば、想像力を働かせて瞬時に感じとるからだ[10]。たとえば、「飢えた鳥が雪をついばむ勢」を思い描いてみよう（この場合、一つの弦で素早く続けて二つの音を奏でなければならない[11]）。冬景色の中、葉の落ちた木の上で、何か食べるものがないかと雪をついばむ痩せこけた鳥のイメージは、くちばしでついばむように、素早く・乾いて・正確に奏でる指先のタッチを表現している。その逆に、のんびりとした鯉の尾の動きは（この場合、人さし指・中指・薬指で二本の弦を一緒に奏で、内側に弾いたらすぐに外側に弾く）、手がリズムよくゆったりと弦を擦っていることを感じさせる。さらに、水から出てくる神亀の「勢」を、内なる感覚でイメージしてみると（この場合、七つの音が二本の弦で演奏される。最初に二音、次により速く二音そして二音、そして最後に一音を奏でるが、人さし指と中指を交替して奏でる）、ここからは、短いが・確かで・規則的なリズムを持ったタッチが容易に喚起される。最後に、「白い蝶が花をかすめて飛ぶ勢」を想像してみよう（弦を押しつけずに、ただそれに左手を軽く添えるだけで調和の効果を出す）。これは、求める「ふわりとした音（泛声）」を、どんな分析よりも正確に示している。これに添えられた詩を読もう。

白い蝶が花をかすめて飛ぶ
羽は軽く、花は柔らか
蝶は飛び立とうとしても飛び立たず
ぐずぐずしているようでも留まりはしない
それが思い起こさせるのは
指先でそっと触れること

動物の図像を用いることは、演奏に必要な所作を、より繊細にわかりやすく表現するだけではない。それは、自然のコードを通じて、演奏に必要な所作が熟達の境地でどうなっているのかを表現してもいる。この境地とは、方法に基づいて練りあげる入門段階の彼方にある。そこでは、配置は調和し、ダイナミズムは純粋であり、効力は完璧になる。それは理想的な境地であり、熟練の技と本性が一つになり、自然なものになっているのである。

四　詩における戦略的な配置

では、作詩のように、所作や身体的な要素を一切働かせず、心の活動にのみ依拠する芸術創造の手続きまでも、有効な配置という語で考えられるのだろうか？　事実からすると、これらの異なった実践は同じように扱われ、詩の作品の「勢」も、精彩に富んだ想像的な動物の図像によって呈示されている。唐末の道士〔斉己〕は、詩に十の「勢」を数えた。[12]「振り返って飛びかかる獅子の勢」、「森の奥に隠れた猛虎の勢」、「嘴に真珠を銜えた丹鳳の勢」、

斉己　九～十世紀

「自分の尾を顧みる毒龍の勢」等々。それぞれの表題には、続けて一聯の詩が例として与えられてはいるが、それ以上の説明はなされていない。たとえば、最後の第十の「勢」である「広大な海を呑み込む鯨の勢」には、次の一聯がある。

袖に太陽と月を隠し
掌の上に乾坤を握る

王昌齢
七〜八世紀

この詩を「鯨の勢」に関連づけることは可能である（上述した仏教的な主題からすると、広大さをすべてミニチュアに含み入れる点で）。しかし、こうした類比の働きを、これ以上「客観的に」詳説するのは危険である。なぜなら、ここでの「批評的」選択は、隠喩の働きにのみ向けられており、明らかに注釈を拒むものだからだ。それは、論証的な分析や、長々と続く言説から一切手を切り、内なる黙した知を好んでいる。この閉じた体系は十のケースからなり、それぞれが一聯の詩で例示されている（ただ一つだけ詩が付いていないケースを除いて。これはこの作品の単なる「穴」なのだろうか、それとも意図した皮肉な遺漏なのだろうか？）。わたしたちは、ほぼ完璧な、美しい小さな十角形を手にする。おそらく、いたずら好きな作者は、わたしたちがそれを玩ぶのを楽しみながら見ているのだろう。当惑するにちがいない……、と。しかし、幸いなことに、詩における戦略的な配置を載せた別のリストが、一世紀以上も前にあったのである。「勢」の意味をここまで秘匿しようとは思っていなかったためか、そこにはより多くのものを見出すことができる。このリストには、所作や姿勢といった外的な所与は取り上げられていない。すべてが文章化されており、それを解釈しさえすればよい。しばし、ここに立ち止まってみよう。[13] 十七の

「勢」がリストに順番に載せられている。

第一勢　「単刀直入に主題に入る」。説明によると、詩の主題が何であっても、この場合には、起句から直接に主題に入る。その例は、遠くの友達に宛てた詩であって、次のように始まる。「遠くから君のことを知り……」。

第二勢　「一般的に考察してから主題に入る」。この場合、詩の最初の二句は、一般的な観点から「物の道理を討議」し、主題の核心に入るのは、その次の句においてである（第三句・第四句・第五句）。その例は、刺史である伯父に宛てた詩である。「大いなる賢者はひとりで立ち、機会があれば自分の計画を起こすというが、伯父よあなたは天から十分に資質を与えられている……」（最初の二句が一般的な考察であり、主題には第三句から入っている）。

第三勢　「起句が直接に樹立されてから、第二句において主題の核心に入る」。この場合、起句は詩の主題から外れて「直接に（すぐに）」風景や物事を想起しており、詩の主題に入るのはその次の句からである。「城に登って古を懐う」といった類の詩が例に挙げられている。「林や沼沢はどこまでも寒く、わたしは城に登って古を懐う……」。

第四勢・第五勢　前の第三勢と同じケースだが、最初のモチーフが第二句や第三句にまで延び、主題の核心に入るのは、さらにその次の句からである。この限界を超えて、最初のモチーフが第四句やその後の句にまで延びると、その詩は、「爛れてしまって、佳ではない」。

第六勢「想像されたモチーフから、間接的に主題に入る」。この場合、最初の数句は「直接に」モチーフを喚起するが、そのモチーフ自身が、詩のその後の展開と隠喩的な関係を持つ。例。「蒼穹の中に孤雲は立ち去り、暮には山に戻るはず、高潔な文人は善行を守るが、皇帝の龍顔をいつ見られようか」（起句の孤雲は、第三句の見捨てられた文人を象徴している。「龍顔」は明らかに皇帝のことで、詩人は皇帝に自分の境遇に関心を持ってもらいたいのである。この「勢」のケースは、この前に挙げられた三つのケースとは違って、最初のモチーフのイメージを、より明瞭に浮かび上がらせている）。

第七勢「謎に満ちたイメージから」。この場合、比喩に富んだ関係を、解釈によって補足する必要がある。このリストの著者でもある王昌齢自身が注釈をつけた詩句が例に挙げられる。「別れの悲しみは秦楚ほど深く、大河の中から秋の雲が湧き起こる」。王昌齢はこう注釈した。離別の悲しみは、秦楚の地方が遠く隔たっているほど深く、再会の不確かさは、天に湧き起こり、風のままに揺れ動く雲に比べられる。

第八勢「下句が上句を支える」。この場合、一つの句だけでは十分わかりやすく意味が表現されないので、続く句の助けを借りて支える。「その結果、詩の一体的な意味がうまく通じるようになる」。例。「細かな雨が雲が切れるとやみ、山にかかった霧が晴れる」（こうした比喩は、わたしたちには何ともありきたりに見えるのだが、中国の詩ではまれである。一般には、一つの句で全く十分なのだから）。

第九勢「世界と情動が感じあう」。これは、心の情動と自然の現実が、突然ひとりでに出会って詩句が生まれるということである。心が敏感に反応すると、その情動を引き起こした自然のありようが明らかになる。例。「すずやかに七弦の音があたりに響き、木という木はその幽けき音に耳を澄ませる、大河の上に懸かる月はより白く、江の水はより深くなる」（起句では、琴の演奏によって情動が喚起され、心はその虜になり、そこから情動が風景全体に広がっていく。それに続く句は、風景全体がこの情動に敏感になり、情動に貫かれ、情動が広がっていることを描写している）。

第十勢「豊かな思いが結句に含まれる」。中国の詩の重要な教則の一つによれば、意味は「言葉とともに尽きる」のではなく、言葉を越えて広がっていく必要がある。情動は「含蓄ある仕方で」寓意的に喚起されるべきなのだ。とりわけ、最後から二番目の句が詩人の感情を喚起し、結句が詩人の感情と溶け合う風景を喚起して、詩が終わるケースはそうである。例。「酔っぱらって言葉も出ず、見渡す限り細かな雨が降る」。

第十一勢「句の繋がりを活用する」。詩に表現された感情が、作品全体から生き生きと浮かびあがることが重要である。したがって、もしある句で十分に表現されなかったら、それと対をなす次の句が助けて、その意味を明らかにする。例。「雲は岩壁に帰って消え去り、月は霜の林を照らして清澄である」（反対の事柄を表現することで、後の句が前の句を完成させている。悪天候が晴れる一方で、月光が新たに射し込み、明るくなる）。

第十二勢「一句を二つに分割する」。例。「海は浄く、月光は清かである」（これは前のケースと逆のケースだとも言える。前のケースでは、一つの意味を表現するのに二つの句を繫ぐ必要があったが、ここでは、一つの句において別々の意味を順に表現している）。

第十三勢「一句の中で直接的に類比する」。例。「あなたのことを思い、川は流れる」（これは、フランスのよく知られた詩にきわめて近い。「アンドロマケーよ、わたしはあなたを思う。この小さな川は……(*)」。しかし、ここでの川の流れは、自分が常に相手につながっているという思いをイメージしたものである）。

第十四勢「世の流れが回り廻ることを強調する」。「悲しみの感情が興れば、運命をもちだしてそれを破る。人が栄耀栄華におぼれている様を描写すれば、空の論理によってこの光景を打ち破る」（二番目の句はその前の句とは反対に、人をより高次の見方に高める）。例は挙げられていない。

第十五勢「抽象的な意味（理）が風景に入る」。言うまでもなく、「詩は抽象的な意味を表現し続けることはできず、それを喚起した風景の中に置いて、味があるようにすべきである」。これは、抽象的な意味が、ある心の状態を呼び起こした後、場所や土地の中に具体的に入れられて、それらと調和して一体となるべきだという意味である。例。「時には林壑《がく》（深い山）に酔い、畑に落ちると桑の実が熟している、槐の木にかかった霞が少しずつ夜を覆い、楼上にかかる月は深く果てしない」（「理」を持った二つの句の後に、それに対応した風

（*）シャルル・ボードレール『悪の華』所収の「白鳥　ヴィクトール・ユゴーに」より。

景を喚起する二つの句が続いている)。

第十六勢「風景が抽象的意味に入る」。前のケースとは反対であり、それを補完するケース。風景の描写に終始するだけの詩もまた、「無味乾燥」である。そのため、風景を喚起した後には、それに感じた感情を表現するべきである。ただし、一方が他方を犠牲にしないようにする。例。「桑の葉が鄙びた村に落ち、野鳥が水際に鳴く、衰退が極に達した時、わたしは至高の道に身を委ねる」(ここでは、前のケースと反対に、風景を喚起した二つの句の後に、感情を喚起する二つの句が続いている)。

第十七勢「結句で期待を表現する」。例。「青桂の花はまだ咲かず、川の中で独りわたしは琴を奏でる」。詩人自身が注釈している。花の咲く頃にはあなたに会えると期待していたのに、今日はまだ花が咲いておらず、わたしは独り待っている。

注釈されたケースと注釈されなかったケース、詩が例示されたケースと例示されなかったケースというように、呈示の仕方に違いがあるのはいたしかたがない(ただ全く個人的には、第十四勢にはその例があればよいのにとは思う)。しかし、それにしても、このように作詩の諸側面がバラバラに並べられていることは受け入れ難い。つまり、詩や詩句の構成という問題、イメージについての問い、インスピレーションについての考察といったものが乱雑に並んでいるのである。現代の読者なら、とりわけ、列挙の一貫性の無さに驚くことだろう(14)。このリストは、まず起句に関心を寄せ(第一勢から第六勢)、最後は結句を論じて終わっている(第十七勢)のだが、結句についての問いはもっと早い段階にも出てきているし（第十勢）、前の句を次の句が支える「補助」という同じ問題が、明らかに二度論じられている（第八勢と第十一勢）。これは単に、このリストがとりとめのないもので、多くが思いつきにすぎないということなのだろうか？

しかし、それはまったく不確かな結論である。というのも、より詳細に読解してみれば、うわべの無秩序の下に、繊細で密かな繋がりがあることがわかるからだ。まず始めと終わりで、詩の連鎖を構成する諸要素を大きく枠づけたことで、隣接の論理を用いて、一つのケースから次のケースにうまく進むことができている。たとえば、第一勢から第五勢までとは違って、第六勢では、主題への入り方をより想像的に扱うようになり、第七勢は、第六勢よりもさらに不分明な想像の様態を扱っている。第八勢は、補足説明が必要なケースを扱った第七勢の後にあるために、下句が支えるケースを扱う。第十勢で詩の終わり方が扱われていたが、この主題を喚起したのは、その前に第九勢で風景と感情の合致が問われていたからであった。そして、第十一勢になってようやく、補完関係にあるが少しずつ異なる二つの句についての問いが取り上げられた。そして、その後には対照的に、内的な関係が考慮されていく。それは、第十二勢・第十三勢・第十四勢と繰り返されるが、第十五勢と第十六勢でもそうである。

こうした密かな分岐や、隠された隣接、そして繊細な移行の技法等々をさらに明確にするには、時間をかけなければならないだろう。しかし、少なくとも、以上のリストを検討したことで、二つの形式の論理があると結論づけてもよさそうである（フーコーが『言葉と物』の冒頭に置いた、ボルヘスの「中国的な」一風変わったリストが思い起こされる）。中国的な理性（なぜならここにも「理性」があり、一貫性が無いわけでも、無秩序なのでもない）は、「西洋的な」（この語は象徴的に解されるべきである）理性と同じようには進んで行かない。「西洋的な」理性は、「理論的」観点として、あらかじめ張り出した位置を取り、すべての素材を支配し、組織しようとする。そして、それに抽象の力を与え、そこから同質性という分類原理を導き出してくる。ところが、中国的な理性は、むしろ水平的に、一つのケースから他のケースへと蛇行して進み、橋やわき道を渡るように、それぞれのケースが次のケースに通じ、それに変わっていく。パノラマ的な西洋の論理と違って、中国の論理は、段階が連鎖する道程の論理である。考察の範囲がア・プリオリに確定されたり、閉じられたりはしない。それは、標識に従って徐々に広がり、豊かになっていく。しかも、こうして伸びていく経路は、けっして他の経路を排除しない。他の経路は、この経路の脇を一時的に並んで走ることもあるし、交わることもあるだろうが、排除はされないのである[15]。旅が終わると、経験が獲得され、一つの風景が浮かんでくる。しかし、ここで得られる眺望は、西洋的な光景のように包括的で一義的なものではない。むしろ、（中国の）巻物のように順々に開かれていくもので、起伏する山の斜面にある道（これが巻物に一貫性を与えている）が、ここに現れたかと思うと、丘の向こうに消え、再びその先に現れるようなものだ。

こうなると、「勢」という語を、わたしたち西洋人にはかなり違って見える諸現象を一つにまとめた空虚なラベルだと難じる理由はなくなる。そう考えるのは、おそらく、わたしたちが依然として自分たちに特有の批判概念に繋がれすぎていて、多様な「配置」と「勢い」という様態において詩的活動を考察する習慣がなかったからにすぎない。

五　言説的な布置と詩の「深み」

さて、あらためて、布置としての詩について考えよう。とはいえ、ここではもはや、すでに見てきた、縮小された風景がそうであったように、象徴的な凝縮をすることで作動する意味論的な布置だけを扱うのではない。「十七勢」が一般的に表すように、詩の作品は言説的な布置としても考察されるべきである。言葉の布置は、空間的な次元だけでなく、時間的で線形的な次元にも関わり、その多様な展開と連鎖をもたらす。そして、対照と調和からダイナミックな効果を生みだし、生命を与えるのだ。先ほどのリストの著者もそうだったように、少し後の時代の別の詩人〔皎然〕も、何度も「勢」に言及しており、こうした見方を補強してくれるだろう。なるほど、それは必要十分な説明にはなっていないかもしれない。しかし、中国の詩論が抽象化を拒み、暗示的な価値を重視していることは忘れてはならない。

皎然
八世紀

　皎然は、詩の三つの剽窃の様態を次のように区別している[16]。「語のレベル」での剽窃。これは最も批判されるべきものである（これは、先行する詩の表現が字義通りに繰り返される場合である）。「意味のレベル」での剽窃（これは、同じ詩的モチーフ――たとえば、秋色を感じさせる早秋の涼しさ――が繰り返されるが、言葉遣いを変えている場合である）。そして最後に、「勢のレベル」での剽窃。これは、最もデリケートなものである。この場合、その内的な配置のために詩的モチーフを模倣するのであり、モチーフそのものの意味は変えられている。たとえば、「目は野生の鴻を見送り、手は五絃を弾く」という〔嵇康の〕有名な一聯から、詩人〔王昌齢〕は「手に二匹の鯉をつかみ、目は千里を行く雁を見送る」と書くことができた。モチーフに備わった詩の組み立ては同じであるが（手と目、触覚と視覚、近さと遠さという対照）、モチーフが表現する意味は違う（後者では、捕まった鯉の不幸が、自由な鳥の幸福と対置されているが、前者では、野生の鴻が飛ぶのをじっと見ることと、琴の弦をかき鳴らすことのどちらもが、詩人を深く満足させている）。同じことは、中国の詩の最古のアンソロジー〔『詩経』〕にもある。二つの詩の始まりはこうである[17]。

巻耳《けんじ》を採っても採っても
籠は一杯にならない

そして、

朝の間ずっと菉《ろく》を採っても
一掬いにもならない

この二つの一聯の「勢」は同じである。どちらの「勢」も、たゆまぬ採取の努力と、雀の涙ほどのわずかな成果を対置している。しかし、批評家〔皎然〕の見るところでは、その「興（インスピレーション）[e]」は異なる。なぜなら、それぞれの詩は、別々の情動的な状況に関わっているからである[18]。これは、微妙だが適切な区別である。モチーフの言説的な布置は、その象徴的な意味から切り離されるべきなのだ。結論を言えば、「勢」は、詩的な作品性における独特な sui generis 要素なのだ[19]。

こうした詩の本性についての特異な考え方をより深く理解するには、それに影響を与えた様相、すなわち、中国の詩が有する独特な様相も考慮しなければならない。まずは、中国語の特殊性である。それは、単音節で孤立語であるという二つの基本特性に由来する。つまり、中国語には派生も屈折も無い（活用も語尾変化も無い）ために、その単語は、切石や将棋の駒のように、独立していて同形である。したがって、（シンタックスよりも）単語の並べ方で意味が規定され、簡約語法的な表現能力が重視される（カールグレンの比喩を取り上げるなら[20]、現代の電報のスタイルにいくぶん似ている）。次に、詩の伝統の特殊性も考慮されなければならない。中国の詩は叙事詩から生まれたのではない。そのために、長々と物語ることや叙述すること、すなわち、どんな仕方であれ論述することにはならない。また、中国の詩は、ペリオドス（異なる韻律のまとまり）や美辞麗句が豊かに連続する展開よりも、より短い句で集約した効果を出すことを好む傾向にある（すでに指摘したように、一般的な規則として、中国の詩句は、書に表現された文字のように、自己充足して閉じた全体を形成している）。以上からの論理的な帰結として、中国の詩的なエクリチュールは、句から句へ、一聯から一聯へ、さらには一つの句の中であっても、作品における配置の手法を重視したのである。つまり、作品の諸要素を継起的に結びつける豊かな緊張を重んじたのである。

　こうして、中国の詩論家（王昌齢）が次のように考えた理由がわかってくる。「勢を作る」のが上手な詩人は、一句ごとに、あるいは少なくとも一聯ごとに、「詩が表す感情（意）を新しく出す[f]」ことができる。しかし、下手な詩人は、後の句が前の句よりも「弱」くなってしまう[21]。王昌齢が参照した書法が、この詩法のモデルになっているのかもしれない。書の大原則は、一つの字の中で、対をなす二つの要素の間に、引き合うと同時に反発する関係（「向かいあう」と同時に「背を向ける[g]」）を作ることである。詩人の腕の見せどころも、それと同様に、連続する二つの句の間に、類似すると同時に対照をなす関係を導き入れることにある（したがって、詩の二つの「要素」は、どちらも同等の力と一貫性を有していなければならない）。たとえば、次のよく知られた律詩を見てみよう[22]。

王昌齢

昔、洞庭湖のことを耳にしていたが
今、その岳陽楼に上っている

杜甫
八世紀

この二つの句は、対立しながらも（昔／今、地平線に広がる湖／天に聳える塔）、協同している（岳陽楼は洞庭湖の畔にあり、今日詩人は塔の上から、長い間夢見ていた広大な湖を見つめている）。同じことが次の一聯にもあてはまる。そこでは風景の直観がより根底的になる。

呉と楚を、東と南に離し
天と地を、日夜浮かべる

この二句／二要素において、対照はさらに鮮やかである。水平と垂直、空間と時間、隔たりと再会が対照されている。しかも、その対比はさらに緊密である。四方位〔東西南北〕に対して高低、空間的な離散に対して共時性が対比され、それらが包括的に宇宙の根源的な統一性を定義しているのである。こうして「風景」を喚起した後に、その次の二句は、「情動」を喚起する。そして、そこにも同じ効果がある。

近親と友人から便りは無く
年老い病に倒れた身には一艘の小舟が有るだけ

他人とわたし・無いと有るという、隔たりの緊張と、両句が共通して深く孤独の感情を湛えているという、逆の緊張がある。こうした「勢」が作りだす緊張は、対偶（パラレリスム）の効果と同じであるのかもしれない。(h)(23) しかし、それは言説の修辞的な飾りではなく、中国の詩の場合には、実際の創作プロセスを表しているのである。(24)

詩的なシークエンスにおいて、隣接する二つの要素を結びつける相反した関係は、次のようなイメージで巧みに表現された。驚いた野生の鴻は背中を向けて飛び立つが、頭は自分の仲間に向けている[25]。ここには、〔「勢」の〕連続性と不連続性がある[i]。「後の勢がまさに高まろうとする時、前の勢は中断されたかのようになる[j]」。中国において、そして中国の美学においても常にそうであるが、こうした布置を機能させる原理は、交替（相剋と相関）である。

皎然

次の詩句は、もとの文脈から離れて引用されたものだが、詩的な「勢」に特有の緊張を示している。

浮沈は各々「勢」を異にする
わたしたちが再会するのは、一体何時のことだろう
願わくは西南の風に身をまかせ
遠くあなたの懐に入りたい

皎然

もう一つ言えば、詩の言説的な布置は、山頂から眺めた風景のようでもある[26]。起伏ある輪郭は、曲がりくねり、絡み合いながら広がり、互いに繋がりながら変化していく。岩の積み重なった孤峰が力強く聳え立ったり、川が静かに何万里も流れたりと、実に起伏に富んだ光景が続いていく。描かれるイメージは、紆余曲折したり、高低の違いがあったりしても、それぞれの配置は、繋がり続けると同時に反発しあっている（繋がれば繋がるほど、強く反発する）。詩的な「勢」は、このような配置を通じて、最大の躍動やダイナミズムを作品の流れに常に与えているのである。

したがって、創作にとって、詩の布置は二次的な様態であるなどと考えてはならない。それは、内的な情動の動

きに付随し、それに対応しているものなのだ。それはちょうど、詩人の言語と詩人の興（インスピレーション）の関係に類比的である。[k][27] それは、不可視の内面を、文の繋がりを通じて可感的に現すようなものである。だからこそ、詩は、詩的な布置からその第一の「深み」を得るのだ。「（「蒸気」や「湯気」のように）四方に広がる印象が至るところに現れるかどうかは、作品の布置から出てくる深みによる[l][28]」。作品の布置が引き起こすダイナミズムによって、詩意がそのモチーフから自由になり、アウラのように広がり、滞ることなく浸透していく。さらに、それは、煙の柱のように果てしなく上昇する。[29] 中国にも西洋にも、詩的な「雰囲気」と呼ばれるものがあるが、「勢」はそれを作り出すのである。

詩の原理が交替である以上、詩は最初から終わりまで、変化として考えられなければならない。それは、次々と「糸を通していくこと」（句の後に句を、「串で刺した魚」のように置くこと）ではない。「上手な詩人は、その勢をたえず変化させる[m][30]」。なぜなら、他のものと同様に詩においても、ダイナミズムを更新して——内的な差異や、一方の極から他方の極に移ることによって——、ダイナミズムを連続させることが肝要であるからである。

第六章　ダイナミズムは連続する

一　共通する明証

中国の諸芸術を検討すると、いくつかの問いが出てくる。まず、書・画・詩という中国文化の「三絶」は、その根本原理において、実際にはどこまで区別できるのだろうか（用いる手段が違うといっても、どれも共通して筆で書いている以上、相対的なものにすぎない）？　また、これらの芸術の創造的な歩みを裏付け、（芸術的な）効果を生み出しうる、共通した何らかの論理があるのではないか？　書・画・詩ともに、（自己の中にも、自己の外にもある）不可視のものが有する計り知れない活気を、（筆線＝描線あるいは語という）感覚できる「形状」に「現実化」して表現している。また、この三つとも、対照と相関という同一の原理を用いてそれぞれを表現し、交替による変化の上に、連続するべき展開のダイナミズムを基礎づけている。そうすると、これは、「文人」階級に限定された特定のイデオロギー的な見方ということだろうか？　しかし、庶民的な環境から生まれた「中国拳法」も、同じ哲学を身体表現の中に示していた。それは、不可視の気を、所作を通じて体現することを目指している。その際、連鎖する所作は、対照的な様々な動きを、「螺旋を描くように」不断に繰り広げていく。この円環をなす連続性に一つでも亀裂が走れば、相手に手掛かりを与え、相手に勝利の可能性が出てくる。要するに、（書・画・詩そして太極拳といった〕これらの実践の中心には、同一の表象があるのである。それは、根源的かつ普遍的なエネルギー〔気〕であり、その二元的な原理（よく知られた、「陰」と「陽」）は、（宇宙的な大プロセスの中にあるように）休みなく相互に作用しあう。ここから論理的に導かれる、美学用語としての「勢」の究極の意味はこうである。「勢」は、このエネルギーを御しながら[a]、芸術の諸記号を通じて[b]、その連続するダイナミズムを促進し、感覚させる力である[1]。

ところで、これはすでに兵法家の思想であった。わたしたちは本書の第一部で、これを兵法家が用いていることを見てきた[2]。外から見ると（なぜなら、こうした遍在する一貫性をただ生きるのではなく、それを意識化するには、やはり外から見るしかない――後退したり、差異を効果的に用いることによって）、中国文化は歴史的に大きく変動したにもかかわらず、そこには一体性が感じられる（この一体性は、中国の内部では、理想化された「道」に象徴される）。この直観の周りを中国研究者は回り続け、それを何度も吟味し直すのである（それと同時に、中国研究者は、より単純で根源的な何かが、自分の手を逃れてはいないかという思いも有している）。というのも、この共通する明証に触れると、最小限の「理論的」注釈を施したくなるのだが、その明証に広がりと含蓄がありすぎるために、「理論的な」注釈では全面的には明らかにならないからである。この共通する明証が明かされるためには、〔諸芸術の〕批評を行っている文献をたどり、個別的な考察を通じて吟味するほかない。そして、これらの批評的考察は、より繊細な分析にそれぞれ分かれていくと同時に、複数の領域で重なり、異なった「芸術＝技法」を相互に映し出し、言い換えあい、助けあう。したがって、これらの批評的考察をもう一度吟味して、その最終的な分岐まで追っていくにしても、それは複数の領域を並行して進んでいく。こうした観点を取ることで、暗黙裡に共通了解されているものが、白日の下に晒し出されるのである。

二　連なる勢い　書において

中国の書法は、かなり早い時期に理論化された。書は、それが線形的な性質を持つことから、運動の時間性を直接的かつ瞬時に取り込んでいる（書家は後戻りして、前の筆線を修正できない）。そのために、書法は、生成変化として進行するダイナミズムの特権的な範例なのである。それは、形を生み出す所作と、紙の上に読み取られるその形という二つの次元において考えられる。上手な射手が放った矢が「勢」に溢れ、真っ直ぐ遠くに飛んでいくように、能書家の手にかかると、働いている潜勢力としての「勢」はあり余るほどであり[c]、筆は実に効果的に前へ運ばれていく[3]。〔文字にも〕躍動が隅々まで漲り、何ものにも妨げられず滞ることもない[d][4]。そして、筆線＝筆跡がいったん完成しても、そのダイナミックな連続性は、見る人の目には常に活動的に映る。なぜなら、〔筆線を構成する〕前の要素の中に後の要素が待機し、後の要素は前の要素に応じて生じてくるからである[e][5]。〔ダイナミズムが〕途切れないといっても、意図的にではなく、自然とそうなのである。知られているように、中国拳法では、体の重さを両足の間に常に不均衡に配分して、足がたえず動きについていくようにしている[6]。これと同じことが、書に表現された文字にも認められる。筆線がわずかに不均衡であることによって、完全に不動化したり、硬直凝固したりせずに、先へ延びていくことができる。たとえば、横線がずっと水平であることはない。それが文字の最後の要素でない場合は特にそうで、軽く上を向いたり、わずかに下に滑ったりして、線を横へ伸ばそうとする緊張を裏切る。

筆線がその前の筆勢を継承し[f][7]、筆が先へ先へと運ばれ、不連続に見える点画に、連続した産出のプロセスが現れること。これが勢いの論理であり、それを書法は、書字の布置を通して強調する。このことをさらに理解するため

張懐瓘
八世紀

に、最もラディカルな書法について考えてみよう。それは、中国の書の一つの類型であり、最後に登場してきた「草書」である。草書は、ダイナミズムへ向かう趨勢を際立って体現するもので、連続性を強調する。ただし、それは一字を構成する諸要素の間だけでなく、連なる複数の文字の間での連続性でもある。草書に常に対置される「真書〔楷書〕」は、折れ線を用いるために休止の時間を必要とするが、草書は、一筆で描かれる曲線を重視する。[8]筆は紙面の端から端まで動き、一つ一つの字は省略的に扱われ、その自律性は最小限に縮小される。一つの字から別の字へと、筆は次の筆線に連なり、僅かの時間で書き上げられる。草書は、書の「勢」を重視した表現なのだ。楷書は、「字が終われば、それを活性化する意も終わる」。しかし、草書は、「字の行が尽きても、躍動〔勢〕は尽きずに彼方を目指す」[g][9]。こうした考えから、「一筆書き」という書の伝統が生まれ、そこで「勢」の力は最も「増大」[h]した。〔一筆で書くと〕「線が断たれても、リズミカルな流れ〔血脈〕は決して断たれず、線が連なれば、同一の気が行と行をすみずみまで貫く」[10]。この時、次の行を始める字は、前の行の最後の字から直接に伸びている。勢いの意味と技法は、ここまで達したのである。

姜夔
十二〜十三世紀

張懐瓘

しかし、この連続性の本性を取り違えてはならないだろう。しばしばそうしてしまうように、これ見よがしに力を込めて、たくさんの語をだらだらと繋げても、それでは面白味がない。それは「連綿」としているだけで、力も尽きてしまう[11]。重要なのは、筆線それ自体というよりも、それを活性化するダイナミズムが連続しているかどうかなのだ。ここで用いられるのが交替であり、それがこの活力のモーターである。たとえば、躍動する草書のもとで連鎖する複数の文字は、対照的でありながら連続する様々な姿勢を象徴している。〔草書の体は〕「人が座ったり、横になったり、旅に出たりするようなものだ。ある時は水の上で船に乗っているかと思えば、ある時は全速力で馬を走らせている。ある時は歌い優雅に舞っているかと思えば、ある時は胸を打ち悲しみに沈んで踊っている」[12]。ま

姜夔

た、筆遣いにも緩急があり、筆先にも「有鋒（鋭い）」、「無鋒（鈍い）」がある。このように、対立するものが連続的に変化して、一方が他方によって置き換わったり、一方が他方を呼び寄せて補完したりするからこそ、後の線が前の線の延長上にあったり、前の線に続けて次の筆線を引き寄せたりできるのだ。字と字の繋ぎ目に点画が無くとも、細線に含まれた「引帯（線の誘因力）」[i]（この技術的な用語は、現代中国語では、生きた表現として、「伝動ベルト」という意味も示している）が感じられる。「棒線・斜線・曲線・直線は、アラベスクのごとく曲折し、いずれも躍動する勢い（勢）によって規定される」[j][13]。書の真の連続性とは、両極の間を振動することでたえず更新され変化していく、筆線の連続性である[14]。

その証拠に、草書であれ何であれ、(手本の模倣が書の修業においては本質的な役割を果たしているとはいえ) 悪手はどんな書体もまねる。悪手は、記憶に頼って字の外形を模写するだけで、字に含まれる「リズミカルな流れ（血脈）」は模写できない[15]。この「流れ（脈）」が、身体の血管を循環するように、書の諸要素の中も循環しており、新陳代謝によって、連なる力を筆線に保証しているのである。内から互いを繋ぐものが無ければ、模写されただけの諸要素は、どうしようもなく孤立し、「散り散りばらばら」——支離滅裂 membra disjecta ——になる。ここには、相互依存と相関関係という、真の書が有する線形性にとって本質的な性質が欠けている。要するに、躍動する勢いとしての「勢」が欠けているのである。それは、手本の書にダイナミックな連続性と更新の力を与えるものであり、書家に突然やってくるインスピレーションや、書の作品の風格とも結びついているものだ。これらの性質があるからこそ、書をじっくり鑑賞した時に、書の一つ一つの点画が一緒になって、もう一度振動してくるのである。

三　画において

絵画についても同様の分析が施せる。思い出してみると、最初に論じられた書の「勢」の一つは、向かおうとする方向とは反対にまずは向かうことで（下へ向かおうとするなら筆先を上に、左へ向かおうとするなら右に向けて書き始める）、筆線により強い活気を与えるといったものであった。ところが、全く同じことが絵画にもあてはまる[16]。画紙の上で、筆を上に昇らせるには、まずは筆が下に降るように「勢を作る」べきだし（その逆も同じ）[k]、軽い描線を描くには、重い描線から始めるべきである（逆もまたそうである）。また、山の姿に曲折変転する印象を与えるには、凹なら凸、凸なら凹と、「その勢とは逆の方向に[l]」向かい、そうすれば山の姿は「転じ」ていく[17][18]。このことは、構図全体にも当てはまる。あちらが密であり入念であれば、こちらは粗く散じているようにする。平板で静穏であるためには、まず険しく緊張したものでなければならない。あるいは、虚が実を、実が虚を先取りすると言ってもよい[19]。書と同様に、一方が他方を準備するには、コントラストを強調する必要がある。ただし、それは他方をより際立たせるだけではなく、一方の後に必然的に他方がやって来るように呼び求めるためでもある。それほどまでに、均衡を取り戻し、補完によって調和的な調整機構を維持する力には強いものがある。ところで、絵画の中には、草書の到達点である「一筆書き」を見出すこともできる。無論、「一筆書き」がすべての空間を一本の線で覆うことであれば、字義通りに見出せるというわけではない。しかし、上手な書がそうであったように、精神的にそして内面的に、一本の線が走っているのである。すなわち、山・川・木・石・家といった形象を一筆で描き出すと、それは生気から出てくる「勢」によってすみずみまで貫かれ[m]、インスピレーション（意想）に溢れるの

沈宗騫　十八世紀

笪重光　十七世紀

沈宗騫

方薫　十八世紀

である。[20]

　したがって、画論が、書論と同じく、作品を貫いて流れる「脈」を強調するのは当然である（加えてどちらも、準備段階、つまり絵を描いたり書を書いたりする前に、創作者の身体を気がうまく循環していることが重要だと強調してもいる）。ここで思い出されるのは、中国の自然学である。それによると、風景の要素は、連なる山々から一木一石まですべて、宇宙的なエネルギーが集積して出現したのであり、そのエネルギーにたえず潤わされている。こうした風景のように、絵画においても、たえず変化する多様な諸相はすべて、「気に統御され」、気を通じて結びあわされ、常に個別のやり方で「活動への趨勢を呈している」[n]。これが「勢」である。[21] したがって、画法とはひとえに、「筆に躍動を与える内的な勢い」によって、自己の外の至るところで働いている「もう一つの勢い」を、「事物の中に体現」[o]して、描写することである。二つの勢いの関係は相互的である。なぜなら、「勢」は「不可視のエネルギーに包まれた」筆から生まれるが、この不可視のダイナミズムは、感覚できる諸形象を通じ、「それを導く勢によって」伝達されるからである。書法が不断の変貌の技法であるように、中国の画法も、実在をたえざるプロセスにおいて描写することなのだ。

沈宗騫

　このことを明確に例証するのが、巻物に仕立てられた絵である。万物が円環をなして生成変化するのにならって（中国拳法の達人も、元の位置に戻って、先に「開始した」連鎖を閉じる）、巻物も「開い」ては「閉じる〔合〕」。掛け軸の場合、「開」は下で始まり、「合」は上で生じる。具体的には、下部で、自然物の点景と人の手になる建築物に「不窮の活力という印象を与える」のが「開」であり、上部で、山頂や雲、砂州や遠くの島が「周到にすべて収拾される」のが「合」である。[22] これを歳時で見てみると、巻物の下部は「発生」の時である春に対応し、巻物の中央は繁茂の季節である夏に、巻物の上部は「収斂」の時である秋と冬に対応している。巻物全体が、歳時の進行

沈宗騫

するイメージに沿って、このように「自然に」展開している。しかし、それだけではない。それぞれの局面にも、そして形象の最も小さな細部にまでも、生き生きしたリズムを与える「開」と「合」の交替を認めることができる（「開」と「合」の交替は、時間の展開に沿っているが、季節の交替だけでなく、満月と新月、昼と夜、吸気と呼気というように、より小さな規模での交替も含まれる）。どの表象も、出現と消滅という一般的な論理の中にあり、生成変化を現出させる束の間の様相なのだ。したがって、書がそうであるように、巻物にも線形的な読解がふさわしい。すなわち、あらゆる形象は、「先行するものを承けて到来し」、「後に続くものに場所を空けて」[p]消える。すべては流れの中にあり、更新への趨勢にすみずみまで貫かれている。

沈宗騫

以上から、すべての画法を、あらためて「勢」によって表現してみよう。発生と「開」の時に、収拾と「合」を併せて思えば、形象は「至るところでうまく構成され、散じることも遺棄されることもない[23]」。逆に、収拾と「合」の時に、発生と「開」を併せて思えば、形象は「どんな時でも有り余る意味と活力に富み、不可視のダイナミズムは尽きはしない」。始まりはどれも純粋な始まりではないし、終わりはどれも真の終わりではない。中国語では、「始終」ではなく、「終始」と言う[24]。すべてが同時に「開いたり」、「閉じたり」しており、またすべてが「論理的に」互いに連関し、ダイナミックに移行していく。こうして、描線の勢い〔勢〕と、実在の内的な一貫性〔理〕が、〔妨げられること無く〕自然に合致していくのである[q]。

四　詩において

劉勰
五〜六世紀

劉勰は、文学作品に働いている連続するダイナミズムを、美しいイメージで表現した。筆を擱き章を終えるのは、舟に乗っていて櫂を持ち上げるようなものだ。[25]〔櫂を持ち上げても〕舟が進み続けるように、章が終わっても作品は前に進み続ける。「余勢」が先へ先へと進ませ、次から次へと繋げていくのである。作品は単に「秩序」や「一貫性」としてあるのでなく、流れと繰り広がりとしてある。[r][26]

　こうした流動状態を第一に保証するのが、作品を旋律的でリズミカルに表現する様式である。中国語の場合は、次の二つの様相が特に決定的である。一つは、中国語には異なる声調があること（声調の対位が、韻律の本質的な要素になっている）、もう一つは、中国語では、韻律がシンタックスの代わりになり、それが直接に理解を助けるということである。「勢」の戦略的なモチーフが回帰してくるのは、ここである。「適切に整えられた韻」は、坂の上から転がり落ちる丸い石である。[s][27] 連続するダイナミックな勢いは、音や声調を相互的に配置することから創造される。そして、もう一度あらためて述べると、この潜勢力を利用可能にしているのは、交替の原理であった。したがって、見事な作品とは、何よりも音や声調が相互に依存しあって旋律をなし、朗読してもよどみがないものだ。それは、なめらかに流れ、単調さや不調和といった障碍にいささかもぶつかることがない。[t][28] このことは、韻律に関しても同様であるし、散文にもあてはまる。作品をダイナミックにするには、長音と短音を作品に挿入することである。[29] 一般的に言うと、音であれ、声調であれ、あるいは韻律であれ、どのレベルであっても、繰り返しは避けるべきである。繰り返しは、隔たりから生まれる内的な緊張を抑圧し、活力を枯渇させてしまうのだ。その反対に、変化は、最もよく活力を更新する。変化は、窮まることのない両極（「平」の声調と「仄」の声調、長音と短音等々）の相互作用から力を得る。変化によって、作品は次へ次へと延び、「転がり落ち」ていく。

　坂を転がり落ちる丸い物体というモチーフは、文学作品の和声的な要素だけでなく、言説的な要素にも適用される。たとえば、律詩の場合、最初のモチーフを動き出させ、そこから詩を展開していくのは、第二聯である。[30] それ

劉勰

『文鏡秘府論』

王士禛　十七〜十八世紀

は継承の句であって、起句に「調和する」一方で、ここでダイナミズムを最大限注いで、後の句に資するようにする。そうして、第三聯で「転」じ、第四聯で「結」ぶのである。したがって、第二聯が詩全体の軸として評価されるのは、その「勢」の力によってなのだ。(11) その例として、批評家〔王士禛〕は、上で引用したよく知られた詩句に言及した。

昔、洞庭湖のことを耳にしていたが
今、その岳陽楼に上っている
呉と楚を、東と南に離し
天と地を、日夜浮かべる

すでに、この詩句については二聯に分けて読解し、それぞれの聯の中で、対句表現がもたらす対照と相関の力がどんなものであるのかを考察した。ここでは、二つを繋げて読み直し、第一聯で開始された緊張の諸要素を、第二聯が繰り返しながら、どうやってそれらを先鋭化し絶頂に高めていくのかを考えてみる。〔第一聯で〕水平に広がる湖と垂直的な塔の間に緊張が導き入れられたが、〔第二聯では〕それが天と地の間の緊張に高まっている。また、〔第一聯で〕その人の過去と現在を分けていた緊張は、〔第二聯では〕時間の推移という一般的な次元に持ち上げられている。そして、対照と相関の効果それ自体もより充実している。湖の広大さは、隔てると同時に繋ぎ寄せる。すなわち、呉と楚を引き離すと同時に、鏡として天地全体を映しだしている。第一聯から第二聯への移行は、繰り返しであるとともに超出である。そのために、詩は最大の躍動を得、この後に主題を変えて、個人的な孤独、そして今の不幸といった主題に入ることができるのである。詩が、勢いという潜勢力をうまく展開することは、作品のダイナミックな力を確たるものにするだけでなく、それによって論理的に必然で、真に一貫した全体を形作るためにも重要なのだ。

画家や書家と同様に、中国の詩家もあげて、詩を展開させる詩的な「勢」の力は、活力に溢れた内なる「気」から出てくると考えている。そうだとすると、こうした要素〔詩的な「勢」〕が、どうやって詩意に干渉し、それを促進するのかを、さらに詳しく問うてみよう。もし作者があちこちに言葉を「置く」だけで、自分の意を本当に表現するのでなければ、その詩は「重荷を背負ったのろまな驢馬に似てしまう」。その歩みはもたつき、前進に必要な「勢」がない[v][31]。また、作者の内面が実際には動かされていなかったり、技巧的に何らかの主題を選び、それを修辞的な比喩で（「比喩、凝った表現、故実」等々を積み重ねて）飾っただけの場合は、次のようにならざるをえない。「これは鈍い斧で櫟の板を割ろうとするもので、木皮の屑が飛び散っても、木目には到達しない[32]」。

王夫之
十七世紀

王夫之

その反対に、本当に詩的な観点、つまり真に効力のある言語表現を生み出す観点からすると、感動した内面から出てくるもの〔意〕に基づくことが重要である。その時、詩的な「勢」は、配置的な勢いとしてこの情動から生まれ、表現を動かす要素となる。したがって、定式は簡潔である。「情感的な意図〔意〕を主とし、「勢」はそれに次ぐ」。絵画に生命を与える「全体的な動き」に似て、この「配置的な勢い」は「内的な一貫性〔理〕」として定義される[w]。それは限りなく微妙で、すべてを把握はできないが、詩意の中にあるものである。より正確に述べてみると（しかし、この定式は暗示的にすぎ、注解が何とも難しい！）、「配置的な勢い」は、微細で個別的な論理であって、詩意として出現するものの中に含まれ、その表現をダイナミックにする。この「勢」に依拠し、それを促進すると、詩意を言語の中に展開し、そのすべてを表現し尽くすことができる。わたしたちはすでにそうした「勢」を、詩の言説的な布置として働く「勢」として考察してきた。それは、ある句から別の句へ、ある聯から次の聯へと働く「勢」である。それを詩の全体に広げて見てみると、当初の感動を語るには、「勢」を得て「交替と変化」によって次々に詩に必要な表現を展開し、「回転と迂回〔宛転〕」、「屈伸」を通じて、その「意を表現し尽くす[x]」ことである。以上は、すぐれて豊かな直観である（西洋に欠けているこの直観を、枢要な概念にまで高めるには、さらに深く考える必要がある）。なぜなら、それは、抽象的で不毛な内容と形式の対立を超出し、詩が勢いとしてどう具体的に生み出されるかを、統一的に説明するからである。すなわち、勢いが詩的作品を有機的に結びあわせ、繋げていくことで、作品の各部分は新たに展開し、ダイナミズムを再び活性化する。そして、その連続する流れの中で、すべてが効果的に移り替わるのである[33]。

ここで、中国の詩学が、「見事な句〔警句〕」の崇拝に、なぜ批判的であったかがわかる。それは碁の「妙手」のようなもので[34]、その効果は驚くべきものに見えるが、上手な棋手はそれを信用せず、次の手を前もって準備した勝負の方を好む。その手の方が、たとえ相手に気づかれなかったとしても（いや、気づかれないからこそ）、より効果的だからだ。詩においても同じで、見事な句には詩の繋がりを断ち切る危険があり、そこだけでうまくいっても、作品の全体と調和せず、作品を連続させるようには働かない。だからこそ、詩人たちは、作品を部分に分割するという、次第に確立していってしまった教科書風のやり方には反する方がよいと考えたのである。たとえば、韻を換えると、それは詩意の次元に新しい展開をもたらしてしまうし、作品〔の詩意〕を転換すると、それが〔作品の〕切断になってしまうこともある。したがって、古代の詩人たちの技法は、「意と韻は同時に変えない」というものである。そうすれば、詩的な作品は、鍛えた鉤で無理に繋がずとも、ひそやかに、「自然に」連鎖していく[35]。書や画と同様に、詩もまた包括的で統一された全体であり、その内部には一つの躍動が流れる。それは決して「幾切れにも分割できる瓜」ではなく、連続していることが本来的なのだ[36]。連続は、(「情」と「風景」の間、語と詩意の間等々での）相互作用が十分働いていること、そしてプロセスが効果的に推移していることの証である。ポール・エリュアールの題を借りれば、真の詩は「とだえざる歌」に他ならない。

五　小説において

中国の批評は、通常は暗示的なものであり、ともすれば「印象主義」だと分類される。しかし、それが作品の機能を詳細に分析することもあった。特に、章句の中に働いているダイナミックにする勢いが生じる場所を、注釈していく中で正確につきとめる場合はそうである。想像力に溢れた起句だけで、十分に詩に全体の躍動を与えることもあれば[y][37]、ある詩節[z][38]〔解〕が二度繰り返されて、前の詩節が後の詩節のダイナミズム〔勢〕を引き起こし、それを用意することもある。さらには、詩題とそれに続く詩句を単純に比較するだけで、このことが明らかになることもある[39]。たとえば、かなり長い題（ただし、これは中国の詩では珍しくはない）によって、後から言及される状況が詳しく説明される場合がある。その題はこうだ。「弟から手紙が届き、大雨による黄河の氾濫に苦しみ、地方官たち（弟はその一員である）は憂えていると書かれていたので、わたしは同情しながら返事を書いた」。ところが、詩句がこのテーマを繰り返す段になると、その順序は違ってしまっている。詩句には、最初に大雨が引き起した洪水、次に官吏たちの憂い、そして弟の手紙、最後にこの詩を寄せることで慰めるとある。こうした詩的な順序を取るからこそ、詩は「虚と実が交替して次々と波打つ」ことができるのだ。そうでなければ、詩は全く「勢が無くなってしまう」。その上で、批評家〔金聖歎〕は、詩の流れを逆に遡る。そうして、詩人が作品の展開をその後どう

金聖歎
十七世紀

ダイナミックにしていったのかという技法を詳細に明らかにしたのである。すなわち、二番目の聯では、まだ手紙のことは述べられていないが、「〜だと聞いている」と冒頭に示すことによって、後で言及される手紙を導き入れ、その重要性を強調している。また、最初の聯でも、黄河の氾濫の報にはまだ言及していないが、詩がまず波に没した風景を描き出すことで、後に言及される氾濫という主題を導き入れ、その重要性を強調している。そして次に、地方官の憂いを述べてようやく、書法と同じように「筆の先」を「軽やかに転折させて」、前々日に手紙を受け取ったことを伝えるのである。金聖歎の結論はこうだ。こうした変化の技法が無ければ、詩は「硬直した平板な幕」にすぎない。次々と重なる襞のような「波」があることで、交替による変化のリズムが生じる。そうすれば、読者も声を出して朗誦し、詩の脈絡に自分の息を吹き込むことで、その生き生きしたリズムに通じていくのである。(40)

長い詩の場合に、ダイナミズムを連続させる様々な効果に対して、最大限の注意を払うことは当然である。(41) しかし、中国では、すぐれて長いジャンルである小説的な物語でも、同じくらい多くの注意を払う必要がある。というのも、先行する叙述と後続する叙述の間に最大の緊張を引き起こすことが、物語の技法であるからだ。先ほどの批評家金聖歎は、『水滸伝』を読解し、その行間に批評を付した人物でもある。それは、中国の伝統の中で最も鋭敏な批評であって、わたしたちに多くの手がかりを与えてくれるものだ。たとえば、『水滸伝』の作者がどうやって「勢を作り」、場面の一変を引き起こしたのかを、批評家の言によって見てみよう。(42) 二人の登場人物が対決し、武器をふるってぶつかろうとした。ところが、その時突然、一方が相手の声に聞き覚えがあると言い出し、その後は再会の場面となる。この叙述の転換では、対立関係（激しい攻撃と、尊敬の念に溢れた友愛との対立）と相関関係（この場面は、以前の出会いに呼応し、今後進展していく友愛に結び合わされている）とが同時に用いられている。したがって、小説家が物語にダイナミズムを与えることができたのは、二つの矛盾する方法を一緒に用いたからである。一つは、小説家が「ふりしぼった弓あるいは跳ね回ろうとする馬の勢をそこに伏せる」[a′][43]ことによって、来るべき叙述の展開を事前に準備したこと、もう一つは、小説家が「筆の勢を突然高く突き出して」、驚きを引き起こし、直前の場面を見事に断ち切ったことである。[b′][44]

ここで二つのケースを見ておこう。一つは、現在進行中の話が、その後の展開とダイナミックに繋がっていくケースである。ここでは、小説家は、「曲折を極めた叙述の流れがもたらす」[c′][45]効果（勢）を用いたり、さらには単純な繰り返し〔畳〕を用いたりして、[d′][46]期待を作り上げる。たとえば、一人の英雄が一文無しで宿屋に入ろうとすれば、一悶着起こることは予想がつく。男が、酒・米・肉を注文する。ところが、金聖歎が指摘するように、小説家は、続けて酒・米・肉が運ばれたことをもう一度念入りに語るのである。この停滞がもたらす静かな効果が、後に続く激越な場面に、あれほどの躍動（勢）を与えるのである。さらに、これと同じことが、小説家が割り込んで物語をあえて中断することでも得られる。その時、叙述は最も緊迫するのである。[47]もう一つは、以上とは逆に、現在進行中の話が、先行するエピソードと強く繋がっているケースである。この場合には、小説家は両者を対立させる。それには、対照を強調する小節を挟んで、次の進展を「動かす」ようにすればよいのである。[48]このように小説的な「勢」は切迫した緊張をもたらすのだが、それは、多様なイメージによって表現される。それらは、中国の伝統的な隠喩のカタログから想を汲んだものである。「目の前に怪峰が飛んで来るような勢」[49]、「盤一杯になった珠が溢れ出るような文勢」[50]、「雨が山からやって来て風が楼を満たすような勢」[51]、「天が崩れ地が砕ける勢」、「風雲が湧き起こるような勢」[52]等々である。さらには、実に単純に、「駿馬が坂を駆け下りるような勢」[53]とも表現される。この時、緊張感は絶頂にあり、叙述は先へ先へと駆り立てられている。

したがって、ここでもまた、ダイナミズムを更新しているのは、交替による変化である。ただし、ここでは、そ

金聖歎

れは急転の技法としてである。物語を進めていくには、叙述する者の筆が、書家の筆のように、連続と不連続を巧みに利用する必要がある。たとえば、口論が始まり、二人の豪傑が手合わせをしようとする場面がある。[54]「まずは酒を飲んで、月が出るのを待ってからにしよう」と、主人〔柴進〕が提案する。何杯か飲んだ後に、月が天に昇る。そして、柴進は勝負を再開させる。「お二人の教頭どの、いざ勝負」。ここを注釈家は、「休んで〔頓〕再開する〔接〕することで、筆勢が極限まで跳ね上がった」と解釈した。一般的に述べると、小説家は叙述の中で、「締め」たり「緩め」たり、[55]あるいは、取り上げた主題を伸ばしたり縮めたりする。[56]このように、最初にある仕方で扱えば、次には反対の仕方で扱っていくのである。[57]こうして、物語は「抑揚」[e']しながら進みつづける。したがって当然、小説家が、一つの場面の中で叙述の筋をうまく揺り動かすと、次から次へと続く緊張は激しくなり、物語の技法も頂点に達する。その例を挙げよう。一人の英雄〔武松〕が、他の男と密通した後に自分の夫〔武松の兄〕を殺した義理の姉〔潘金蓮〕に復讐をしようとする。彼は、震え上がる隣人たちの目の前で、義姉の奸計に一枚嚙んでいた、仲介の老婆の方を追い詰める。この時、彼は、義理の姉を捕まえて、彼女の罪を咎めようとしていたのに、まずは老婆を罵倒することから始めたのである。金聖歎はこれを批評して、「句跨ぎ」して先に老婆を罵倒することで、「筆に躍動を与える余勢」が出ていると述べた。[58]組み立てがうまくいっていればそれだけ、先へと繫がろうとする傾向が、作品のわずかな細部にもひそかに埋め込まれるのである。

どんな作品であれ、小説家が「後の展開のために、躍動する勢い――より多くの「勢」――をうまく引き出すこと」[f']が、「文章構成の本質的な技法」である。[59]小説の理論家は、この技法を総合的に考察して、二つの補完しあう規則を述べた。一つは、「雲が連なる山々を横切り、橋が急流に架かる」[60]ようにするという規則である。すなわち、小説的な作品は、連続的であると同時に不連続的でなければならないということだ。連続的であること（たとえば、橋）で、同一のインスピレーションがすみずみまで作品を貫くし、不連続的であること（たとえば、雲）で、退屈を重ねることが避けられる。占いで八卦を操るように、同と異の力を徹底的に利用すれば、作品の「勢」は「錯綜」[g]しつつ変化するのである。もう一つの規則は、「大きな波に続く波紋、大雨が降った後の霧雨」[61]といったものだ。すなわち、あるエピソードの終わりに「余勢」があり、それが次のエピソードにまで延びていく。「余勢」によって、「広げられ〔衍〕」、「反映し〔映帯〕」、「揺り動かされる〔蕩漾〕」のである。

小説の技法がこうした方向に収斂していったのには、いくつかの理由がある。一つは、中国の文学批評が、長いジャンルに特有の問題、その中でも〔読者の〕関心をどう更新するかという問題を見出したのが、小説においてであったからである。また、もう一つは、中国の小説が、他のジャンルに遅れて発生し、他の国と同様に俗語から出来ているために、文人たちの認知を得るには、彼らの批評の考え方に応じるほかなかったからである。こう考えれば、中国の小説理論が、ダイナミックな連続性をあれほどまでに重視したのも驚くことではない。ダイナミックな連続性があるからこそ、小説は、歴史的な物語（これは、その起源から明らかに異なっている）よりも価値が高いとみなされる。また、羞恥心の強い文人たちの言によるなら、物語の中には時折「猥褻さ」が認められるが、連続性が気を統一的に躍動させることで、そうした「猥褻さ」から小説を救うのである。したがって、小説の展開は、たとえ何巻にも及ぶ長いものであったとしても、律詩がそうであったように緊密に繋がって構想されている。要するに、ここにおいても、書や画において重要であった、共通する「脈動」や「リズミカルな流れ」といった主題におのずと立ち戻っていくのである。同一のインスピレーションが小説全体をすみずみまで貫けば、「百の章も一つの章のようであり」、「一つの頁のようである」[62]。

小説という形式の芸術は、（中国文明の長い発展からすると）遅れて登場し、他の芸術とは起源を異にするものである（その起源は漠然としているが、口承的で大衆的なものであり、仏教の伝播に結びついていることは間違いない）。しかしそれにもかかわらず、小説もまた、文化全体が発展させ強制してきた共通の見方からは逃れられなかった。それは、リズミカルにうねりながら連鎖していく、推移するプロセスという見方である。この見方は、中国太古の想像の世界にすでに含まれていたもので、龍によって象徴されていたのである。

第二部の結論　龍のモチーフ

龍の身体はその反り返りにエネルギーを集約し、とぐろを巻いて、力強く前進していく。これは、形にこめられた潜勢力がたえず現実化するイメージである。また、龍は水底に隠れていたかと思うと、天の高みへ急いだりと、その歩みは連続するうねりである。これは、極から極へ揺れ動いて、更新され続ける躍動のイメージである。そして、龍は常に変化して、定形が無い。それは不動化することもできず、閉じこめられず、支配を逃れる。これは、決して物化されないために、計り知れないダイナミズムのイメージである。最後に、龍は雲や霧と一体であり、その衝撃によって周りの世界を動かす。これは、拡散することで空間の強度を上げ、自らはアウラに満ちているエネルギー〔気〕のイメージである。

中国では、こうした龍の象徴性は最も豊かなものである。そして、その本質的な意味の多くが、創作プロセスにおいて「勢」が重要であることを例証してきた。形状の中の緊張、交替による変化、尽きない変化、活性化する力。こうした諸相が、躍動する龍の身体に集中的に具現され、そのどれもが美的布置を特徴づけてもいたのである。

一　形にこめられた潜勢力

龍のうねる身体は、それ自体が芸術作品のモデルとなる前から、あらゆる面でわたしたちを取り巻いていた。それは、風景の曲折する線の中にも見られたし、絶え間ない起伏の襞にも含まれていた。[a][1] 龍の身体がうねりつづけることが「生命線」(勢)であり、気が脈を流れるように、そこをすみずみまで宇宙的なエネルギーが回り続けていた。[b] そして、傾斜の向きが変わった場所、すなわち、龍の身体で言えば反り返った部分に、風水師は生命力の集積を見た。それは、幸運をもたらす力に溢れる場所であり、その力が広がっていくと、繁栄がもたらされる。

画家もまた、この宇宙的な流れを深く摑もうとして、自らが描く風景にダイナミズムが漲るよう、表現を際立たせた。そのために、中国の画家は、数あるモチーフの中から、曲がりくねった山の連なりを重視したのである。それは、「勢」の効果のもと、岩の間から上昇し「龍のように曲がりくねる」[c][2]。さらに画家は、天に伸びる孤松のとぐろを巻いた幹に、形状の中にあるこの緊張を表現した。古い樹皮を苔で覆われた孤松は、その「龍の身体」を——大空に乗せて——「螺旋運動しながら」、「天の川にまで」持ち上げようとする。[d][3] その際、高く聳える木の躍動を表現するには、二つの欠点を避けなければならない。一つは、曲線の動きにのみ執着することである。それでは、錯綜した曲折だけになり、力が乏しくなる。もう一つは、その反対に、描線を硬くしすぎて、十分にうねらせないことである。それでは、生き生きした印象が無くなってしまう。[4] このどちらでもなく、来るべき広がりが折り畳まれた力を、木の反りに凝縮して描いたり、ある方向に描いた動きがおのずと自らを越えて、逆方向に転じるように描くべきなのだ。そうすれば、聳え立つ屈曲した幹は、龍の身体のように逞しくなる。[5] なぜなら、最も単純な龍の形

郭璞　三〜四世紀

顧愷之　四世紀

荊浩　九〜十世紀

韓拙　十二世紀

こそ、運動するエネルギーを表す描線であるからである。その龍の線に辿りつけば、形象の布置は、樹木や起伏を通じておのずと最大の強度に達する。

二　交替による変化

龍は、陽かと思えば陰であり、陰かと思えば陽である。その身体は常に変化し続けている。交替が連続性を支えるモーターであるが、それを龍以上に見事に体現しているものはない。したがって、楷書の均衡のとれた結構とは対照的に、草書を特徴づける不断に躍動する力である「勢」が、龍の動き回る身体に通常結びつけられたことは、もはや驚くに値しない。草書の躍動する筆線は、終わることなく曲がりくねり、力強く走る。それは永遠に「往還」するかのように(e)(6)、大小・緩急を交替させて続いていく。「形勢は龍蛇のような形状をなし、すべてが繋がり、切れ目が無い(f)(7)。突き出したかと思えば傾き、起伏する」。草書は、龍がそうであるように、揺れ動くことで前に進み続け、変化することでエネルギーが更新されるのである。しかし、筆が「斉しく」、「平らか」に運ばれてしまうと、こうした躍動が自然に再活性化されず、断絶に至ってしまう。「画一性」はすべて「致命的」なのだ。

王羲之
四世紀

見てきたように、物語のエクリチュール〔小説〕でも事情は同じで、交替による変化だけが、連なる勢いを物語に保証している。たとえば、金聖歎は、『水滸伝』のある一節に対して、「筆勢は驚くほど曲がりくねっている」と語り、それを「猛り狂って進む龍」に比していた(8)。その一節とはこうだ。酒好きの僧〔魯智深〕が寺を出て谷に降りていくと、その途中で、鉄を打つ音が聞こえた。腹が減り喉の渇きを覚えると、不意に鍛冶屋の前に出た。そこから鎚音が聞こえていたのだ。傍らを見ると、隣家の門の上に居酒屋の看板が読めた。さて、これらの伏線から、

金聖歎
十七世紀

二つの展開が導かれる。すなわち、僧はまず武器を注文してから、次に酒を飲もうとするというものだ。ここで金聖歎は注釈している。語り手は、最初に、僧の貪欲という主題に集中してから、「第一の顚倒」によってこのモチーフを離れ、すでに耳にしていた鉄を打つ音を喚起する。しかし、この第二の主題を十分に展開する前に、語り手は再びそこから離れ、第二の顚倒を行い、この男を捉えている食べることへの渇望を偶然にも思い起こさせる。こうして、二つの主題が、中断しあいながらも、相互に誘発しあって急展していく。どちらも、「前もって植えられた種であって、最後にその果実を収穫しさえすればよい」。一方から他方へと揺れ動き、一つの主題から別の主題へ変化することによって、これらの伏線は叙述の躍動を獲得する。もっとも、このことはより一般的に立証もできる。[9] それは、物語の筋立ての中に突然一節を挿入するという技法であり、それによって、叙述は画一的に硬くならず、柔軟で生き生きするというものだ。つまり、それは、物語をダイナミックにする仕掛けなのだ。

以上のようなダイナミックな交替が、変化し続ける龍の身体に具現化されている。それを最も巧みに喚起するのは、対になった二頭の龍という形式であり、二つに分けて表象することであった。二頭の龍が絡みあい、頭と尾を互い違いに配置したモチーフは、古代中国の図像にしばしば登場している。その場合、ジャン＝ピエール・ディエニが分析したように、象徴的な関係の中では、「衝突よりは協力」が勝る。[10] このことを、金聖歎は、その詳細な注釈において見事に説明していた。それは、次の一節に対して行ったものだ。[11] 二人の友人が艱難辛苦の後に再会した。別れた後の互いの境遇を一つ一つ順番に思い出しながら、一方〔魯智深〕が他方〔林冲〕に語りかける。その言葉は、バランスを保ちながら続いていく。

兄弟、あんたと剣を買って別れた日から

俺はあんたの苦しみを悲しく思わないことはなかった………①
あんたが有罪の判決を受けたと聞いてからも
俺にはあんたを助けにいく手立てがなかった………………②
あんたが滄州に流されると聞いて
俺は開封の国府の前まで行ってみたが、あんたに会えなかった…③

これには五つの場面がさらに続くが、どれをとっても、「他者」の主題が「自己」の主題によって「補われ」ている。つまり、作品の布置である「文勢」は、「絡みあう二頭の龍の勢である」(g)。そして、最後に二人の再会に言い及んだ時には、まるで「二頭の龍が突然合する」かのようだ。境遇の説明は、二つのもつれあう揺れ動きによって、自発的に proprio motu 展開する。そして、どの場面でも、極から極へ、ある時から次の時へと交替することによって、ダイナミズムが更新延長されていく。そしてそれだけ、物語を締めくくる再会への期待がますます高まっていく。こうして、うねる動きに押されて展開しながら、物語はおのずと力強く大団円に向かうのである。

三　尽きせぬ変化は捉えられない

龍はたえず変化するために、定形を持たず、画定された形状に物質化されない。龍は、現れたかと思うと消え、伸びたかと思うと縮んでいく。「龍の姿は実に多様で、誰も捉えられない」(12)。だからこそ、龍は神的な存在だとされたのである。古い諺によると、龍が尊敬されたのは、「生きたままでは捉えられない」からだそうだが(13)、龍が最後まで捉えられないということは、「道」そのものが捉えられないのと同じである。道家の祖師である老子との忘れがたい面会から戻った孔子は、弟子たちに打ち明けた。「鳥は空を飛ぶことができ、魚は泳ぐことができ、獣は走ることができることを、わたしは知っている。走るものは網で、泳ぐものは糸で、飛ぶものは紐に繋がれた矢で捉えることができる。けれども、龍になると、わたしは何も知らない。それは、風や雲に乗って空高く舞い上がる。わたしは今日、老子に会った。その人はまるで龍のようであった」(14)。

こうした龍のあり方は、見てきたように、すでに兵法家の理想でもあった。常にその布置を更新し、「龍になったり蛇になったり」して、「常体が無い」こと(15)。そうすれば、軍隊は予想された場所には決していないことになり、制圧されることも、身動きがとれなくなることもない。単に敵が攻撃できないばかりではなく、ほとばしるそのダイナミズムのために、敵が次第に途方に暮れていくのである。また、こうした龍のあり方は、画家の理想でもあった。画家が松を描けば、「松の姿勢は千変万化し、その変化の諸相は測ることもできない」(h)(16)。画家は、この樹木すなわち龍の中に、生の無限の豊かさを表現したのである。同じことが、詩にもあてはまる。とりわけ、長い詩の場合（とはいえ、古典的な中国詩では、長い詩はむしろ稀なのだが）はそうである。うねりながら変化することによって、詩の展開は、読者の月並みな理解を逃れ、一つの主題に閉じこめようとする理解を裏切り、捉えられないものになる。その証拠として、（百以上の句からなる）次の詩を見てみよう。ここで杜甫は、中国を揺り動かしたばかりの大動乱の後に、家族のもとに帰る「北への長い旅」を語っている(17)。

……坂の上から鄜畤を望むと
山と谷が交互に見え隠れしている

韓拙

杜甫
八世紀

わたしは川岸にたどり着いたというのに
わたしの従者はまだ山の上にいる
ふくろうが黄桑の枝で鳴き、
野ねずみが巣穴の脇で拱手する
夜もふけて戦場を通り過ぎると
寒々とした月が白骨を照らしている
潼関にあった百万もの軍隊が
かつて、一挙に四散したのであった……

中国の詩の精神は、描写的でも、叙述的でもない。これが西洋の古典的な伝統と最も異なる様相の一つである。ここに挙げた例でいうと、この詩は「帰還の物語」であるはずだが、取り上げているのは心の反応だけであり、書きとめるのは心が次々と揺れ動く様だけである。詩はまず、交替による変化を通じて、山と谷が見渡す限り連なる風景を浮かび上がらせる。その後も、交替による変化は、うねってやまないモチーフの中で繰り返される。すなわち、わたしの焦燥と従者の緩慢、自然界の静謐と人間界の苦悩、通り過ぎた風景の想起とそれに感じて生じた情動、孤独な歩みが物語る個人の運命と戦場が示す集団的な惨劇といったモチーフである。詩はこれらの対照的なモチーフの間を蛇行しながら、どこにもとどまることはない。注釈者である金聖歎によると、詩人は自分の家に戻れるかどうかに不安を感じたために、「白骨」に言い及んだという。ところが、「白骨」は、突然重くのしかかるように、少し前に起こった軍事的な災厄を思い起こさせた。「いったんこの大きな政治的テーマが取り上げられると、個人

金聖歎

的・家族的な問題は全く脇に追いやられてしまった」。ただし、こうした問題が、後に再び現れてくることは言うまでもない。そして、金聖歎は続けてこう述べた。「このように、ある方向からやって来ては、別の方向に去っていく筆勢を見ると、それはしなやかに曲がりくねって進む龍のようである。誰もそれを捉えられない(i)」。

　この考察は、二つの詩節の間に挿入されたものだが、さらに詳述してみよう。批評家の想像力が繋ぎとめられた龍＝詩というモチーフには、詩に対する豊かな直観がある。龍は、定形を取らないために、奇異なものとして魅惑し続け、一切の理解を逃れ、不断の彼方を象徴している。同じことが、詩にもあてはまる。詩はその流れの中で、自らが述べる言葉に対抗し続け、画一的なものに止まったり、静止したりすることはない。詩の展開は、一つの主題にまとめ上げられないのである。もしある主題に固定したり固着したりすると、すぐさま読者の関心は逸れ、離れてしまう。詩の言語は、意味の重さを逃れ、読者の関心が惰性に陥らないようにし、予見できないことによって、その溢れる活力を保持し続けるのである。こうして、詩の言語は、ますますしなやかで自由なものになり、曲がりくねり続けることで、常に新しい情動のリズムを摑まえ、それを引き受ける。したがって、詩的な言説は連続的な転換のプロセスであり、その言説的な布置から不断の超出がもたらされるのだ。この意味で、全く単純に、詩を超出を生み出す布置として定義することさえできるだろう。詩は、稲妻のようにジグザグに曲折することで、語りえないもの、漠たるものそして無限に向かって開かれていく。

　最後に、捉えられないものがもたらす効果は、小説の叙述においても重要である。前述の『水滸伝』の中に、われらがアウトローの軍隊が梁山泊へ向かう場面がある。その途中で、新しい部隊が武器と荷物を持って合流してきた。そして、一緒になって行軍を再開し、今まさに出立しようという時に、突然首領の宋江が叫んだ。「止まれ！このまま進むことはできない！」ここに、金聖歎は次のように注釈した(18)。「この行程を語る文勢は、海に赴く龍の

『水滸伝』

金聖歎

ようである。しかし、ここに至って突然、作者が途中で一変させたために、とうとう読者は龍の鱗や爪がどこにあるのかわからなくなった……」。さらに別の箇所でも、先の詩への注釈と同じく、「筆勢は捉えられず、わたしたちは不安定のままである」(19)と注釈している。つまり、物語はその都度逃げ去ることで、より一層活気づき、波乱に富んだ筋の展開から生じる曲折の力には、限りがないということである。こうした不断の往復運動に運ばれて、小説の叙述は変容し続ける。あるいは、こうした布置の効果のもと、小説の叙述は、不意に現れては期待を裏切り続けるのである。だからこそ読者は、小説の叙述にあれほどまでに力強くひきずりこまれ、その筋にハラハラし、心を奪われる。頁から頁へと紆余曲折しながら進み、冒険への道を切り開くこの定まりの無さに、読者の目は釘付けにされるのである。

四　龍と雲　生命を吹き込む力

こうした詩における無限や小説における不思議さは、雰囲気として作品を包むものである。それと同様に、中国の図像においても、龍の身体を、雲を貫き霧に包んで表現することがしばしばある。王の地位について考察した時に、法家がすでに述べていたことだが、龍は雲に乗ることで、天高く昇ることができ、地を這う小さなミミズから区別される。またその逆に、龍が動くと、「光り輝く雲が湧き立ち、集まってくる」。厚い雲のここかしこに一瞬姿を見せながら、龍の身体は神秘の魔法に包まれている。それと同時に、龍の身体は、ダイナミックな一撃を与えて、全宇宙空間に独特の生の緊張を吹き込むのである。

ところで、草書を見た時に、生き生きと、肉感的に、そして最も強く感じとることができるのは、紙面と、その上をめぐる逞しいうねりの強い結びつきである。そして常套的ではあるが、こうした草書を褒め称える詩は、雲と龍を一緒に持ちだすのである。

閬風の山のまわりに千万の雲がかかると
驚いた龍は雲を蹴り、飛び上がっては落ちていく[20]

筆線は、不断のインスピレーションから生じるために、それが伸びていく場所をすみずみまで生き生きしたものにし、活性化し続ける。そして、場所の方もまた、筆線が伸びるように協力する。ちなみに、ここで言う場所としての空間は、中国の美学においては、ア・プリオリには限定されず、部分でも片隅でもない宇宙空間全体のことであり、空虚の奥底から現実化されているために、無限に開かれたものである。こうした〔筆線＝描線と場所＝空間の〕相互作用は本質的なもので、注意深く見れば読みとることができる。すなわち、龍の身体のまわりに四方から引き寄せられた雲塊というモチーフは、書の流れが横断した空間の厚みを喚起している。また、かすみのような雲は、太い線が有する緊張と一緒になって、作品に間を作り出し、空間から活気を発散させている。

こうした書の空間と類比的に、詩の空間の産出も説明できる。それは、言葉の持てる力がすべて開かれることに他ならない。すでに言及した〔王夫之の〕理論的な命題によれば、「勢を得た」人は、「回転と迂回、屈と伸」によって、心の底にある詩意を表現し尽くすことができ、余分な語が無い。「詩は力強い龍のようにたえずうねり、まわりを渦巻く雲に囲まれている。それは、生きた龍であり、絵に描かれた龍ではない[21]」。詩が休むことなく揺れ動いて展開すると、アウラ〔気象〕が凝縮する。アウラの方もまた、それを輝かせるために、詩の展開をますます効

王夫之
十七世紀

果的にしていく。つまり、詩の一句一句に、まわりに積み重なる空虚の全体が響きわたるのだ。そして、語に蓄えられた想像的なものがすべて解き放たれ、それが語を包み込むようになれば、一語一語の緊張は増大していく。こうして、不断に超出し、常に語りえないものを目指す作品の布置から、詩的「世界」〔詩境〕が生み出される。(22)

五　「空虚」と「超出」は布置の緊張に含まれている

以上のような龍への参照が明らかにするように、美的な布置から作り上げられた中国的な考え方は、硬直し、機械的で、ステレオタイプ的に働くものからは最も遠い。それは、兵法の領域でそうであったように、効力という概念と、可変性（変化がもたらす効力）という概念によって支配されている。それはまた、政治の領域でそうであったように、効果の自然さと、窮まることの無さという特徴がある。そのために、中国的な考え方は、プロセスを物質的に規定する客観的な条件づけを説明すると同時に、客観的な条件付けに含まれながらもそこから逃れていく「超出」の経験をも説明するのである。それは、一つの〔布置的な〕働きの中に、技術的な説明と超脱の次元を結びつけることである。これまで縷々見てきたように、配置には潜勢力があり、それを働かせるだけで、その勢いの力によって、「彼方」への開けが引き起こされるのだ。

「無限」、「霊的なもの」、「神的なもの」。これらは、形式や手法を類型的に分析する還元的な見方に対抗してもちだされた、意識の観念論的な形而上学の付属品というわけではない。まして、大文字の芸術や大文字の詩に漂う漠とした大きな震えを表現するために援用された、修辞的な支えではない。そうではなく、これらは、芸術の内に働く緊張から生み出される効果であり、宇宙的なダイナミズムが集約されたものである。空虚を語り、目に見えないものを語るのに、霊的な補完や抒情的な感情の発露の必要はない。それらは、美的現象におのずと備わる様相であり、あらゆるプロセスの中で働いているものなのだ。芸術は、(対象としての)自然を「模倣」しない。そうではなく、見えるものと見えないもの、虚と実という、現実を作り上げている関係に基づいた上で、芸術は自然の論理をただ再現するのである。

龍に象徴される交替による動揺は、こうしたダイナミズムを規定する大原則である。しかもそれは、中国の美学思想だけでなく、中国的思考の恒常的なモチーフでもある。それは、中国人が歴史的な変転を分節し表現する仕方や、さらにはより一般的に、中国人が現実にある自然的な勢いを概念化する仕方にも見出されるのである。

図1　「画法の原理」としての「取勢」。山を表現するには，石を集積して段々に空間全体を埋めていくのではなく，まず最初に構図の全体的な動きを捉えるべきである。(『芥子園画伝』より)

↓は，「勢」という文字が現れている行を示す。
・は，「勢」という文字それ自体を指示する。

図 2a　石の画の中にも生気があり，描線の緊張（勢）によってそれを表現している。(『芥子園画伝』より)

畫石起手當分三面法
觀人者必曰氣骨。石乃天地之骨。而氣亦寓焉。故謂之曰雲根。無氣之石則爲頑石。猶無氣之骨則爲朽骨。豈有朽骨而可施於騷人韻士筆下乎。是畫無氣之石固不可。而畫有氣之石即見氣於無可捉摸之中。尤難乎其難。非胸中燦有媧皇指上立有顛米未可從事。而我今以爲無難也。蓋石有三面。三面者即石之凹深凸淺。參合陰陽。以及步伍高下。耕犂厚薄。以及礬頭荷面。頁土胎泉。此雖石之勢也。熟此而氣亦隨勢以生矣。秘法無多。請以一字金針相告。曰活。

畫石下筆法及層疊取勢法
余所謂一字金針曰活者。尤須於三面未分。一筆初下。具有磊落雄壯氣概。一筆須有數頓。使之蟠若游龍。先用淡墨勾框。再以焦墨破之。石廓如左既勾淡。則右宜稍淡。以分陰陽向背。千石萬石不外參伍其法。參伍中又有小間大。大間小之別。畫成依廓加皴。漸有游及。雖諸家皴法不一。石體固地而施。即於一家之中。尺幅之內。或弁於山。或學於水。善群其形。雖不外此一二法。則他無論。即米山乃全是墨點疊成。不須勾廓者。然於不勾之中。未嘗不具此法。於層層烘染處。適出善棄處也。

図 2b　石を五つ組み合わせることで，ダイナミックな形状としての「勢」を取る法。(『芥子園画伝』より)

畫柳各法
畫柳有四法。一勾勒填綠。一
但以汁綠漬出。新梢則嫩黃。一
脚葉則老綠。以分明晦。一再
加深綠於綠點上。輕點數小
墨點。上罩石綠留邊。一竟以
墨絲而點。以濃綠染之。大抵
唐人多勾勒。宋人多點
葉。元人多漬染。其
分枝取勢。得迎風
搖颺之致一也。又
春二月柳未
垂條。秋九月
柳已衰颯。未
可相混。樹中之
柳。如人中之西子
毛嬙。仙中之宓妃列
子。其凌波御風之態。掩
映於水邊林下最不可少。
故趙千里及趙松雪多畫之。
而松雪於水村圖。濃淡但以墨抹。
幽意無窮。又一法也。
高垂柳宋人多畫之

図 3　「取勢」。柳の画では，枝を細かく分けて風にそよぐように描けば，構図に生命を吹き込むことができる。(『芥子園画伝』より)

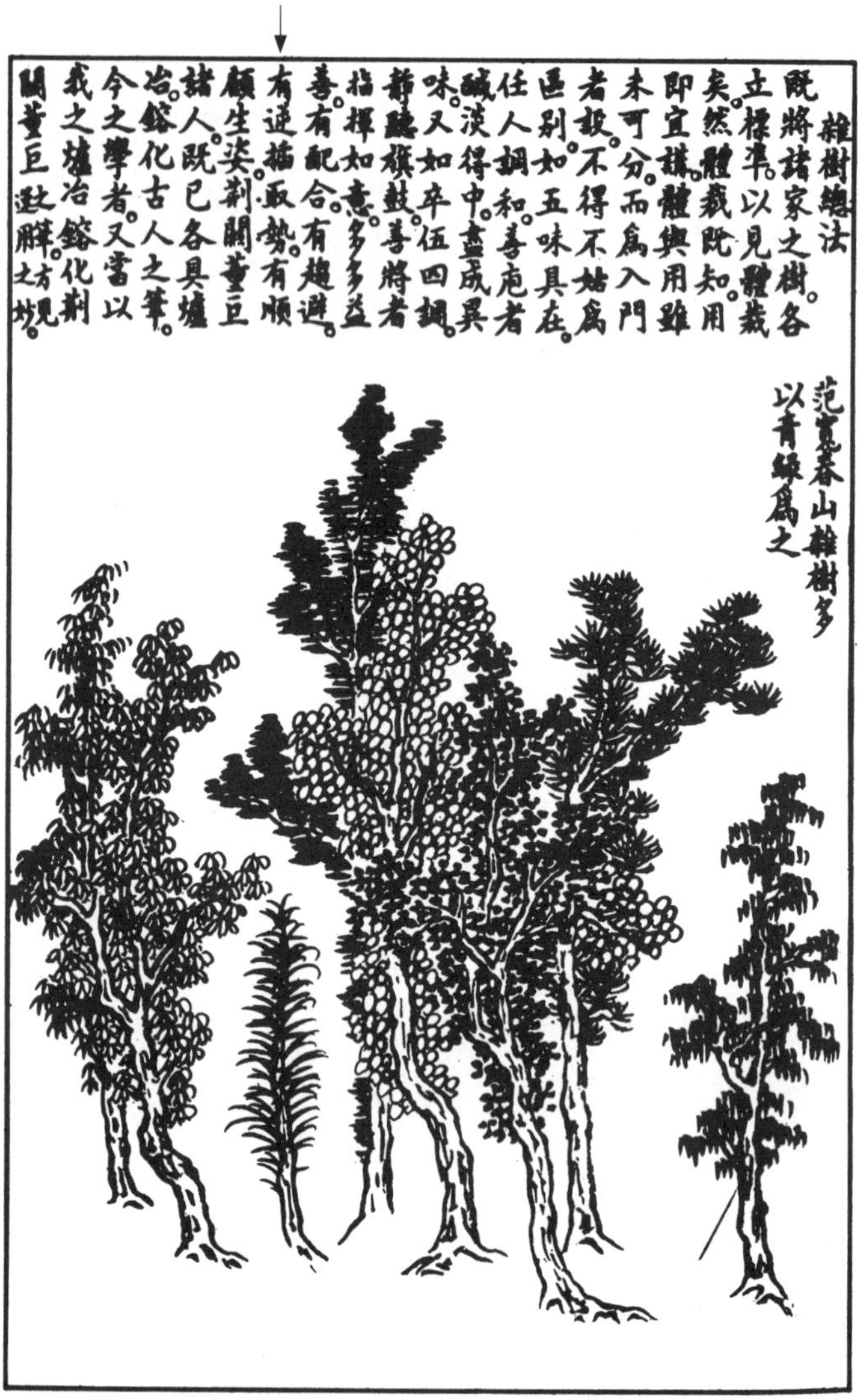

図 4 「取勢」。范寛が用いた技法は，異なる種類の木を木立に組み合わせるものであった。不揃いであったり，対照的であったりすることで，形状に緊張感が生み出されている。(『芥子園画伝』より)

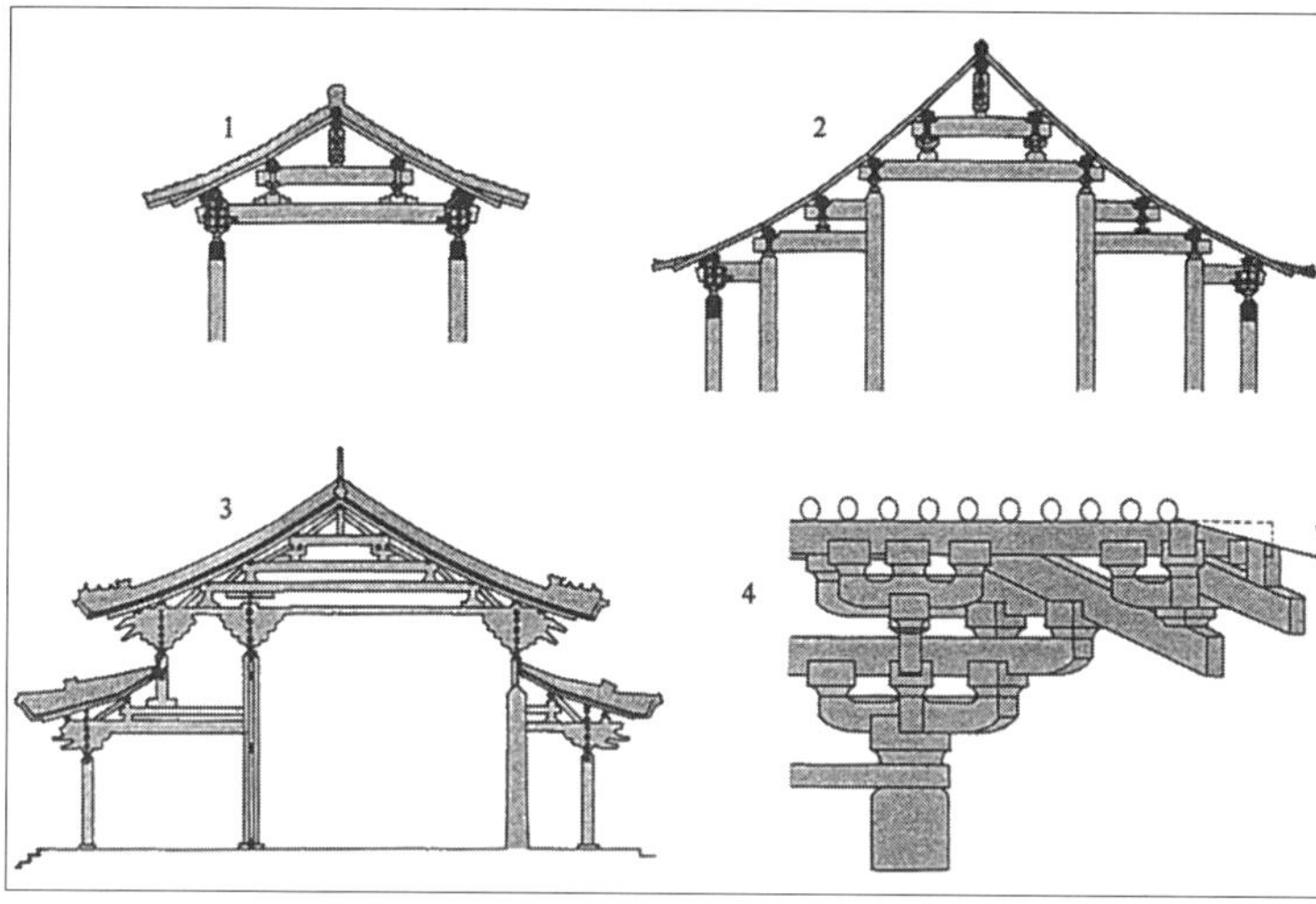

図 5　屋根の曲がりが，極東の建築に伝統的な形状の緊張（勢）を表現している。それは，あらかじめ決められたものではなく，建物を特徴づけている諸要素の変化に応じて，個別に計算がなされる。（上図：『世界の建築　グランド・アトラス』「屋根の構造の変遷」〔*Grand Atlas de l'architecture mondiale,* Encyclopaedia Universalis, Paris, 1981〕より，下図：同，「鐘楼　西安」より）

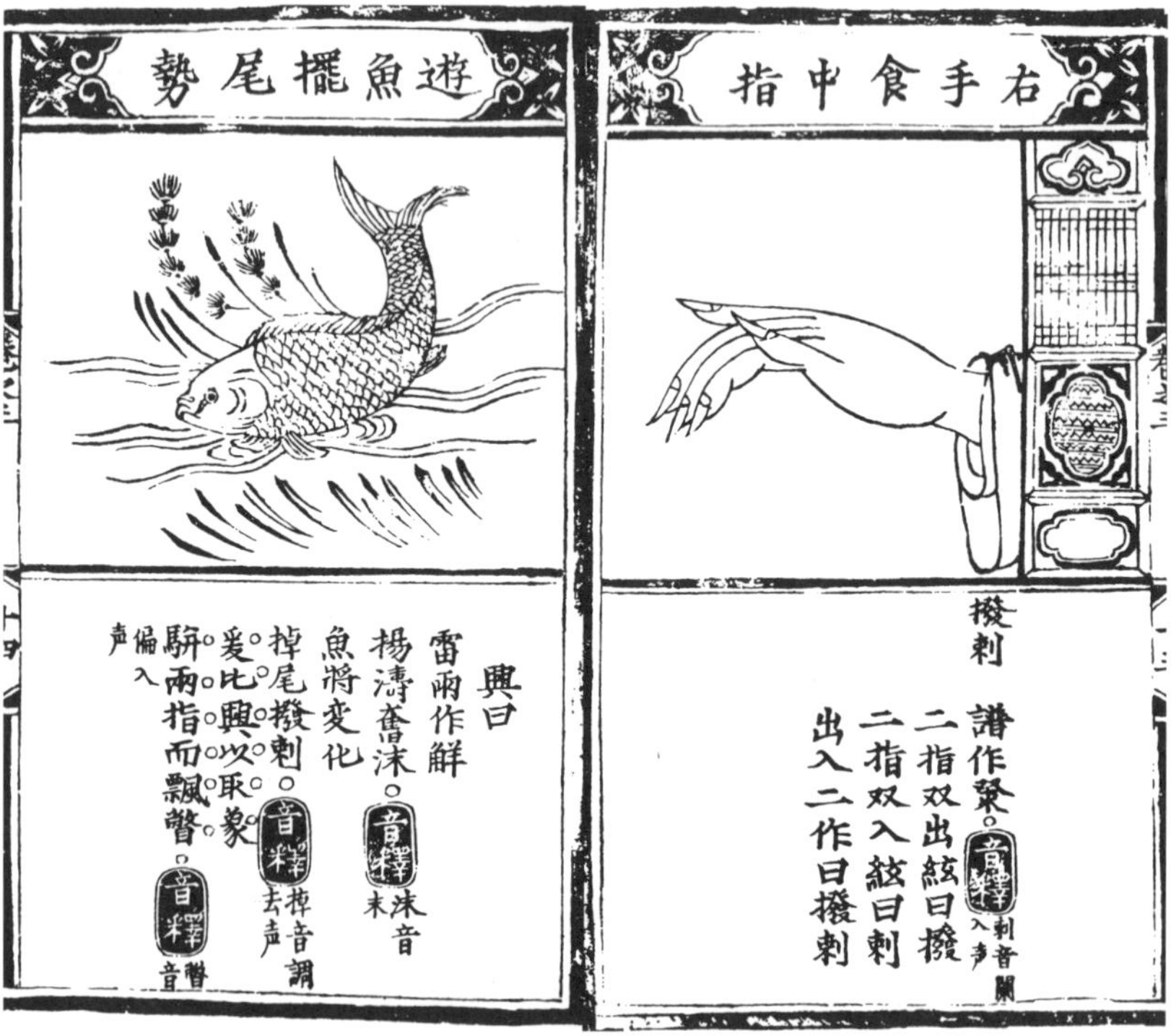

図 6　のんびりとした鯉の尾の動き（『太音大全集』より）

図 6・図 7 の図版は『太音大全集』から取ったものであるが，琴の弦を押さえる手の様々な「効果的な配置」（手勢）を喚起している。手の動き＝位置は，右上の略図によって表され，その下に注釈がつけられている。左側にあるもう一つの略図は，動物の世界を参照したもので，なすべき所作の直観的な完成態を表している。その下には，短い詩が添えられ，求められる心の状態が寓意的に表現されている。

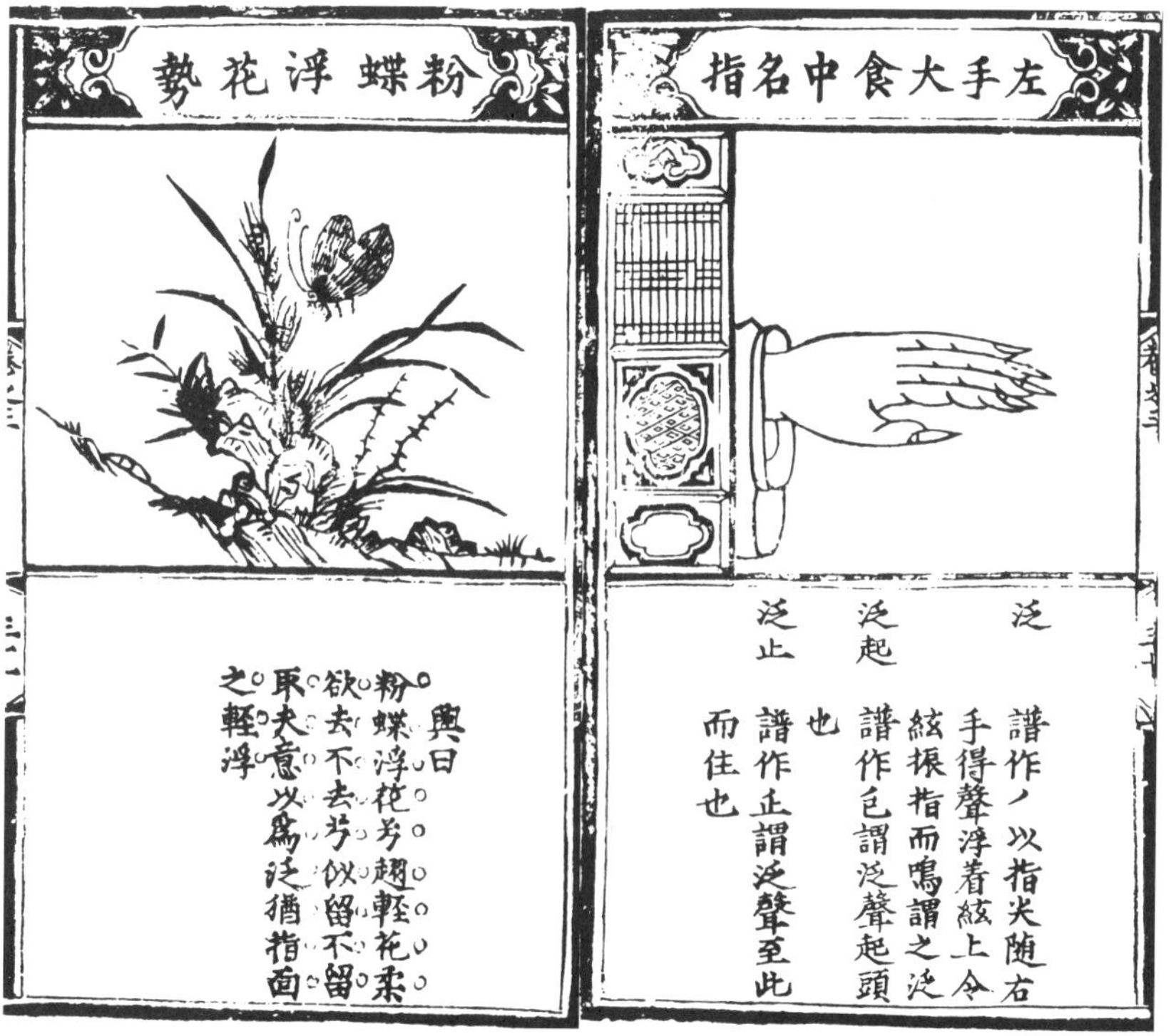

図7　花をかすめて飛ぶ白い蝶（『太音大全集』より）

図 8　起伏する「生命線」が網状の脈絡を作り，宇宙的な脈動が循環している。(『芥子園画伝』より)

図 9　龍は形状の中の緊張を象徴している。「李営邱〔李成〕の松は曲がりくねりながら上昇しようとしていて，とぐろを巻いた龍の身体（もしくは鳳凰の飛翔）を思い起こさせる」。（『芥子園画伝』より）

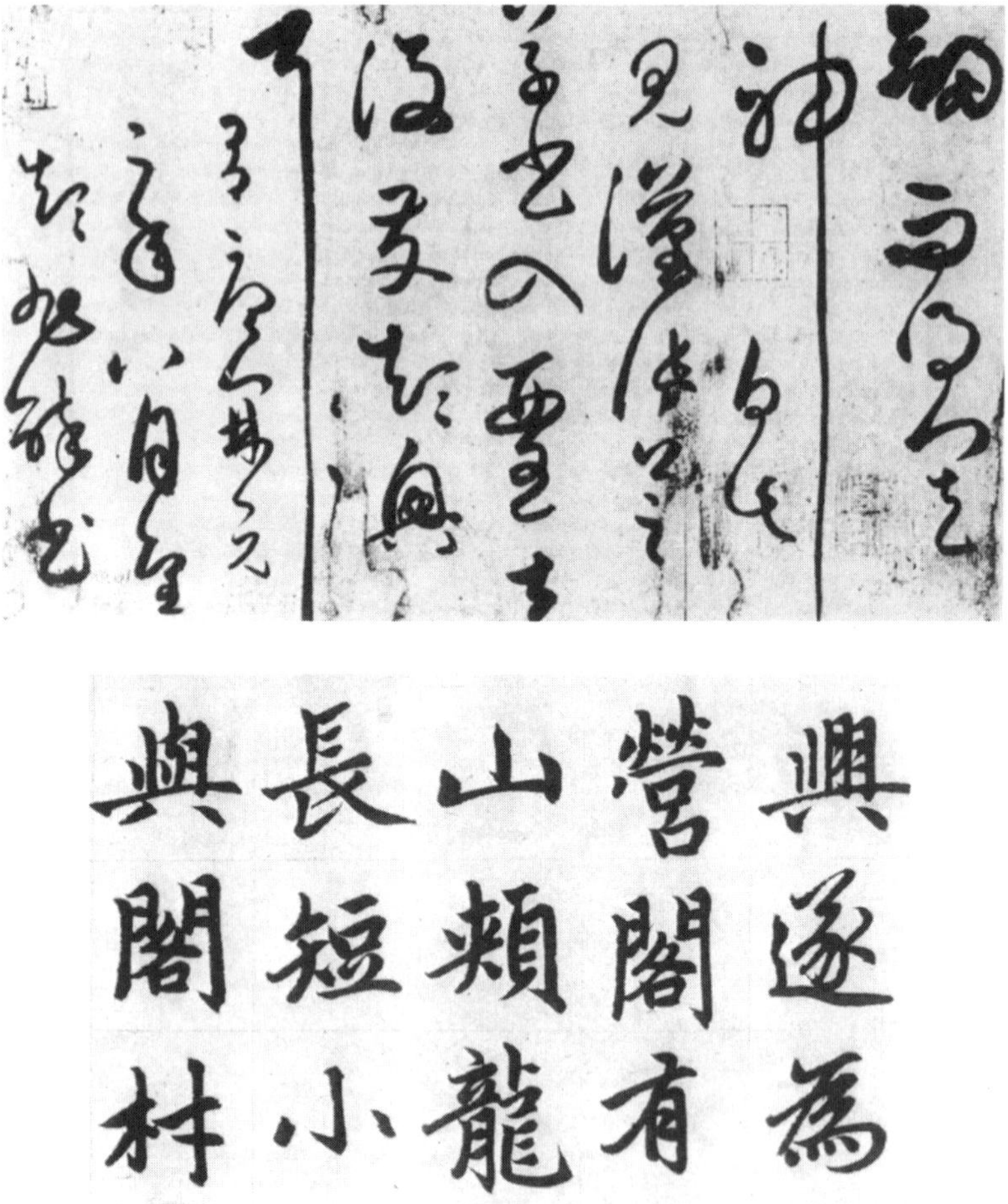

図10　豊かな躍動が草書に特徴的な不断のダイナミズムを表す（上図：張旭「自言帖」）。楷書の確固とした不連続な構造（下図：趙孟頫）。（上図・下図ともに，ジャン＝フランソワ・ビルター『中国の書画』〔Jean François Billeter, *L'Art chinois de l'écriture*, Genève, Éditions d'art Albert Skira, 1989〕より）

図11　美的布置：中国美学の古典的な風景（牧谿『漁村夕照図』)。遠くに山々の線が描かれ，近くには何軒かの家の屋根が木々の間に見え，水の上には釣り船が浮かんでいる。輪郭線と墨，見えるものと見えないもの，虚と実が協同して，緊張を生み出している。そして，それが風景に超出の力を与え，精神的な生命に開いている。（ニコル・ヴァンディエ＝ニコラ『中国画と文人の伝統』〔Nicole Vandier-Nicolas, *Peinture chinoise et Tradition lettrée,* Paris, Éditions du Seuil, 1983〕より）

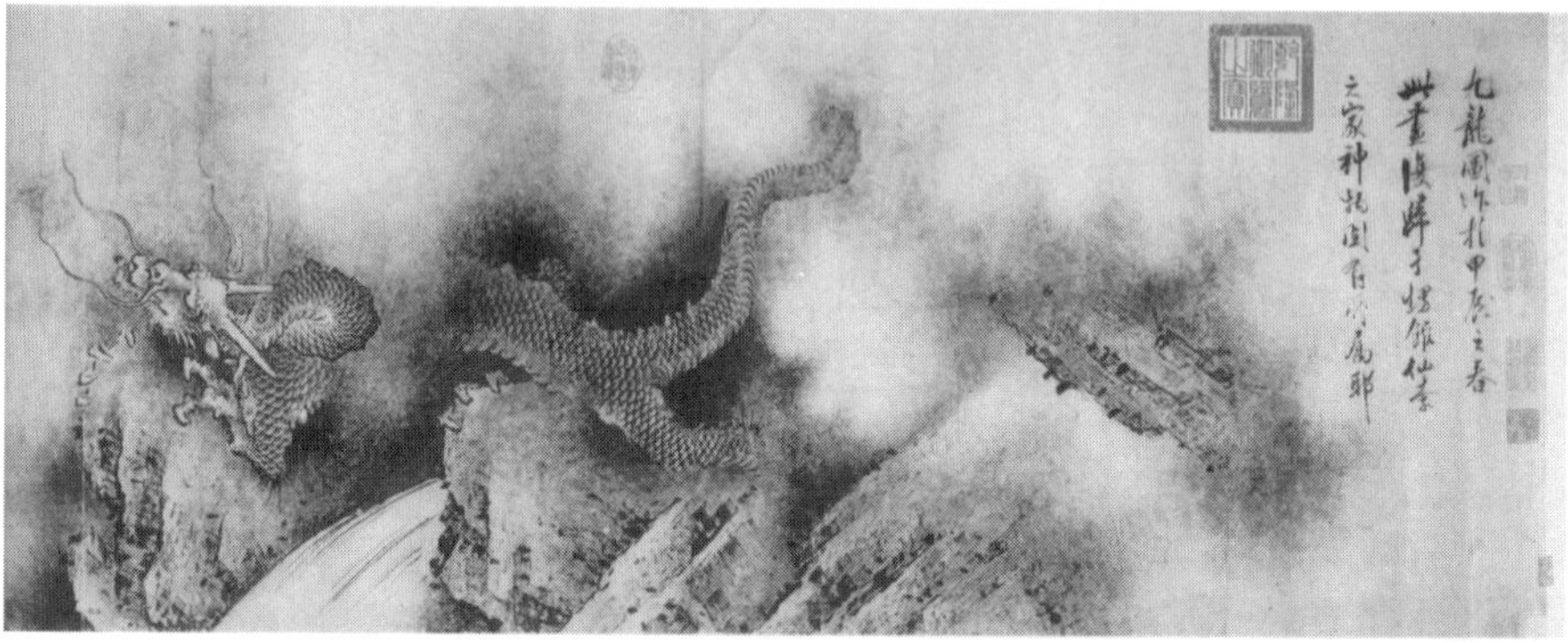

図12　美的布置：緊張と雰囲気。龍の身体が雲を貫いて一瞬姿を現している。それは，（書の，詩の……）空間を緊張させ，活力を漲らせる（陳容『九龍図』の部分：九頭の龍が雲の波を貫いて姿を現している作品）。(『中国画と文人の伝統』より)

第三部

第七章　歴史における状況と趨勢

一　歴史状況とは何であるのか？

歴史状況とは何であるのか？　そして、それをどう分析するのか？　問われている問題は、根本的には常に同じものだが、ここでは、それが社会の領域に移される。現実をよりよく考えるには、静止と運動、存在と生成の二律背反を乗り越えなければならない。つまり、共時的な見方を必然的に導いてしまう不動化する観点と、進行する変遷と出来事の推移を説明するダイナミックな観点とを、うまく一致させなければならない。諸情勢は、一つの全体を形作ると同時に、包括的に変化していくからである。つまり、体系は、変化において考えられなければならないし、歴史のプロセスの方も、常にある種の布置として現れるのだ。この文脈で、「勢」は、個別の状況とともに、それを通して現れ、それを方向づける趨勢を意味している(1)。

どんな状況も、それ自体がある方向を作りあげている。古代から、中国の思想家たち、とりわけ「法家」と呼ばれた権威主義の理論家たちは、「勢」という語によって、趨勢的な意味が持つ二つの補完し合う様相を強調してきた。つまり、一方で、それは客観的に規定する力であり、個人のイニシアティヴを抑制する。それは、諸要素が全体として働く場合に生じてくる、歴史状況の力である。他方で、それは変遷の契機であり、全体的な歴史状況の中では、常に独創的で斬新なものである。それは古いモデルには還元できず、事態の推移をたえず更新していくもので、モダンであることを推進する論拠になりうる。

〔まずは前者の歴史状況の力から見ていこう。〕歴史の推移の中で情勢として現れるものは、力として作用し、ある効力を有している。その逆に、歴史の中で働く諸力も、常に何らかの配置に依存しており、そこから離れられない。こうした特徴をわかりやすく示しているのが、次の例である。「国中で最も腕力のある人でも、自分を持ち上げられない。それは、その人に力が無いからではなく、「状況」(勢)がそうさせないからである[a][2]」。これを一般的に言えば、客観的な条件こそが優先し、それがプロセスの中では決定的であるということである[3]。それゆえ、兵法家が「地」の利を利用するように、政治家は客観的な条件に頼らなければならない[b][4]。さもなければ、政治家は、当の条件を根底から変えて、自分が動きやすいものにしなければならない。これこそが、権威主義者である法家が説いた改革であった。そもそも、社会において、公的な道徳性は、歴史的な条件に全く依拠している。それはちょうど、戦争において、臆病であるか勇猛であるかが、状況から生じる潜勢力にのみ依拠しているのと同じである。もし社会全体が治められていて、人がもはや悪く振舞うことができない状況にあれば、非道の泥棒〔盗跖〕であっても信頼に値するようになるだろうし、状況がその反対であれば、万人が、たとえ徳の模範となる人〔伯夷〕であったとしても、道徳性を疑われてしまう[c][5]。そして、歴史状況には、おのずと治に向かうものもあるが、逆に、どうしても乱に向かってしまうものもある[d][6]。同様に、諸国が対立しあう力関係の中では、ある状況では〔強国が少ない場合〕、完全な王権が実現されるが、それとは逆の状況では、覇権しか実現されない[7]。重要なことは、個人の道徳的価値ではなく、その時代がどんな時代であるのかということなのだ。

〔次に後者の新しい変遷の契機について見てみよう。〕古代中国の諸子百家の間では、社会の変遷をどう理解する

荀子 紀元前三世紀

商鞅 紀元前四世紀

『管子』紀元前三世紀

かに関して、数多くの図式が対立していた。そこに、人間の手による変化という意識が生まれ、高まっていった。道徳家〔儒家〕は、文明を聖賢の作品だと見る。聖賢は皆の幸福を願って、人々に土地を開墾させ、物質的欲求を満たした後に、道徳的な性向を発展させた[8]というのである。これに真っ向から反対するのが、自然主義者の観点〔道家の観点〕である。彼らは、こうした「聖人」の不適切な介入のせいで社会関係が徐々に荒廃し、それが原因となって、自然に作られていた調和が少しずつ乱れ、戦争が勃発し、黄金時代が過ぎ去ったと考えるからである。だからこそ、大泥棒の盗跖は、公然と、孔子がこうした大罪の系列にあり、それを究極的に代表していると非難したのである。[9]「現実主義者〔法家〕」はどうかというと、中国を引き裂く敵対関係を終わらせうるのは、権威主義の政治であると信奉していた。そして、次のことだけが確かだと結論づけた。すなわち、人間は一つ一つ段階を経ていくもので、ある時代には困難であった発明も、次の世代には取るに足らないものとなる。[10]しかも、人口圧力のような新しい要素が生じると、古い均衡が崩れ、人々の生き方は根底的に違ったものになる。非時間的なモデルなど無く、現在の状況がどうであるかが重要であり、それが喫緊のことである。したがって、ウサギがある日、畑の切り株につまずいて頸を折るのを見たからといって、鍬を放り出し、こうした僥倖の再来を期待して待ち伏せするような人は、考え違いも甚だしい。失地王ジョンと同じく、この話に出てくるウサギは二度と同じ場所には現れない。それぞれの時は、異なる状況に対応しているのだ。古いやり方を信じて、自分の生きている時代に乗り遅れたり、あるいは逆に、盲目的に現在にしがみついて、情勢に絡め取られてはならない。[e][11]現在を評価するには、時代の前進を考慮して、その新しさを見るべきであり、それと同時に、後退して距離を取って抽象的にながめることで、その論理的な特徴をも見るべきである。そうすれば、現在に備わる歴史的なチャンスをより的確に見定めることができる。[f]

歴史的なチャンスの範例として、古代中国がどのように終焉を迎えたかを思い出してみよう。列強の中で遅れて

韓非
紀元前三世紀

登場した秦は、二世紀の間に権威主義的な政策を取り、臣下を抑え込んだ。そして、徐々に敵対者たちに打ち勝ち、他国を一つずつ撃破し、ついには帝国を築くに至った（紀元前二二一年）。しかし、二十年にも満たないうちに、反乱軍が勝利し、王朝は崩壊したのである。こうなったのは、「攻めの状況＝趨勢（勢）は守りの状況＝趨勢（勢）とは違う[g][12]」のに、道徳的な態度を取らなかったからである。教訓は二つある。秦の一定した上昇は、趨勢の必然性＝不可避性を示している。そして、権力の頂点に達した時点での突然の崩壊は、これまた必然である、反転の論理を示している。

二　（封建制から郡県制への）変化の歴史的必然性

始皇帝は中国を政治的に統一しただけではなかった。それに加えて、中国を根底から変化させて、その時まで支配的であった封建制を、その後支配的になっていく、郡と県からなる行政区制（郡県制）に移行させた。これは本質的な変化であり、中国文明に大きな独自性を与えたものだ。なぜなら、これは、それまで広く普及していた血縁の古い特権を廃し、任命され、勤務評価され、罷免可能な官僚からなる、モダンな官僚制に置き換えたからである。この出来事から千年以上経ってから、柳宗元は、それを生み出した普遍的な変遷に照らして、この変化を次のように説明しようとした。その際、「勢」を、変化の不可避性を表す概念として用いたのである[13]。

まずは、この変化が不可避であることを理解するために、変遷の出発点に戻ってみよう。そもそも、古い封建制は、聖王の「作意」もしくは「観念」から生まれたのではなく、「状況から出てくる趨勢」（勢）[h]の産物であった。それは勢いとして、絶えることなく原初の歴史を貫いていたのである。柳宗元によると、歴史のプロセスの起源に

賈誼
紀元前三〜二世紀

柳宗元
八〜九世紀

遡ることは、人類の始まりに戻ることと論理的に一致する（ただし、帰納によって人間に歴史的な始まりがあったと推定できたとしてである）。なぜなら、「この趨勢がやって来ることで[i]」、人は、自然状態を脱し、次第に発展していく社会形態に導かれたからである。最初、人は、動物に比べて力が弱いことがわかると、物質的な道具を必要とした。しかし、それを持つと、人々の間に必然的に争いが生じた。ここで、人々は紛争の解決のために、調停や懲罰の力を有した権威の介入を必要とした。そして、近い者同士が集まって、最初の集合体を作ったが、それに比例して敵対関係も激しくなり、戦争が生じた。こうして再び、さらに高い権威が介入して紛争を終わらせることが要請され、最初の里長から、県長、国の長〔諸侯〕、連邦の長〔方伯連帥〕を経て、ついには天子に至ったのである。この位階構造は、単に規模の大きさに対応していたにすぎない。しかし、それがいったん空間に広がり尽くすと、時間の中で不動化していき、これらの称号が父から子へと世襲されるようになった。つまり、封建制は、こうした必然的な連鎖の結果から生まれたのである。

ところが、古代の終わりになると、何世紀もかけて徐々に封建制が解体していった。しかし、それも不断の連鎖のためであった。中央の権威が衰えると、古い諸封が独立し、新しい国が作られ、そして王権がついに簒奪された。ここに新秩序が生まれたが、それが帝国であった。ところが、この時、古を懐かしむ者たちは、古の王の創設した封建制の方が、その後に出てきた行政制度よりもずっと良いと主張した。なぜなら、その叡知によって深く尊敬されている過去の偉大な王たちが、封建制を棄てなかったからである。これに対して、柳宗元は、これは純粋な幻想だと論じた。古い王たちが封建制を棄てなかったのは、「やむを得なかった」からである。彼らは、他の諸侯に支えられて権力を手に入れたために、権力を獲得すると、同盟者に報いて封を授けなければならなかった。それは、心の広さや寛大さによってではなく、我が身の安全と子孫の安全を守るためだったのである。道徳的な観念論によ

柳宗元

ると、聖人の作為が無ければ、人類は生き残れなかったと言うが[14]、柳宗元はその反対に、歴史はただ内的必然性からおのずと展開するプロセスであることを見抜いていたのである。そしてこのことを、唐末に生きた思想家である柳宗元は、当時新たな統治者たろうとした地方豪族が行う――中国では中央の権力が衰えるといつもすぐにこうなる――〔封建制を利用した〕偽の自己正当化に対する、批判の論拠としても用いたのである。郡県制の優位は疑う余地が無く、プロセスは不可逆的である。

この後、再びほぼ千年が経ち、「新儒学」が哲学的に重要な発展を遂げると、こうした中国史の重大な変化に対する分析も影響を受け、理論的に洗練されていった[15]。つまり、状況から出てくる趨勢（勢）が不可避的なのは、「勢が向かうところ」がすぐれて「論理的」であるからだと考えられたのである[j]。文明の初期には、封建制に「理」があり、権力は世襲によってうまく行使された。その当時は、政治思想がまだわずかにしか発展しておらず、得られた経験だけがものを言い、その経験は家族の間で伝えられていたからである。それと同じく、封建制に続いて登場した官僚制にも「理」があった。なぜなら、官僚を登用したり罷免したりすることで、自分たちが支配者から蒙ってきた暴虐が軽減されると、人々が知ったからである。つまり、時が経つと、政治の技法が徐々に明らかになり、能力さえあれば、誰にでも理解できるものになったのである。では、それぞれの制度に普遍的な趨勢があるとしても、いったいどのような具体的なプロセスをたどって、一方から他方への移行がなされたのであろうか？　この問いを立てたのは、変化が引き起こす危機の展開までも、一つ一つ段階を追って完全に知りえたからである。最初、世襲は王侯だけのものであった。しかし、その後は、大官もその権限を世襲しようとした。これが、「趨勢が不可避的に招いた濫用[k]」である。そして、すべての権限が世襲されるようになると、その人の能力と職務が甚だしく乖離してくる。貴族にも「愚かな人」はいるし、農民の中にも「優秀な人」はいる。優秀な人が、愚かな人に屈することに耐えきれず、自らを高めるチャンスを探るようになると、「状況から出てくる趨勢は、必ず緊張の激化と激発を招く」[1]。こうしてついに、歴史的な変化が出来し、世襲の原理が廃止された。つまり、緊張の激化と激発の後に、より整合的な新しい事態が続き、趨勢の圧力によって、「理」そのものが変容したのである[m]。

王夫之は、これほど大きな変化は、始皇帝の私的なイニシアティブや才能によるものではないと述べる。たとえ始皇帝が、官僚機構を創設したことによって、私的な野望を満足させたと思っていたとしてもである。それは、計り知れない「天」にまで及ぶ、事態の自然の推移であって、それが、始皇帝の私的な利害関心を利用して、公的な利益にふさわしいものを現実化したと言うべきなのだ。もっとも、私的な利得という観点から見ると、この時、王朝は短命のうちにそれを失ったわけだが、それは、始皇帝を支えるピラミッドをなした臣下の支えが無くなったからである（帝政諸王朝は、古い封建諸王朝と同じように、決して永続するものではなかったことに注意しておこう）。以上は、変化が物事の秩序によって望まれたものであるという証拠であり、「聖人でさえそれに逆らうことはできない」ということである。

王夫之

始皇帝が権力的に定めた、封建制から郡県制への変化は、急激な革命を行ったように見えるかもしれない。しかし、王夫之は、歴史の衝撃や急変の下に、緩やかで規則的な変遷を見てとったのである。そして、それによって、趨勢的であると同時に論理的であるという、変化の特徴を裏付けた。一方で、始皇帝が定める前から、この変化の輪郭はすでに現れていた。すなわち、古代が終焉を迎えるころ、宗主を失った数多くの領土は、行政監督型の信託統治にすでに移行していたのである[16]。新しい制度が先立って存在していて、始皇帝の決定はそれを普遍化したにすぎない。他方で、この最初の王朝が滅びるとすぐ、二十年も経たないうちに、あらたに帝国を復興した人々によって、封建制に戻された。それは、改革の唱道者である始皇帝が悪しき記憶を残したからではあるが、それに加えて、

王夫之

顧炎武
十七世紀
王夫之

依然として、人々の習慣や心性に、古い封建制が刻み込まれていたからである。要するに、歴史の流れを方向づける趨勢が、あまりに急速な変革を受け入れられなかったのである。(n)(17) しかし、実際に後戻りすることは、もはやできない。なるほど、その当時、帝国〔漢〕の新しい支配者が、大封を諸侯に再び授けることで、自らの権力を損なってしまうのではないか（そして中国を、諸国が敵対した以前の時代に戻すのではないか）と恐れる人々〔たとえば賈誼〕がいた。しかし、彼らの「痛哭」は無用であった。いったん始まった変遷は仮借なきものであり、論理的なものであったからだ。その証拠に、漢の権力が堅固になると、封建君主たちの反乱〔七王の乱〕が王朝の初期に起こっても、それはおのずと失敗する運命にあり、「まさに消えゆこうとする灯りの最後の輝き」以上ではなかった。中央集権へ向かう趨勢の圧力の集積を前にすると、大封もついには細かく砕け散り、敵対者はひとりでに沈んでいった。(o)(18) 封の授与は、終わりゆく世界の「残響」であり、それがほぼ廃止されたことは、来るべき時代の「前奏曲」である。王夫之の結論はこうだ。歴史において、復古は不可能である。趨勢は必然的に、漸進的であると同時に不可逆的である。

この変化が可逆的でないのは、それが統一への趨勢という、より普遍的な変遷に含まれているからである。王夫之が言うには、最初、中国の空間は小さな領域のモザイクであり、国ごとに固有の裁判権と習慣を有していた。この世界が同質的になり、共通の文化が現れるには、漸進的に共通の宗主権が認められ、より大きな封が形成されなければならなかった。(19) つまり、封建制の創設自体が、すでに、統一へのプロセスの重要な一段階であって、郡県制の採用もまた、封建制を終わらせると同時に、かつて封建制の中に示されていた、統一への論理的な趨勢に対応していたのである。したがって、始皇帝が採用した度量衡も、千年にわたる変遷の到達点にほかならない。(p) 度量衡の統一も、ここで問題にしている、変化が有する包括性から根拠づけられる。つまり、封建から郡県への移行は、単

王夫之

顧炎武

王夫之

に行政的・政治的な利益のためだけではなく、人々の生活全般、特にその物質的条件にも関わっていて、皇帝が行った画一化によって共通化されることで、公的な経費が大きく減り、租税が軽くなり、経済的合理性が明らかに増すからであった。[20] 歴史の趨勢は、その状況に固有の勢いとして、進歩に対応していたのである。そのため、封建制への回帰に反対する最も強い理由は、実に単純ではあるが、「人々の力がそれに堪えられない」[q] という点に尽きる。ちなみに、学校制度や選挙制度のような、こうした変化に直接には結びつかないと思われる領域も、変化の一部をなしている。[21] 同時代の制度は、互いに一体をなしており、「相互に扶助しあう」からである。郡県の時代に、封建の時代に力を持っていた推薦制度から想を得ようとしてもうまくいかない。それは、時代ごとに全体的な統一性があること、したがって、一つの時代から別の時代にかけて断絶があり、その変化は根底的であることに無理解なだけである。

王夫之

以前と以後は全く異なる。この例として、王夫之は次のように述べる。古代においては、武と文は合致していたが、帝国が創設されると、両者は分離されなければならなかった。「事態が趨勢に従って変遷すると、制度もそれと共に変じる」[r][22]。考えるべきは、古今を通じて働く趨勢である。それは、持続的に長期間にわたって働く趨勢である。[s] 一朝一夕には何も生まれないにしても、すべては日々変化している。そして、歴史はこうした「ひそかな移行」、「黙した変化」から作られるものにほかならない。[23][24]

三　交替の趨勢

封建制から郡県制への移行は相対的な進歩であるために、黄金時代を古代に見る神話とは矛盾する。[25] 中国の改制論者たちは、過去の礼賛者に対して、一致して次のように述べる。もし人類が頽落していくほかなかったら、「わたしたちは今や魑魅魍魎になっているはずだ！」また、王夫之もこう指摘する。それを証明する痕跡や徴候が無い以上、過去の起源がどうであったか、将来が最終的に何であるのかを知ることは難しい。わたしたちが知りうるのは、（中国の）有史時代であり、如何にして人が野蛮から文明へと徐々に昇っていったのかということである。原始時代の中国人はまさに獣のように暮らしていた。ところが、当時の王の力によって原始的な獣性を脱することができたのである。そのために、原初の王は、あれほどまでに讃えられてきた。したがって、「古い三代の民を治めるのは難しく、後世の民を治めるのは易しい」と言うのである。では、これは、進歩が世界を支配する法であるという意味なのだろうか？　そうではない。中国の歴史には幾度かの破滅の時期がある。たとえば漢が崩壊した後、三世紀から四世紀にかけての時期には、政治世界がぐらつき、野蛮の中に沈みこもうとしたのである。ここから王夫之は、退歩もありうると述べた[26]。つまり、先史時代の人間は、「空腹を感じるとうなり声をあげ、満腹になると残った食べ物を投げ捨てる」が、そうした「直立する獣」は、わたしたちの後ろにいるだけではなく、わたしたちの前にもいる。進化論は、人間の本性に関するあらゆるドグマに挑むものだが、それには二つの可能性が考えられる。一つは、人間が文化的な存在者になった時には、その生の様態が変わり、その行為が進化し、「血気が改まる」というものである。そして、もう一つは、獰猛な動物性にいつでも立ち返ることができ、文明は再び混沌に陥るというものである。そして、その時は、最小限の痕跡にいたるまで、文化のすべてが消し去られるだろう……。

　したがって、世界を支配している法は、進歩ではなく、交替である。交替は時間的であるが、同時に空間的でもある[27]。なぜ空間的かというと、王夫之によると、中国人がまだ野蛮状態にあった時に、「天下」（中国人は「世界」を中国に限定していない！）のどこかに、すでに文明のプロセスに入った場所があったからである。しかし、中国人が、この別の場所を物証を得て確証することは難しい。なぜなら、その当時の中国人は教化されていなかったからだし〔したがって証明する能力がない〕、その後になると、別の場所にあった文明の方が徐々に頽落して消えていったからである〔したがって証明できない〕。それでも、空間的な交替は、少なくともここ二千年の中国史においてならば、証明できる。古代において、中国文明の発祥地は北にあったが、文明の中心がゆっくりと南へ移っていくと、北は段々と再び暗闇に沈んでいった。宋（十一〜十三世紀）では、まだ南の人は軽蔑されていたが、明（十四世紀以後）になると、文化は長江流域に集中し、北の平原は災いの種になった。そしてその時、広州・雲南といった最南の地方は、徐々に良い影響を受けていたのである。時代とともに、「天地の気」は遷移していく。しかし、文明／野蛮という平衡は不変である。

　交替＝循環の趨勢（勢）[t]――盛衰――という概念自体は、中国のどの歴史理論にも共通している[28]。それは、その主要な観点であり、明証の基礎にあるものだ。しかし、王夫之にとっては、趨勢と交替という二つの語が意味するものを明確に定めることが、なおも重要であった。まずは、趨勢である。古代から継承されてきた道徳主義的な見方[29]と異なり、隆盛の局面を迎えるのは、偉大な王たちの功績によるだけではなく、プロセスの規則性の帰結である。このことを、王夫之は趨勢という名で理解したのであり、ここで歴史は、創造者のヒロイズムは失うが、その内的な必然性を手に入れた。次に、交替である。帝国のイデオロギーに追随する者が理解するのとは異なり、交替はその原理からして、ある時代から別の時代への断絶と差異を十分に含んでおり、時代と時代の連続性を仮構するメッキではない。もしそうであれば、さきほどのケースとは逆に、否定的な趨勢には固有の実質が無く、おのずと消えてしまうことになる。プロセスの規則性がそこまでコード化されると、それは不自然なものになってしまう。

　特に二番目の誤り〔交替が時代の連続性を保証する〕は、それが語る幻想が無垢なものではない以上、告発されてしかるべきである。事実、帝国が成立すると、古代の諸王朝まで遡って含み、それらをすべて統合した、普遍的な歴史概念が捏造された（新しい帝国は、この歴史的統合を利用して、自らを諸王朝の正統な末裔であるとした）。そのために工夫されたのが、自然の循環――伝統的には「五行」の相互作用から理解されていた――をそっくりまねて、歴史の交替を体系化することであった。たとえば、「五行」の循環の図式は、相勝的な意味で考えられることがある。その場合は、木が金に克服され、金が火に、火が水に、水が土に、土が木に克服される。また、その図式は「相生」を意味することもある。その場合には、木（これは春、東、誕生でもある）が火を生み、火（これは夏、南、成長でもある）が土を、土（プロセスの中心にあり、四季すべてに命令し、中央であり、同時に完全な成熟を表している）が金を、金（秋であり、西であり、収穫でもある）が水を（冬、北、退蔵でもある）を生む[u][30]。そして、この図式はさらに複雑になり、「色」や「徳」の連鎖もその中に認められるようになる。しかし、いずれにせよ重要なのは、この図式が閉じたもので、繰り返される循環だということだ。そこでは、交替は次への継承を助ける要素にすぎず、それによって循環が継続していく。したがって、この図式を歴史の流れに投影すると（継起する諸王朝を、循環する五行の一つや、徳、色等々にそれぞれ対応させる）、歴史の流れは同型的で規則的なものになってしまう。つまり、歴史は「正統」[v]の不断の連鎖にほかならない。調和的に統合された全体としての王朝が、次の王朝にその場所をみずから譲り、次の王朝が前の王朝を全く公正に継承するのである。しかし、王夫之によれば、これは最も非難されるべき理想化である。それは、中国の歴史を通じて行われた最悪の簒奪を覆い隠すために、意図的に用いられたものである。そして、正史が果たす統合が形ばかりになると、そこには何でもかんでも統合されてしまう。たとえば、（三～四世紀に帝国として認められることを熱望した夷狄のように）闇の世界のごろつきの長であっても、五行の一つや、色、徳を仰々しくわがものにすることになったし、さらには、（十世紀の李昇

鄒衍　紀元前四～三世紀

董仲舒　紀元前二世紀

王夫之

〔南唐〕のように）以前の王朝の名を名乗ることで、職責によって新時代を始めたと主張し、正統性の継承に利用することもあった(31)。

王夫之

このように歴史を画一的に、そして表面上平穏であるかのように見る見方は、作為的に組み立てられたものであり、告発されてしかるべきものである。大王朝（漢や唐）の後に来るのは、混乱と無政府の時期である。それは、連続と称されるものの中に大きく空いた穴（三世紀、十世紀）なのだ。ここで理解すべきことは、治が乱に置き換わったとしても、治は「乱の継承ではない(w)」し、政治的統一〔合〕が分断〔離〕の後に来ようとも、それは分断の継承ではないということだ。歴史状況の中で、ある趨勢が優勢になるのは、反対の趨勢を犠牲にするからにほかならない。治と乱、統一と分断は、競合する要素であって、これまで見てきたように、両者が対立することで歴史の流れはダイナミックになった。趨勢は全くもって緊張であり、それによって歴史は革新されるのだ。趨勢は、中国史を大きく変化させた。つまり、政治的統一（古代末）、分断（漢の後、三世紀）、再統一（隋と唐、七〜九世紀）、異民族支配（北宋の末の十一世紀と南宋の後の十三世紀、そして、新しくは十七世紀の満州族による支配）である。しかし、次にどんな変化がやってくるかは、聖人であっても予見できない(32)。ただ一つわかっていることは、歴史は、交替の緊張のもと、揺れ動きながら前に進むということである。それは不断の進歩という直線の上を行くのでもなく、円環を描いて回るのでもない。

王夫之

王夫之によれば、歴史の流れの中にある交替という現実を、さらによく見定めるには、簒奪・分裂・侵攻をもたらす否定的趨勢を考察し、それが如何なる固有の独立した原理に基づいて、時代の移り替わりの中で姿を現すのかを考えればよい(33)。多くの場合、最初は二次的にすぎないと思われたエピソードが、趨勢の発端となる（たとえば、紀元のはじめに、王莽〔の簒奪〕による短い空位期間があったが、それは、簒奪の趨勢の出発点であって、三世紀初頭の曹丕、そしてその後の多くの人々が続いていったのである)。そして、そうした趨勢が輪郭を現すやいなや、その衝撃はおのずと広がり、それが極まるまで展開していく(たとえば、分裂の趨勢は三世紀に始まり、十世紀までは周期的に見られた。また、侵攻の趨勢は、分裂の趨勢に続いて起こり、中国では宋以後、繰り返されていった)。出発点は些細なことかもしれないが、それが決定的である。なぜなら、それがいったん歴史に新しい傾きを開くと、その後歴史は、その傾きに乗じて、下へ下へと転がり落ちるからである。歴史の趨勢には巨大な勢いの力があるために、わずかなことであっても、何世紀にもわたるその後の流れを変えてしまう。いったん溝が付くと、その後「軌道を修正し、轍を変える」ことはまずできない。だからこそ、歴史の流れの中で重要な役割を果たす人は、細心の注意を払い続けなければならない(それと同様に、わたしたち一人一人も、心の内で、道徳から外れることを用心しなければならない)[x][34]。最初のズレが安易なものであればあるほど逆に、時間が経つと、その逸脱を修正するのは難しいのである。

その証拠として、王夫之は、唐の創始者たち(七世紀初頭)について、こう述べている。彼らは、平和と繁栄の新世紀を築いた。しかし、彼らがどれだけ正義に心を配る善意の人物であったにせよ、権力を取った以上、古くからある簒奪の趨勢から、全面的には逃れられなかった。簒奪の趨勢は、すでに長い間、中国の政治的な土壌に入り込んでいたのである。また、彼らがどれだけその危険に気づいていたとしても、軍事行動に際して、辺境の「夷狄」の部隊と手を握らないわけにはいかなかった。それは、「夷狄」に背後を突かれないためでもあった。ところが、そうしたために、自らの意図に反して、彼らは、新しい否定的な趨勢への道を切り開いてしまったのである。それが侵攻の趨勢であり、その後の千年を支配していったものである。創始者の後を継承した君主たちは、唐を脅かした反逆者(安禄山、八世紀中葉)に対しては、ウイグル人に頼り、自分たちの権力を瓦解させることになった反乱（黄巣、九世紀末）を阻止するためには、最後は沙陀に頼ったのである。しかも、この沙陀自体が、中国に定住しようとして、別の夷狄の民である契丹に頼った。こうした状況は、宋になるとさらに悪化し、宋は遼〔契丹〕に対抗するために女真に頼り、次いで女真に対抗するために蒙古に頼り、そしてとうとうこの最後の「同盟」のために沈没してしまった。「地を這う草」や「放たれる矢」のように、悪は次々と伸張し、取り返しがつかなくなったのである。

それゆえ、王夫之は、「状況から生じる趨勢」（歴史の「勢」）を、最も一般的にこう定義した。「いったん動きだすと、止まることのできないのが勢である」[y][35]。その例に、唐末の農民反乱（九世紀後半）が挙げられている。一つの反乱が鎮まると、すぐに別の反乱が起こり（たとえば、裘甫の反乱の後に、龐勛の反乱が起きる）、趨勢は「自然に展開し、中止できない」[z][36]。つまり、趨勢は、自ら深みにはまり込んでいくのだ。さらにもう一つ、別のジャンルの例として、皇后が国事に干渉していく趨勢がある[37]。三世紀に定められた法によって、こうした容喙は厳しく禁じられていた。しかし、唐のある時期に再び皇后が容喙することとなり、唐はその後、衰退するに至った。そのため、またもや厳しく禁じられたのだが、それにもかかわらず、宋になると、それは一層激しく繰り返された。この悪が再発したきっかけは、摂政政治で（これは真に正当化されていたわけでもない）、その時、仁宗は未成年であった（十一世紀）。そして、この悪は、その後の治世でも猖獗を極め、ついには、その口実が何であったかを気にとめる人は誰もいなくなった。いったん轍が付けられると、趨勢はひとりでに変化して慣性力となり、事態打開への対応も後手にまわってしまう。そうなるとますます、元へ戻ることも、そこから脱することも困難になる[a']。

諸王朝の衰亡も、同じように辿ることができる（衰亡については、王夫之自身が、十七世紀の明朝の終焉を経験しており、十分関心を払っていた）。後戻りできない地点にまで至ると、王朝の崩壊は不可避的である[38]。その時になって、敵の強さや、誤った政治判断、そして疑わしい軍事作戦（たとえば、宋においては、女真は強大であったし、金と結んだ同盟の結果は惨憺たるものであった）をなじってみても無駄である。衰亡も、他の歴史的変化と同じく、常に包括的なものであって、個別の出来事の結果ではなく、全般的な退廃に由来している。[39] つまり、「君主が真の君主のようではなく」、「丞相が真の丞相のようではなく」、風紀が廃れ、不可欠な道徳的団結が失われたことの結末なのだ。すべてが歪み、破綻している。一つとして同じ〔衰亡の〕方向に向かわないものはなく、こうして崩壊が完成する。[b′] 一大転覆が起き、新しいカードを切らなければ、この状況を立て直すことはできない。

四　反転の論理

王夫之は、歴史の流れは二つの論理に支配されていると考えていた。一つは、どんな趨勢であっても、始まるやいなや、おのずと自らを増大していくという論理である。もう一つは、どんな趨勢であっても、その極点に窮まると、反転を求めるという論理である。[c][40] 趨勢の原理は絶対に普遍的であり、それが交替を根拠づけている。しかし、それでも、否定的な趨勢には二つの形式があり、そこから生じる反転も二つの様態に区別できる。一つの否定的な趨勢は、漸進的な逸脱をもたらすもので、進めば進むほど後戻りはますます困難になる。逸脱そのものが尽きて無くなるわけではなく、全体が変化することでそれを収拾するのである。それに対して、もう一つの否定的な趨勢は、むしろ不均衡をもたらすものである。この場合、不均衡から反作用が生まれるために、当初の不均衡が大きければ大きいほど、その反作用も強くなる。[41] 前者の趨勢のケースでは、人は、轍の中にはまり込んでいくのを、ただただ受動的に受け入れるほかないが、後者の趨勢のケースでは、相反する両極が含まれるために、バランスの力学を打ち立てることができる。したがって、それぞれに応じて、戦略もまた異なってくる。前者では、できるだけ早い段階で悪を未然に防ぐことが肝要であるのに対し、後者では、〔反転が生じた後の〕復帰の効果を計算に入れたり、時の経過を当てにすることができるのだ。

なぜ計算が可能かというと、趨勢が状況を不均衡に導く場合には、趨勢が強まれば強まるほど、それは〔最後には〕弱くなってしまうからである。一方で趨勢が「重く」なると、他方でそれは「軽く」なり、そうなれば「反転は容易である」[d'][42]。この反転の「理」は、規則的な展開をするプロセス（たとえば「天」[e']）にはすべて含まれている。

王夫之

政治の世界で言えば、かなり強引に振るわれた圧力が、その後は緩和されていくということである。これは、漢の武帝（紀元前二〜一世紀）の例が証明している。最初、武帝は、権威主義的で野心的であり、拡大政策を掲げて、多大の犠牲を伴う政治に乗り出した。当時、彼の政治に抵抗することは全く不可能であった。しかし、弱さは過剰から生まれる。「行くことのできない道を進めば、必ず困窮する」。怨嗟の声が至るところに溢れ、皇帝自身も心に不安を覚えた。そこで、晩年には戦役を終わらせ、内政を緩和したのである。「そうしたのは、人が繰り返した諫言を聞き入れたからではなく、自分の見方が改まったからである」。同じエピソードは、宋にもある。その当時、新しい皇帝（神宗、十一世紀）の政治的野心に、宰相（王安石）が乗じ、自分の党だけを頼んですべての権力を専横した。そして、他の人々を沈黙に追いやり、ユートピア的でもあり急進的でもあった一連の改革を行ったのである。しかし、次の皇帝の治世になると、これらの施策は一つずつ廃止される憂き目にあった。それは、「秋に葉が萎れる」ごとく、避けられないことである。どんな革命であっても反動を生み、力ずくで行われたものはおのずと解体する。

こうした反転の論理のモデルは、明らかに古代の『易』の八卦にある。八卦は、正反対ではあるが補完的な二種類の線（連続線 ⚊〔陽爻〕と不連続線 ⚋〔陰爻〕）からなり、生成変化についての中国的な考えを基礎づけてきた。その例として、泰 ䷊ と否 ䷋ の二つの卦[f]を考察してみよう。泰卦は、三つの連続線（主動と堅忍の原理の象徴——天）を下卦に有しており、三つの不連続線（服従と完成の原理の象徴——地）を上卦に有している。下の天が上に向かい、上の地が下に向かうため、両者の吉なる影響が互いに交わり、上下が調和的に通じている。この完璧な相互作用から、繁栄が生じ、万物が融和する。つまり、この卦は、隆盛を喚起しているのである。その反対に、否卦は、地を象徴する三つの不連続線が下卦に、天を象徴する三つの連続線が上卦にある。そのため、天は上に、地は下にと、互いにより遠ざかり、自分の中に引きこもる。ここには利になるような相互作用はなく、潜勢力は沈滞の局面にある。これは衰退の時である。しかしながら、これら二つの卦は、対蹠的であっても連続していて、一方を反転させると他方が完全な形で生じる。また、この二つの卦を用いれば、あらゆる交替が説明できる。一方は、陰暦の正月（陽暦では二月から三月）に関連づけられており、その時、春の始まりとともに、更新の力が湧き起こる。他方は、陰暦の七月（陽暦では八月から九月）に関連づけられており、その時、夏の盛りが過ぎて、来るべき衰退が告げられる。

さらに細かく見ていくと、それぞれの卦の内部にも、推移のプロセスとその逆転の働きを読みとることができる。二つの対立する原理（陰と陽、盛と衰）は、範疇としては互いに排除し反発しあうとしても、互いに条件づけあい相互に巻き込むものである。それは、開かれた衝突であり、暗黙の協調である。二つの原理の一つが現実化される時には、反対の原理が常に潜伏的に備わっている。どんな時でも、一方が前進すれば他方は必ず後退する。また、それと同時に、前進していく方の原理も、次には自らが後退することを求めている。未来はすでに現在の中に働いており、顕現した現在は過ぎ去ろうとする。変化は漸進的に進み、あるのは推移だけである。このことを念頭において、泰卦を見てみよう。この卦は繁栄の卦であるが、三番目の線〔九三〕（下から数えた三番目で、内卦の終わり）はすでに、「平地には坂が続き〔无平不陂〕」、「往って復さないものはない〔无往不復〕」と告げている。そして、卦の一番上にある六番目の線〔上六〕の爻辞には、「城壁は壕に復す〔城復于隍〕」とある。ここで、瓦解である。[43]卦の中間で告げられていた変化が現実化し、壕を掘って作った都市の壁が、再び壕に崩れていく。肯定的な諸要素が尽きてしまったのだ。そうなれば、慎重に、毅然として、反対の局面に立ち向かうほかない。その反対に、衰退の卦である否卦を見てみると、そこでは、線から線へ進んでいくうちに、否定的な諸要素が徐々に抑制され、後退していく。そして、最後の六番目の線〔上九〕の爻辞には、待ち望まれていた反転が生じ、新しい幸福が始まるとある〔傾否。先否後喜〕。隆盛はおのずと衰亡に変わり、衰亡は新しい隆盛のチャンスなのである。[44]

　このように、反転の論理は古代から明らかであったが、それが歴史においても常に働いていることを、王夫之は見出した。自然のプロセスと同様に、歴史のプロセスも、平衡の回復と補完によって、規則的に動いているからである。「屈したものはあらためて伸びることができる。これが、状況から発する趨勢〔勢〕である」[g][45]。これは、敵対する権力同士にもあてはまる。たとえば、古代中国では、晋国の力が徐々に強くなり〔他の国々を抑えて〕覇権を握るまでになったが〔景公の時〕、その後は衰退していった。[46]ここで運命だと観じられたものこそ、全く自然的である冷徹なプロセスにほかならない。[h']これと同じことは、前に引いた例にも見られた（宋の神宗と王安石）。つまり、〔王安石の〕強権的にすぎた政治の圧力は弛緩していくのだが、[i']それはひとりでにそうなったのであって、人為的な介入は不要であった（これが「天」である）。[47]そして、野心的で強権的な政治に乗り出した神宗の方も、長期にわたる前の治世（仁宗、一〇二二～六三年）が、平和主義から転じて無気力にまでなったことへの反動からそうしたのであった。過剰は、別の過剰を求める。つまり、緩和は緊張を求めるし、緊張には新たな弛緩が続く。[j'][48]したがって、どんな小さな政治的事件であっても、交替と「変化への不断の趨勢」[k']の力学から解釈できる。さもなければ、漢の皇帝（元帝、一世紀）が発した悪しき詔勅〔「質樸、敦厚、遜譲、有行」であるべし〕のことは理解できない。この詔勅は官僚の道徳規準を定めたものであるが、結果的には、彼らを怠惰にし、国家が本当に必要とする道徳的な剛正さを失わせてしまった。[49]こうした皇帝の措置を説明できるのも、唯一、先行する状況への反動としてのみである。すなわち、詔勅が出される前には、文官たちは、自分の地位を確証してくれる公的な承認が無かったために、自分の価値を何としても認めさせようとして、無秩序な状態にあった。それは、皇帝に不安を抱かせるほどであったために、「逆転の趨勢」によって、彼らを組織に編入する決断がなされ、彼らに従順さを強要したというわけである。結論はこうだ。「流れは畏るべきだが、その反転はもっと畏ろしい」。

五　道徳的戦略　操作される布置としての歴史的状況

「緊張と弛緩」、「伸屈」、「治乱」、「盛衰」。歴史は、「抑揚」しながら容赦なく進んでいく。[l'][50]それは、時の流れの上に投影された形而上学的な原理ではなく、どんなプロセスにも備わる内的な必然性である。肯定的であれ否定的であれ、現に働いている要素は必ず極まり、それを補完する要素に取って代わられる。調整的な力学は、たとえ目に見えず、起動の様態であっても、変化の各段階に含まれており、そのために、歴史的状況はすべて、操作される布置なのだ。操作の戦術は実に単純なものであるが、それは常に理に適っているために、道徳的方策としても利用される。すなわち、事態の推移の中で働いている趨勢をどう利用するかを知ること、これが戦術の知恵であり、また、状況が作る配置を望む方向に働かせること、これが戦術の理想である。あらゆる歴史的状況には、たとえどんな不利な状況であっても、来るべき変遷の可能性が備わっており、それはある程度長期にわたって肯定的に作用する。その到来が今すぐにではないにしても、後になればやって来る。結局は、すべての中で最も決定的な要素、すなわち時間を当てにすればよいのである。

王夫之によると、交替という時間的な論理をうまく運用するには、二つの普遍的な原理だけで十分である。一つは、変化が起きる前に、それが過剰にならないようにして、反動から逆の過剰が生じないようにすることである。もう一つは、変化が起きている時には、心の底では警戒したまま、しかし、進んで変化に応じることである(51)。なぜなら、これから変化が必ず生じると告げられている時に、変化に対立しようとすることほど、馬鹿げていて破壊的なことはないからだ(52)。人格的な美質が何であれ、忠誠心から現状にしがみつく者は、状況を何も好転させられず、自滅するほかない。真の徳とは、変化をうまくくぐり抜けることである（そして、どんな場合であっても、そこから最大の利益を引き出すことである）。たとえば、不幸から幸福へ反転しようという場合には、与えられた可能性を活用し、幸福を効果的に到来させることは、わたしたちに懸かっている。たとえこの反転が、一切のプロセスを支配する交替の論理から、自然に到来するのだとしてもである。「天は人を助ける」が、結局は、自ら助ける者を助けるのである。

王夫之

したがって、論理的につきつめれば、すぐれた知恵は、人間の関与をゼロに近づけながらも、最大の効力を発揮させることに帰着する。それは、「待つすべを心得る」ことである。プロセスはすべて不均衡に至るもので、強まればおのずと弱まる。また、プロセスをある方向に向かわせる趨勢は、不可避的にその反転を求める。このことを知っているのが、聖賢である。だからこそ、聖賢は、客観的なプロセスが、反転に最もふさわしい段階に達するまで、つまり、否定的な要素をすべて使い尽くして、今や肯定的な方向に全面的に向かおうとするまで、待つすべを

王夫之

心得た人として描かれるのである。そして、その時が来れば、聖賢は最小限の人的関与によって、すべてを望ましい方向に向け直し、状況を再構築する[53]。そうすれば、事態は全く自然にわたしたちの前を推移していきながらも、わたしたちは、その布置に内在する力学から最大限の利益を得る。したがって、「天と争う」のは狂気の沙汰である。プロセスの自然の流れが逆方向に進んでいる時に、行動を起こしてもうまくいかない。とはいえ、それほど考慮されないことではあるが、プロセスの自然の流れが、望ましい方向に完全に達していない時に、あまりに早く関与することも危険である。たとえその時、わたしたちの行動が、プロセスによって「論理的に」望まれた方向に沿っていたとしても、それがプロセスに力を及ぼすことで、プロセスにとって自然な範囲を逸脱させてしまうからだ。そうなると、このプロセスの平衡を、安定的で持続的に回復することは困難になる。こうした拙速は、わたしたちを無用な衝突に晒すだけでなく、好機がついにわたしたちの手に落ちようとする時に、それを逸する危険をもたらす。最大の誤りは、待ち切れないことである。古代の王朝の創始者たちは、このことをよく知っていて、退廃した王の専制が極点に達し、状況が熟し、振り子が自分たちの方に振れた時を察することができた。つまり、その時が来るまで節を保って待ちえたからこそ、「静かに立ち上がる」だけで、万人の熱望に応えながらも、自分に益となる計画を易々と実現できたのである[m′]。

　先ほど、強権的で強圧的にすぎた権力の例を挙げたが、そこからも同じ教訓を引き出すことができる。つまり、そうした権力に即座に対抗した人は潰されたが、「徐々に衰退する趨勢を頼んで[n′]」、「相手が実行不能に陥ってひとりでに解体する」のを待った人は、最後には状況をコントロールし、それを鎮静化したのである（漢の武帝と昭帝の治世における霍光や、宋の司馬光[54]）。この意味で、運や「計り難い天」といっても、つまるところこうした「理」なのであり、それは「状況から出てくる趨勢（歴史的な「勢」）に順うこと[o′]」にほかならない。したがって、合理的に考えれば、現下の状況を分析することによって、出来事の不可避的な成り行きを予見し、その機先を制することも可能である。なぜなら、出来事は、進展する趨勢に含まれており、その趨勢が絶頂に達する時には、その反転がすでに始まっているからである。[p′][55]ところが、「それに気づく人はほとんどいない」。そのために、「知恵」が必要となるのである。ここで、もう一つ別の例として、後漢（一～二世紀）における宦官の権力の上昇を見ておこう。この時もまた、宦官に直接対抗した人は皆命を落とした（どの大官もそうであり、一六八年には竇武が死に、その二一年後には何進が亡くなった）。その際、次のことを知っていればよかったのである。こうした専制は、過度に及ぶと怨恨を引き起こす。そして、怨恨が沈黙のうちに積み重なると、専制を激しく糾弾するようになる。そして、ある日、「一陣の風が消えゆく灯火を吹き消すように、反転が速やかにかつ容易に起こる。これはすでにして確実である」。だからこそ、聡明な将軍（曹操）は、笑って傍観するだけで、「そうした元凶を誅するには、一獄吏で足りる」と語っていたのだ。そして、最後に重きをなしたのは、その曹操であった。

以上とは反対の証明を見ておこう。それは、宋の高名な将軍（岳飛、十二世紀）の例を詳細に分析すればわかる。宋王朝が国の北部を侵略者に明け渡した際、岳飛は反攻と復讐を唱え続けた。しかし、廷臣たちは、戦争に厭き、血気にはやる将軍たちにもうんざりしていて、すでに穏健主義に傾いていた。そのため、少し前まであれほど賞賛されていたにもかかわらず、岳飛の熱意はたちまち迷惑なものとなり、疑いを容れられる口実となった。そして、とうとう、働き盛りの時期に、牢獄で処刑されてしまったのだ。もし、その反対に、岳飛が、是非とも栄光をという思いを一時的にでも脇に置き、比類なき勇者という自己の神話を少しでも犠牲にしていたらどうだっただろうか？　そうすれば、彼の主要な政敵（秦檜）が死に、侵略者たちも彼らを待ち受けていた困難に陥り、そして廷臣たちの士気も「増伸」したのである。[56]待ってさえいれば、その時には、彼が再び軍隊の指揮を執り、成功を収めるチャンスも大いにあったことだろう。「両立しえないもの」は排他的であるために、常に「置き換わりながら」、順次到来する。[q'] 言い換えれば、趨勢が逆に向かっている時には「屈し」、趨勢が再び好転した時に主導権を握ることである。これができる人は、「追い求め」ずとも、時間さえ経てば、最後には「すべてを手に入れる」。肝心なことは、逆境にあっては自分の身を守り、未来のチャンスをうかがうことである。人々は、決してあきらめなかったという理由で、この「英雄的な」将軍を賛美してきた。しかし、それはまさに、将軍を苦境へ、そして死へと追いやったものに拍手していたのである。この点では、歴史の悠々たる頌歌《ほめうた》は、誹謗中傷よりも「毒がある」。

かくして、価値が序列づけられてくる。成功の要因としては、道徳的な「節操〔恒常性〕」の方が、知的な「洞察力」に勝る。[57] 後者は、心による純粋な把握であり、瞬間的にしか働かないが、前者は、志操の堅固さに訴え、持続によるために、それが展開していけば、現実全体と同じ広がりを持つことになる。前者は「本性〔体〕」であり、後者は（単なる）「機能〔用〕」なのだ。洞察力は、機会があればいつでも用いられるために、最後には尽きてしまう。それに対して、節操は、時の流れに合わせながら、持ちこたえることであるために、根本的に窮まることがない。この点で、それは、「恒に存する」天に比べられる。それは、長い期間を見渡しているために、プロセスに対しても高次の理解をしており、どんな成功も一時的にすぎず、どんな失敗も最終的ではないと考える。趨勢は論理的であり、それゆえ必然的であると[r']考えていれば、勝っても驕らず、負けても腐らずにいられるだろう。こうした観点から、王夫之は、紀元前二世紀に戦われた、項羽と劉邦の王位争奪の争いを論じた。項羽は、洞察力を長きに渡って発揮したにもかかわらず、結局は敗れ、潰走を余儀なくされ、自らの頸をはねることになった。ところが、劉邦は、何度も全滅しかかり、すんでのところで危地を脱する有様であったが、それでもその都度、混乱に乗じて軍事力を再興し、再び攻勢に転じたのである。そして、最終的に勝ったのは劉邦であり、それが正義であった。[58]

中国において考えられた歴史の布置は、一見すると、ただただ自動的に決定されているように見える。しかしそれは、それに固有の論理によって、人間のイニシアティブに大きな余地を残している。第一に、歴史のプロセスには、趨勢の必然性を超える、遊びの部分が常にある。[s'][59] それは、偶然（あるいは運命）の残余である。確かに、趨勢は一旦始まってしまうと、必ず特定の方向に向かうということは真である。そして、始まったばかりの萌芽的段階において、すべては微細なところまで決められている。[t'] しかし、それでも、不確実で、予見不可能なものがいくばくかは残っていて、それは、わたしたちには計り知れない「天」の次元に属している（この限りで、趨勢の純粋な合理性が奪ってしまった超越的な様相が、天に再び与えられているとも言える）。自然の流れであれ、歴史の流れであれ、天は、恒常性の原理であると同時に、機会の要素としても働く。[60] すなわち、大きな規模では、（交替によって、消長したり、盛衰したりする）必然的な調整機構として働くとしても、身近なところでは、天の機能はしばしば純粋に偶然的に働くように見えるのである。しかし、そうはいっても、天は一つであるために、聖賢の知はこうした二つの様相を再び一つにする。つまり、調整的な論理を、情勢に適った機会の方から理解し、その逆に、兆してくる機会を、推移するプロセスを意識することによって、できるだけ早く感知しようというのだ。ところで、第二に、「趨勢が常に定められている」としても、それは、趨勢を巧みに運用する人間の権能にも属している。見てきたように、そして原理からして、弱いものが「一挙に力を伸張して強くなること」は望めないにしても、どんな力も決定的ではない以上、「強いものの力が弱まるのを待てばよい」[61]。したがって、力関係の中でも、衰退への趨勢は決して抗い難いものではなく、人は自分の身の破滅に責任があるのである。

王夫之

以上の証拠として、中国の歴史上最も悲劇的な終焉の一つである宋王朝の終焉と、それに続いて起きた蒙古の侵入を見てみよう。王夫之は、蒙古の侵入は不可避ではなかったと論じる。なぜなら、最初に金（十二世紀）が北辺

王夫之

を部分的に侵攻してから、蒙古が最終的に侵入するまでの一世紀半の間に、状況は幾度となく変わり、趨勢も揺れ動いていたからである。(62)なおも十分に蒙古に対する手持ちのカードは残っていたし、南へ退却すれば、しばらくの間戦い続けることもできた。また最後の段階でも、敵の前進を食い止め、要衝を押さえておくことはできたはずだし、「時勢を斟酌しうる」人であれば、打開策を取ることも可能であった。したがって、全滅したことは、指導者のミスである（理宗と、二人の宰相〔史嵩之、賈似道〕）。このように宋の終焉を想起することで、王夫之はおそらく、それから四世紀後の満州人の侵入を前にして、自分自身が武装解除しなかったことを正当化しているのだろう。(63)趨勢の決定論に基づくことは、諦めではなく、抵抗者たる勇気を与えるのである。

六　例証　文学における更新の趨勢

「勢」の観点は、様々な形をとる個々の歴史性や、別の種類のプロセスにも等しく関係する。どんな状況も、変遷をつかさどる趨勢によって方向づけられているし、どんな歴史も、この同じ図式から理解できるからである。とりわけ、中国において特に重視された歴史である、文学史はそうである。文学史は、二つの重要なポイントを簡便に立証する。第一に、文学における趨勢を考慮すると、文学史において変化は必然的なものであるということが明らかになる。これは、モダンであることを標榜する側の論拠になった（だからこそ、本書は、法家的な着想を持った改制論者たちの議論から考察を始めたのである）。第二に、それによって、文学史の基本概念が交替に基づいていること、したがって、これまで考察してきた、盛衰や更新と同じものであることが証明される。

文学を考える際に、中国において早くから現れていた観念は、「趨勢は流れ」（ここでは、趣味やモードという意味の趨勢）、後戻りしないというものである。[u'][64] もう一つは、時代ごとに「状況〔勢〕は異なり」、模倣できないという観点である。[v'][65] しかし、こうした考えが特に重要視されるようになったのは、十六世紀の明末からである。その理由の一つは、当時、模倣の理論が過度に強いられ（「文は秦漢、詩は盛唐」）、生きた文学創造（小説、戯曲、詞等々）と批評家たちの硬直した判断とが乖離してしまい、教条主義と保守主義の桎梏に何とかして抗することが緊急の課題になっていたからである。理由のもう一つは、その時代に「直観主義」の哲学が登場し、心の天真爛漫な動きが第一であると主張して、これまでとはうってかわって、率直さを強調したからである。[66] その哲学によると、「童心」だけが真正なものであって、わたしたちの知覚や、知覚から作り上げられた道理がそれを失わせている。知が増大し「趣味」が形作られても、読書や釈義によって強化された文化は、初発の素朴さを障る。そうなると、言葉は、もはやわたしたちの心の中から発したものではない「仮の言葉」となる。たとえそれがどれだけ巧みに表現されていても、内面から切り離されている以上、そうした言葉は無価値であり、技巧に陥っている以上、「童心」から生まれる「至文」にはほど遠い。これでは、自然であれという要請に応えることはできない。ところが、文学を変化させるのは、この要請なのだ。必要なことはただ一つ、ジャンルや形式から遠ざかることである。そうしたものは、時代ごとに文学モデルとして自らを押しつけ、文学の素朴な源泉を障り、文学を「仮の言葉」にするものである。真正であるべしという要請に忠実であるためには、文学を革新していかざるを得ない。そしてその際、変遷への勢いは、文学の可能性の条件なのだ。

　ここから、時代の趨勢を尊重するモダニストたちは、次のように考えた。文学は過去から現在へと変遷せざるを得ないが、それは時という要素がそうさせる。時代と時代の間には断絶があり、そのため、古人の言葉を剽窃して「古」であると思われようとすることは、まるで厳冬に葛の薄い衣服を着るようなものだ。[67] 人が制作する事物と同

李贄
十六～十七世紀

じように（衣服から制度まで）、文学も「繁」から「簡」へ、「晦」から「明」へ、さらには「乱」から「整」へ、「難解なもの」から「流麗なもの」や「痛快なもの」へと変遷してきた[68]。趨勢は、これから伸びていく方向へ自然と向かう。かくして、「古が今になり得ないのが「勢」である[w']」以上、変遷は不可避的である。事実、今の文字と古代の文字とは一致していないし、二千年前の言葉で今の政策を布告する文章を作ることはできない。そしてまた、恋愛の歌を昔の歌から借りて作ることもできない。世の変化につれて、文学も変わる。「今日、古を模倣する必要がないのも、「勢」である」。この最後の「勢」という語は、それ自体が論拠となっているが〔勢からしてそうなる〕、同時に、究極的な原因としても用いられている〔勢を説明原理とする〕。

そうすると、文学を理解するには、歴史的な視点を取るほかない。いや、それどころか、文学は、その本性からして歴史的である。ただし、歴史的といっても、それは文学に反映される外的な条件によってではなく、内的な必然性によってである。ある時代の詩は、次の時代の詩に「席を譲り、降っていき」、それに変わって「いかざるを得ない」。「『詩経』（中国詩の最初のアンソロジー、紀元前九～六世紀）が降っていかざるを得なくなると、『楚辞』が（古代末に）登場した。『楚辞』が降っていかざるを得なくなると、漢魏の詩〔賦〕が登場した。漢魏の詩が降っていかざるを得なくなると、六朝（三～六世紀）の詩が登場した。六朝の詩が降っていかざるを得なくなると、唐（七～九世紀）の詩が登場した。これが「勢」である[69]」。詩のジャンルと詩の変遷〔の各段階〕は同じであり、時代から時代への変貌がジャンルの法である。更新が不可避なのは、わたしが過去の詩を模倣しようとして、模倣がうまくいかないと「詩が詩であるゆえんを失う」し、模倣がうまくいくと「わたしがわたしであるゆえんを失う」からである。このジレンマが解消されるのは、「未だかつて似ていないものはないのに、どれとも似ていない」という理想においてである（最も偉大な詩人である李白と杜甫は、これを体現していた）。詩的なものの同一性は、

袁宏道 十六～十七世紀

顧炎武 十七世紀

それが変革されればされるほど強まる。あるいは、詩は、たえず他なるものとなることで、自分自身であり続ける。いずれも矛盾した表現ではあるが、それによってわたしたちは、最初のそして最も普遍的な直観に立ち戻る。すなわち、変化しないものは無い。

ここから、モダニストたちのグループは、文学史に対して均衡のとれた見方をすることになった。それは、文学は進歩する（文学は、文明とともに段階を踏んで進展する）という見方でもなく、文学は堕落する（完成の域に達した経書から逸れていく以上、以後の文学は退化せざるを得ない）という逆の視点でもない(70)。両者の間に、文学は時代ごとに更新されるという、ちょうど中間の見方を開いたのである。すなわち、それぞれの時代は前の時代の遺産を継承しながらも創造的であり(71)、「断絶」と「伝統」、「転換」と「連携」が同時に存在すると見るのである。それは、時代を切り分けて、一時的に統一された孤立した塊として考えるのではない。むしろ、ここでの中国文学史の考え方は、変遷が有する連続的な特徴を強調している。つまり、「源泉」があれば「流れ」が続き、「本」があれば「末」に達する。変化をもたらす要素が、プロセスの規則性に含まれているために、交替の力学が窮まることはない。文学史もまた、他の歴史と同じく、不断に連鎖する盛と衰の二つの局面を進んでいく。ただし、これは、「前にあるものが必ず隆盛の時にあり、後にあるものが衰退の時にある」という意味ではない。なぜなら、衰退は、それ自身が新たな隆盛に繋がっているからだ。ここでもまた、変化への「趨勢」は、「不可避的(x')」だと考えられ、「物の理」に属し、論理によって根拠づけられているのである。

七　歴史に終わりはなく、歴史は出来事の物語ではない

王夫之

歴史を分析することは、「それぞれの時によって、それぞれの「勢」を度《はか》る」ことである。[72] 結局のところ、状況から出てくる趨勢という概念は、継起する時代と、この〔時代の〕変遷を根拠づける内的な論理とを媒介している。継起する時代とは、生きられた歴史の流れであり、内的な論理とは、時代を貫いて見出されるべきものである。趨勢の概念があることで、一方から他方へ移ることができるし、変化と道理を連関させることができる。というのも、趨勢は、時代の変遷に対して、必然的な方向性そして道理に適った終点を与えるからである。その方向性は、その時その時に力関係を作り上げている諸要素の絡み合いから、直接に、新たに派生する。「時が異なれば、趨勢〔時から結果する「勢」〕も異なる。趨勢が異なれば、理〔プロセスを制御するもの〕も異なる」[y'][73]、「趨勢は時という機会に因り、理は趨勢に因る」[74]。事態の推移を、一般的・抽象的に決めることはできない。「ある時を知るにはその趨勢を審らかにし、その趨勢に因って理に合致するべきである」[z'][75]。だが、個別の状況を知るには、それを何らかの布置として認識しなければならない。そして、その布置から生じる趨勢から、いやその趨勢だけから、今日「歴史の意味」と言われているものを演繹できるのである。

ところで、歴史的布置とその変遷という中国的な合理性と、歴史を大文字の理性の実現だと考えるヘーゲル的な見方との間に、何らかの客観的な類比関係があることは無視できない。両者とも、開始されたプロセスは不可避的であると考えている（たとえば、ヘーゲルはこう述べる。「世界史が理性的に進むこと、世界史が世界精神の理性的かつ必然的な歩みであることは、世界史を考察することによってはじめてあきらかになる」[76]）。また、両者とも、

否定性は一時的なものであり、変化の必要な契機にすぎず、進行中の全般的な変遷に含まれ、止揚されると考えている。そして、歴史の不幸を嘆くのではなく、むしろ、その転変を「和解させる認識」を持つことを勧めるのだ[77]。類比の最後として、両者とも、歴史の流れは、人の感情や私的な利益を利用することで、実は普遍的利益に適うものを現実化すると考えている。ここで、ヘーゲルがシーザーについて述べた言葉を、中国的な見方の中で、始皇帝に対してそのまま語り直すこともできる。すなわち、世界を政治的に統一し、新しい統治体制を押しつけるような、「世界にとって、現体制の否定をねらいとするような実行行為（「世界の独裁者」たろうという志）」は、それ自体が、歴史（中国史と世界史）の中で必然的に定められたもので、「その行動はかれの特殊な利得につながるばかりでなく、時代の趨勢にまったく合致した本能的行動でもあった」[78]。この（理性の）隠れた「本能」のことを、中国では「天」と呼ぶのであって、それは調整機構の計り知れない基盤である[79]。しかも、ヘーゲルが「世界精神の事業遂行者たる使命を帯びてい」ると語る偉人たちが不幸な運命に陥る点までも、当然のようによく似ている。シーザーは暗殺されたし、始皇帝の王朝は間をおかず転覆され、短命であった[80]。早く地面に落ちた「豆の莢」は、中が空っぽだったのである。

とはいえ、こうした類比を行うことは、両者の歴史に対する考え方の違いを、ますます際立たせることにもなる。言い換えれば、歴史観を含んだ両者の言説の様態が、隔たっていることが明らかになるのである。ヘーゲルは、歴史の中の理性を、「手段」と「目的」の関係から認識した。つまり、時の流れの中に現れるものは、偉人たちの活動に至るまですべて、意識から自由への上昇という、「世界の目的」を実現する手段にすぎない。ユダヤ＝キリスト教的伝統の相続人であるヘーゲルにとって、世界史は進歩として考えられるべきものなのだ。その終点は、もはや純粋に宗教的な様態（神の国）ではないにしても、はじめから正しいとされた目的地である。ところが、これまで見てきたように、「勢」という概念は、兵法におけるその最初の定式からして、手段と目的の関係――この関係がわたしたちにはどれだけ自然に思えようとも――とは無縁である。たとえ歴史の枠組みの中で、天が偉人たちの個々の利害関心を利用するにしても、それは、プロセスに内在する純粋な規定がそうするのであって、神意や練り上げられた計画が介在するわけではない。プロセスに内在する純粋な規定は、包括的であり、すぐれて調整的な役割を果たす。したがって、中国的な歴史観は、神学的ではない。歴史は啓示の場所ではなく、どんな構想もそこには見て取れないからである。また、それは、歴史はどんな目的因によっても導かれないと考える以上、一切の終末論を欠いている。歴史は、いかなるテロス〔目的〕によっても根拠づけられず、その「エコノミー〔摂理〕」[81]は内在的である。こうした〔歴史に対する中国と西洋の〕差異は、つまるところ、大きく見るなら、時間に対する考え方が違うということである。中国の伝統にも、近未来という概念があることは明らかである。それは、現在時にすでに兆していて、プロセスの変遷がいったん始まると必ず到来するものである。しかし、かえってそのために、近未来という概念は、純粋な未来に固有の内実を与えない。プロセスの時間は、無際限なのだ。また、プロセスは自動調整されるために、論理からして、プロセスには終局が無い。つまり、歴史の終わりは思考できないのである。

このように、二つの伝統の隔たりが際立ってくるのだが、ここで次の定義を見ておこう。「歴史は人間を俳優とする本当の出来事（あるいは事実）の物語である」（歴史に対する新しい考え方が明らかにしたように、出来事でないものも、「わたしたちがそれとして意識していない歴史性」[82]にほかならない）。わたしたちには、この定義が絶対に普遍的であると思えたし、そこから逃れることはできなかった。しかし、西洋で二千五百年もの間妥当であるように見えたこの定義も、中国の伝統からすると妥当なものではない。中国において、歴史というジャンルは、出来事や事実よりも、変化に注意を払うものであり、最初から、歴史を連続した叙述として示しているわけではない

（年代記編者の記録にしても、資料の蒐集にしても、事実／出来事はむしろ変遷の目印の役割を果たしていた）。このことは、外から、わたしたち自身について思考し直すよう誘うものだ。西洋の伝統において、歴史というジャンルは、事実や出来事をその対象にしてきた。それは現実を切り取り、現実を組み立てる一つの「選択」である。この選択は、わたしたちが形而上学の次元で、個別の実体（アトムから神に至る、個別存在ens individuum）を特権化したことを反映している。ところが他方で、中国の伝統は関係の方を重視するのである。また、西洋は、歴史を具体的な形にするのに、終始、叙述的である。それは、歴史というジャンルが、叙事的な物語から最初に生まれたためである。ところが、大文明の中で、中国だけは宇宙開闢論も叙事詩も呈示しなかったのである。そして最後に、両者の違いは、歴史家の仕事のあり方そのものにまで及んでいる。西洋的な歴史の説明は、因果律の図式に基づくのに対し、中国の伝統では、見てきたように、大部分は趨勢に基づいた解釈を行うのである。

　わたしたちは、歴史を因果律で説明する論理がどんなものであるかをよく知っている。それは、選択の操作のみならず、虚構の操作にも基づいている。選択とは、「結果」にあたる現象を切り取った後に、先行与件からそれに最もふさわしいものを分離し、選ぶことである。虚構とは、原因がどれだけ効力があったかを測るために、非現実的な変遷を想像することであり、「もし」そうした原因である先行与件が無ければ、何が起こっただろうかと考えることである[83]。ここで重要なことは、蓋然的なものを、遡行的に（裏返しの予報もしくは「遡及話法」[84]という様態で）計算に入れることである。無論、これは決して網羅的なものにはならない。個々の事実／出来事は、数え切れない系列の交差点にあり、どの系列にも無限に遡ることができるからだ。ここでわたしたちは、別の仕方ではあるが、蓋然性の観点に再び出会っている。このことは、本書の出発点で確認したものであり、西洋の戦略的な考え方を特徴づけていたものだ。そしてまたしても、この蓋然性には、中国の戦略に固有の「自動性」という観点が対立する。なぜなら、仮説的である因果律の組み立てとは逆に、趨勢的な解釈は、「必然的なもの」からの純粋な演繹であるからだ（ここで必然的なものというのは、遡行的な幻想に因るのではなく、論理からしてそうだということだ）。これまで見てきたように、プロセスは、ある段階から次の段階へ、何らかの方向に向かって変遷することにほかならない（激化の方向であれ、反転の方向であれ、趨勢は均衡を取り、補完しながら変遷していく）。したがって、出来したものも、出来事という段階に「ある日突然姿を現したわけではない」。だからこそ、出来事がそこから連続的に変化して、「それがそのようであるもの」に帰着した「変遷の出発点に遡る」べきである（それゆえ、中国思想が伝統的に関心を寄せたのは、長い期間とその「静かな変化」である。他方、西洋の関心は、より最近のものに向けられている）[85]。ところで、趨勢の必然性を明らかにするには、（このことを、中国の伝統はほとんど意識してないようだが）二つの理論的操作が必要である。一つは、歴史的な変遷を、閉じた体系をなす包括的なプロセスとして考察することである（この逆に、因果律的な説明は開かれたものであり、変化を引き受けるなかで、新しいデータが次々登場することを許す）[86]。もう一つは、対立関係と補完関係が作用するように、現実を両極に分節することである（ここから、緊張と弛緩、盛と衰のバランスが出てくる）。そして、この二つの前提のどちらにも、中国文明は適していた。すなわち、中国文明は自分の伝統にのみ関心を向け、それを常に単一の観点から見てきたために（これが中国の自民族中心主義の力である）、歴史の流れを閉じた壺の中での変遷だと考えたからである。また、中国文明は、万物の原理に「陰」と「陽」の相関関係を置いているが、そうした哲学の次元における二元的な審級は、その都度の歴史的な変化を構造化するのにも役立つからである。このように、中国文明には、人間世界の転変を、趨勢の論理によって考察する文化的な下地があったのである。

八　因果律的な説明と趨勢的な解釈

とはいえ、西洋の方でも、歴史を考察する際に、趨勢的な解釈を全く無視してきたわけではない。それは古典的な主題でもあり、『ローマ人盛衰原因論』はちょうどそれに当てはまるものだ。たとえば、中国人には親しいやり方であるが、カルタゴとローマを両極的に対比した時、モンテスキューは、成功をその反対へと導く内的な論理を、十分自覚していた。「この戦争の命運を変え始めたのは、ハンニバルの征服それ自体であった」(＊)。ハンニバルはあまりに連戦連勝したために、援軍を迎えることができなかったし、領土を征服しすぎたために、それらを維持できなくなった。より一般的に言えば、モンテスキューの作品の中心には、「堕落」という概念があって、反転が構造的に必然であることを説明している。ただし、それは、道徳的な意味を放棄した「堕落」である。道徳的な意味で理解すると、イデオロギー的にすぎて（たとえば、ローマ人はエピクロス派の影響によって堕落した）、歴史的な説明にはならない(87)。このように、モンテスキューは、依然として因果律的な図式に縛られてはいたが、それを越え出ようともしていたのである。

世界を支配するのは運命ではない。そのことをローマ人に確かめてみるならば、彼らは、ある一つの構想に基いて導かれていたときには一連の相次ぐ繁栄を経験し、他の構想に基いて行動したときには絶えることのない

（＊）モンテスキュー『ローマ人盛衰原因論』日本語訳五一頁より。

挫折の連続に陥ったことが分る。あらゆる君主政国には、それを興隆させ、維持し、あるいは没落させる、精神的もしくは物質的な一般的原因が存する。あらゆる偶然の出来事はこの一般的原因に従属している。そして、ある戦闘という偶然、すなわち、特殊な原因が国家を破滅させたとすれば、そこには、ただ一度の戦闘でその国家が破滅しなければならぬ一般的原因があったと言える。要するに主要な傾向があらゆる個別的な出来事を引き起こすのである。(88)

「一般的原因」、あるいはモンテスキューが言い直した言葉では、「主要な傾向」。これらは、趨勢に近い。モンテスキューは、「勢」に対する直観を有していたのである。「政治家の犯す過ちは必ずしも自分の意志によるものでなく、しばしば、彼が置かれた状況の必然的帰結であり、不都合が不都合を生み出すことになる」(89)。モンテスキューがこうした直観を持ち得た理由を歴史的に勘案してみると、十八世紀が、歴史を神の摂理と見る見方(これはボシュエ〔一六二七~一七〇四年〕に極まる)から抜け出していたことと、世俗的な歴史の見方(科学の発展が人間の進歩の必然的な法であるとして歴史を見る見方であり、十九世紀に普遍化する)がまだ幅を利かせていなかったことが挙げられるだろう。これと同様のことが、二十世紀初頭にもあった。この時、人々は、進歩主義の図式から再び距離を取ろうとして、盛衰という概念を用いた趨勢的な解釈の方に向かわずにはいられなかったのだ。それを示すのが、シュペングラーやトインビーの仕事である。彼らは、文明の成長局面と崩壊局面から、文明形態論を作り上げようとした。しかし、レイモン・アロンが指摘するように、ここには難題がある。すなわち、「古い循環の観念が、二十世紀のわたしたちにとって何を意味するのか」(90)である。

トインビーの作品が引き起こした理論的な困難は、各文明を、(中国人が自分たちの文明に対してそうしたように）閉じたプロセスに孤立させてしまったことだけではない。むしろ、比較を通じた一般化以外に、変化を具現化するモデルが無かったことがより問題である。そもそも、西洋の古代にあった循環図式には問題は生じなかった。なぜなら、それは、人間の生と世界の運命を不可分のものとして結びつける、宇宙開闢論的な見方を取っていたからである。しかしながら、こうした宇宙論的な仮定が崩れると（ルネッサンスになると、ヴィーコの著作にさえもその痕跡しか残っていない）、循環的な考えに残された唯一の支えは、天文学ではない以上、動物学的あるいは植物学的なものであった。つまり、文明は動物や植物に比較され、どの文明にも、開花・成熟・衰退の時期があると考えられた（アリストテレスの『生成消滅論』がモデルとされた）。そして、シュペングラーには、こうした生物学的な観点がそっくり残っている。しかし、トインビーの方は、これは結局のところ単なる類比にすぎないことを、十分自覚していた。「……人間存在はすべて、生きた有機体として、遅かれ早かれやがては死ぬ運命にあるが、しかし〔……〕、わたしには、多くのものが死ぬことは確実だとしても、死すべき有機体の創造者がそれ自身死すべきであることが、理論的に必然であるとは思えない[91]」。その作品の中で、循環的な図式がアポリアに帰着すると、トインビーは進歩主義的な見方に回帰したのだが、ここにあるように、最後には神学にまで回心していったのである。このように見てくると、（古代に作られた経書の中で最も重要な）『易』が、中国の伝統に対してどれだけ大きな貢献をしたのかがわかる。『易』は、連続線と不連続線の交替と、そこから派生した六十四卦だけで、変化の定式を呈示した。それは、何にも準拠することのない、独自の定式である。それに対してなされた解釈は体系的であるが、同時に、その解釈をどう運用するかは多様である。こうして、変化そのものが解釈され、固有の原理によって整序された。したがって、中国の歴史理論は、どの時代であっても、こうした鋳型に自らを溶け込ますだけでよかったのである。

では、ここからは、両者の差異をさらに深く分析し、隔たりの系譜を遠くまで遡ってみることにしよう。なぜギリシア思想は、あれほどまでに「存在」を生成変化から引き離そうとしたのか？　他方で、なぜ中国では、現実的なものは変化の中にしかないのか？　無論、ギリシア人が、〔生成変化する〕束の間のものを全く意識しなかったわけではない。その証拠に、ギリシアの原初的な宇宙開闢論では、神々が次々に産まれ出てくる。しかし、こうした神統記においても、神々がどう連鎖しているのかというよりは、神の諸形象を同定することに関心が注がれていた。重要なのは、段階の連鎖ではなく、次々に産まれ出る神々の姿がはっきりした輪郭を得ることなのだ。(92) その後、ギリシア思想は、カオスから出てくる不分明な生成変化を次第に支配していったのだが、それを可能にしたのは、運命の必然性を具現した法を超越的に創設することによってであった。この理論的な枠組みは、数・形象・元素によって与えられて、それによって、事態の連続する流れの中に一貫性を見出したのである。つまり、生成変化が、数学的あるいは論理的に定式化されることで整えられ、いくつかのタイプの不変性に落ち着いたのである。ところで、周知のように、「存在」と生成変化の分離は、プラトン主義によって完成した。一方に、永遠で完全な「存在」があり、それは学知の対象である。他方、生成（発生 gēnesis の領域にあるもの）は、生まれては死ぬものであって、決して「存在」しない。自同者の支配のもとでは、他なるものはそれに反逆的であって、生成は、不規則性・乱・悪の原理となる。そして、存在者の位階が下がれば下がるほど、生成の占める割合が大きくなる一方、変化するものを秩序づけるには、不動のイデアに「融即」するしかないと言うのである。それに対して、生成の教説として示されるアリストテレスの現実主義はどうかというと、それもこうした見方をいささかも変えることはなかった。たとえ形式と生成は不可分であると言っても、永遠なる形式は自らの支配を守りつづけ、その形式からのみ生成は規定されている。(93) 永遠なる形式の支配を逃れるのは、偶然・運命・畸型といった非合理的な残余であるか、あるいは、知解されずに別の仕方で現れる必然性である。結局、アリストテレスにおいても、生成は「質料」に同定されており、わたしたちは存在の不動化からは出られないのである。(94)

要するに、ギリシア思想と中国思想に本質的な違いがあるとすれば、前者が、生成変化に外部から秩序を持ち込む（数・イデア・形式によって）のに対して、後者は、生成変化の内部で秩序を考えて、それがプロセスとなっているということである。イメージから言っても、ギリシア思想が、カオスに押しつけられる「尺度」という、悲劇的だが美しい観念を有しているのに対し、中国思想は、四季の交替に由来する、規則的で自然に生じる繁殖性に早くから敏感であった。しかし、最も重要なのは、両者の差異に懸かった理論的な争点である。西洋思想は、外部から秩序を投影するために、因果律的な説明を重視する（先行与件Aと後行与件Bは、外在的な関係である）のに対して、中国思想は、秩序はプロセスに内在していると考えるために、趨勢的な解釈の余地を大幅に認めている（先行与件と後行与件は、プロセスの継起する一つの段階のことであり、A→A′→……と続き、一つの局面から次の局面へひとりでに変化していく）。歴史的布置という考え方〔の意義〕が、こうした対立からしか理解できないことは明白である。したがって、次に考察しなければならないことは、この二つの考え方が、原理的かつ普遍的に自らをどう根拠づけているのかということである。歴史の次元を離れて、第一哲学の次元に向かうことにしよう。

第八章　現実の中で働く勢い

一　中国の伝統は因果律的な説明にほとんど関心を向けなかった

「それぞれについてその「なにゆえに」を把握していなければ、つまり第一原因を把握していなければ、それを知っているとは考えない」。「事物がそれによって存在する原因を知ることが、付帯的ではなく端的にこの事物の知識をもっていることである」。「教えるということは、それぞれの事物の原因を語ることである」[1]。アリストテレスのこれらの定式は、生成・発生・腐敗の究明に当てられた自然学の領域でも妥当するが、大文字の存在としての存在を探求する第一哲学——形而上学——の領域でも妥当している。そして、第一哲学においては、「事物に固有の第一原因」は、端的に第一である原因に帰し、最終的には神に送り返される。「事物の原因を認識すること Rerum cognoscere causas」という定式が哲学入門の標語として用いられてきたのも、事物の原因に遡ることによって、現実をその原理から説明するためであった。この定式が、西洋の問いを形作り、精神の歩みを統御してきたものである。

したがって、西洋に固有の伝統の内にとどまる限り、はたしてこうした因果律的な理解が絶対に妥当しているのかと問うことは不可能だろう。なぜなら、この正当性は自明視されてきたものだし、さらには論理の基礎として用いられてきたからである。カントに言わせると、因果律とはア・プリオリに確立された悟性の普遍法である。しかしながら、同じく自然を解釈するにしても、中国思想はこうした原理から築かれてはいない。無論、中国思想が因果関係を無視したわけではない。だが、中国思想が因果関係に頼るのは、目の前で生じ、直接把握できる、日常の経験の中だけである。その因果関係を敷衍して、因果の想定された系列をどこまでも辿っていけば、事物の隠れた理由、さらにはすべての現実の原理を説明できるなどとは、中国思想は考えないのである。

　中国の伝統は因果律的な説明にほとんど関心を向けなかった。このことを示す第一のものは、それが神話に対してまるで興味を示さなかったということである。周知のように、西洋の文明は、起源を説明するものとして神話の働きを重要視してきた。その際、神話は、「学問以前」とされた思考の発展段階で働いていたり、実証的な認識をはみ出す疑問に答えを与える、生きた神話であったりする。ところが、中国では、「民間伝承」の中に、散佚した神話的要素を見つけだすことはできても、それが理論的な思弁によって分節化されて、めくるめく謎や神秘に答えを出すということはなかった。その代わりに、中国文明の黎明期に大きな発展を遂げたのが、占形〔卦爻など〕の分析による占いの緻密な実践である。それは、わたしたちには別の論理の萌芽に見える。亀の甲羅を火で焼くと現れる割れ目の形が、巧みな操作によって、原因とそこから帰結する結果の関係としてではなく、優れて啓示的な特別の配置として解釈されたのである。レオン・ヴァンデルメールシュはこう述べた。「ある出来事から別の出来事への関係は、中間的な原因と結果の連鎖ではなく、宇宙的な状態の包括的な変容による。卜占が明らかにするのは、それを予兆した図形の変化である。どんなに小さな出来事であっても、新しい出来事が現れるには、この宇宙的な状態の変化が必要である[2]」。つまり、占形は、予想される出来事の、宇宙的な規模での含意全てを伝えるものなのだ。そして、その含意は「因果律的な規定を大きく越え出て、それを完全に支配する」ほどである。占形は、現に働いているすべての関係を、瞬時にそして包括的に把握したものとして解読するべきであって、因果の連鎖を演繹するものではない。

中国的な現実解釈は、布置の了解によって進んでいく。それはどの領域においてもあてはまり、最も普遍的な思弁までもそうである。つまり、何らかの形状（配置）を見つけだし、それを機能の体系として考察することから始めるのである。因果律的な説明〔explication 外に解き広げる〕は、先行与件という名の下、常に外的である要素を参照する。それは、後退的であると同時に仮定的な説明である。しかし、それと対立する趨勢的な含意〔impli-cation 内に巻きこんで結びあわす〕は、こう考える。今進行中の変遷はすべて、初発の状況に含まれていた力関係に由来し、閉じた体系の中で構成されているために、不可避的なものである。こうした趨勢の不可避性を、自然現象との関連や、第一哲学において示すのが、「勢」である。趨勢＝傾向や「勢い」という意味を持つこの語に、中国思想を最初に解釈した西洋人たちは、中国思想の独自性を見た。たとえば、ライプニッツは、ロンゴバルディの議論を取り上げ、次のように反駁した。「中国人が、自然の勢いから事物は生じると考えたことは、非難ではなく称賛に値する……(3)」。しかし、いったいこの「勢い」と並べられた「自然」とは何なのだろうか？

二　自然の勢いの意味

中国人が見た主要な配置は、天と地の配置である。天は高く地は低い、天は丸く地は四角である。地の立場は天の下にあり、天に応じるものであるために、「勢い」からして、地は天のイニシアティブに「順う」(a)(4)。こうした配置『易』を取ることで、天と地は、あらゆる出来事を支配する原理となる。それは、正反対ではあるが補完的な原理であって、「能動的」であると同時に「受容的」であり、父であると同時に母である。現実のプロセスはすべて、最初に置かれたこの布置から出てくる。

そして、事物を実際に出現させるのが、勢いである。中国では、すでに古代末に、存在者が次々と新たに生じることを、理論的かつ包括的に考察し始めていた。

『老子』

道がそれらを生じ
徳がそれらを育み
物がそれらに形を与え
勢いがそれらを具体的に出現させる(b)(5)

より一般的に述べると、「徳」は、プロセスに固有の現実化の働きであり、常に更新されるダイナミズムであって、天地・陰陽という根源的な二元性に由来する。それに対して、「道」は、この無限の展開を一つにまとめる原理である。「勢い」は、世界の大プロセスを説明する連鎖の最後で言及されているが、それは、プロセスの各段階を特徴づける個々の情勢であると同時に、そこから生じる個々の趨勢でもある。この「勢い」によって、存在する可能性をわずかでも有したものは、その輪郭を現すやいなや、具体的に出現することになる。言い換えれば、事物を実際に出現させる趨勢は、最も萌芽的で微細な段階にすでに含まれているのだ。(c)(6)

『鬼谷子』

したがって、存在者が出現してくる際には、その始まりからこの趨勢を注意深く観察しておくべきである。その趨勢に基づけば、来るべき変遷が確実にわかり、しっかりした土台が与えられるために、よい結果がもたらされる。(d)(7)

趨勢は、自然や社会といった世界にも客観的に含まれ、その展開を支配している。その趨勢に合わせずに、世界に働きかけても、無駄である。また、勢いは、それぞれの与えられた状況からも出てくる。その勢いの論理に順わずに、現実の流れに干渉しても、無意味である。以上のことは、漢の初めに、「道家思想」を国教にしようとした人々が特に強調した観点であった。[8]「船は水に浮かび、車は地を転がる。これは、物の勢いから自然に出てくる」[e][9]。この定式はあたりまえのことを言っているだけに見えるが、知恵の教えを含んでいる。つまり、事物は、自分と同じジャンルのものにおのずと向かい、「勢いにおいて合致する」[f][10]のである。事物が出会うとある特定の配置が生じ、その配置から、できる・できないが出てくる。それぞれの事物には固有の時と場所があり、それを変えたり、それに背馳することはできない。[11]たとえば、禹は水を東へ流して中国全土を安定させたが、それができたのは、土地の起伏する自然の傾きを利用したからである。また、后稷は開墾を行って農業を普及させたが、それでも冬に作物を育てることはできなかった。[12]勢いはプロセスの規則性に含まれているのであって、それに反して進むことはできない。[g]無論、だからといって、全くの無為でよいというわけではない。そうではなく、素朴な「活動主義〔為〕」を捨て、イニシアティブを取りたいという欲望を断つすべを知ることである。そうすれば、現象の流れに沿いながら、そのダイナミズムを利用し、現象を互いに協同させることができる[13]のである。

こうした布置の論理から見ると、現象の因果律的な説明が、趨勢的な解釈にどのように置き換わるかがよくわかる。布置の論理は、自然界とどう関わるかという戦略と切り離せないものであるので、ここではそれについて見ておこう。

木と木を擦ると燃え

『淮南子』紀元前二世紀

『淮南子』

火と金が触れると溶けて流れる
丸いものはつねに回転し
くぼみのあるものは浮かぶ
これが自然の勢いである[14]

このように、世界にある実在はそれぞれ固有の本性を有している——「鳥は空気を羽で打って飛び、獣は地面を踏みしめて走る」——。そして、物と物とが適切に出会うと（木と木、金と火、丸いものと地、中空になったものと水）、その配置から必然的な変遷が生じる。物と物とが関係すると、段階が変わり、そこに含まれていたプロセスが、流れを下るように展開するのである[15]。それは、因果律の連鎖のように、現象の系列を手探りしながら遡ることではない。

要するに、「自然界の」が「おのずから」と同一視されたのである。こうして、「自然の勢い」という考えは、目的論的な因果律を批判するものとなる[16]。天地が人を生むのは、何らかの原因によってでも、故意によってでもない[17]。王充 一世紀「天地が気を合すると、人はおのずと生まれる」。同様に、夫婦が気を合わせると、ひとりでに子供が産まれる。夫婦が気を合したのは、子供が欲しいと願ったからではなく、「情欲が動いて合し、合すると子供が生まれた」のである。さらに、天が五穀や亜麻をもたらすのは、人の欲望を満たすためではない（まして、人を懲らしめるために、収穫を阻む災害を起こすわけではない）。こうした「自生（おのずから生じる）」は、計画を練って作る人為的な制作モデルとは対照的である[18]。天は、地との相互作用で進んで行く。それは、天地の相互的な配置にのみよるものであって、そこに何か別の原因など無い。天は「創造者」ではないのである。

三　宗教の脱神秘化と趨勢的な解釈

中国文明の独自な特徴の一つに、かなり早い時期から宗教的感情を離れて、普遍的な調整機構を自覚するようになったことが挙げられる。紀元前二千年の終わりには、プリミティブな神崇拝は衰えたと考えられている。供犠に代わって卜占が優勢となり、それが、作動している規則性を探知する役割を果たすようになると、思弁は宇宙論的な方向に向かった。すなわち、自然全体を制御し、人々に自分の意志を押しつける、「上帝」という概念に極まった古いアニミズムが、「天」の観念に移行したのである。「天」の観念は、「上帝」が有していた擬人的な形象から逃れて、神的な能力をすべて物理的な機能の中だけに含みこもうとした。また、それと並行的に、古い冥界の神々が有していた数多くの権能が、「地」という宇宙的な実体に集められた。地は、その物理的な様相が天と対称をなすと考えられていたため、天と相関しながら作動する。こうして、全宇宙が「機能化」――儀礼化――されたのである。そして、天は、規範の完全性と普遍性を体現しているということで、超越的であった[19]。神秘を感じるとしても、超自然的なものからではなく、神的な恣意性への畏れからでもない。それは、「自然」に対して感じる感情と同じものになったのである。ここでの「自然」とは、事物の尽きせぬ布置から休むことなく出てくる、計り知れない自発性の基盤である。

古代末に諸子百家が登場すると、「天」について大きな哲学的発展が見られた(「天論」)。それは、神的な干渉という宗教的な観念に反対して、天の働きと人間の境遇を分離したのである。天の運行は恒常性を特徴としており、社会が経る治乱の交替に応じて、それが変化することはない。またその逆に、天が人間の感情を考慮して、「人が

荀子
紀元前三世紀

寒さを嫌うから冬を終わらせる[20]」わけでもない。この考えは、その後の中国思想の中で発展させられていったが、とりわけ、八世紀から九世紀にかけての転換期に登場した、唐の「新法家的な」グループによって展開された。彼らは急進的な改革を行うことで、当時ますます深く帝国を揺さぶっていた、政治的・社会的危機に立ち向かおうとした。だが、今日の中国の哲学史家たちが主張するように、彼らの「基礎的唯物論」が改革のプロジェクトに伴っていたかどうかはわからない。しかし、少なくとも確かなことは、彼らが次のような原理的立場を重視したということだ。すなわち、報いを与えたり、正義を実現したりする天を想像することは無意味であるし、天を嘆いたり、天に憐憫を求めることはさらに馬鹿げている。それではまるで、天がそのことを感知できるかのようであり、天は「大きな瓜[21]」以上の何かになってしまう。

柳宗元　八〜九世紀

　こうした「自然主義者」の見方は、すべてを見通し「人の運命を密かに定める」至高の意識として天を見るものではない。それは、〔天と人の〕二つの別個の「能力」が、二つの並行した次元で展開すると考えるのである。つまり、天の任務は事物を生育することにあり、物理的な力〔強弱〕として現れるが、それに対して、人の任務は秩序づけることにあり、社会的価値〔是非〕に現れる[22]。社会が治まり、全員が一致して是非を承認している時には、善行は自動的に報われ、悪行は正当に罰せられる。この場合、天の干渉を願うものは誰もいない。しかし、この治が少し「緩み」、是非がわずかに混ざり合うと、社会を秩序づけている報償の機能が、常には保証されなくなってしまう。そうなると、うまく進んでいる物事に対しては、それが「物の道理」だと説明できても、正当化できなくなったものに対しては、天に訴える他なくなる。そして、社会の治が完全に緩み、物事がそうあるべく進まなくなった最後の段階になると、何もかもが人の手を逃れ、天の権威だけがそれを管轄しているかのように見えてくる。宗教が必要とされるのは、このように社会に不満がある時にほかならない。つまり、社会の治が失われた時にのみ、

劉禹錫　八〜九世紀

天の調整機構という次元を、人の幸福という別の次元に、誤って干渉させるようになるのである。良い統治のもとでは、「人々を超自然的なもので欺く」ことはできないが、政治的な良俗が廃れていくと、天を引き合いに出して「人々を駆り立てる」のである。(23)

同じことは、自然との関係においても言える。人が天の干渉を信じ始めるのは、自分の身に生じた出来事の理由がわからなくなった時である。ところで、そうした「神秘」は常に相対的なものにすぎない。小さな川を航行する人が、船を完全に操作していると思うのに対して、大河や海を航行する人は、しばしば天に訴える。両者とも同じプロセスを前にしているのだが、大きさの比率が違うために、現象の合理的な説明が、前者では明らかであるのに、後者ではぼやけてしまうからだ。同じことは、風と水が等しい条件のもとで、二艘の船がともに航行するという、限定された状況にもあてはまる。その時、一艘は浮かんでいるのに、もう一艘は沈んでしまった。これを説明するのに、天の介入を持ち出す必要は全くない。それは、船の勢いからだけで十分説明できる。(24)すなわち、水と船は二つの「物」である。両者が関わり合うと、客観的に(そして数的に)定められる「関係」が生じる。そして、この関係がある仕方で定まると、プロセスはある方向に向かって進み、何らかの「趨勢」(浮こうとする「趨勢」であれ、沈もうとする「趨勢」であれ)が不可避的に現れてくる。(h)この時、浮沈のどちらもが、個々の規定に順い、その規定に由来する勢いに合致している。(i)勢いは、「影や響き」のように、物に付着して生じるのである。現象の見方によって、こうした勢いが認識できるかどうかは違ってくるが、現象の中に働いている論理は常に同じである。

さて、今まで論じてきたことをより正確に述べてみよう。中国では、宗教幻想を脱神秘化する際、予想に反して、因果律的な説明ではなく、趨勢的な解釈を用いた。それは、宗教幻想を脱神秘化する、究極的で最強の論拠であった。では、事物の間に作られる客観的に計測可能な関係から、何らかの勢いが体系的に出来し、それが現実にあるすべてのものを支配しているのであれば、「天もまた、この不可避的な趨勢に制限（拘束）されはしないだろうか」[j]？　この問いは、明らかに趨勢的な解釈を逆用したもので、趨勢が形而上学の次元にどう跳ね返るのかを問うたものだ。事実、天の運行自体は計測でき、時間や季節によって定まっている。そして、天は「高く大きく作られている」ために、それが勝手に「低く小さく」なることはありえない。また、天はすでに動いているために、それが「一瞬でも止まることはありえない」。したがって、天もまた、不可侵である趨勢に従属していることになる。趨勢の支配は絶対に普遍的である。

四　現実の布置とその操作

趨勢の支配は普遍的である。しかしそれだけでなく、趨勢の支配は論理的でもある。十一世紀に始まった新儒学の展開とともに、中国の思想家たちは、現実のプロセスを説明する内的な一貫性の原理（理）をますます強調するようになった。彼らが仏教の影響に反発したのは、仏教が自分たちのこうした思考様式を毒してしまったと考えたからである。しかし、それでも、この他なる伝統が突きつけた形而上学的な要求を考慮にいれないわけにはいかず、彼らは中国思想の源泉に立ち戻り、事物の原理や理由という意味の「理」という概念を前面に出して、自分たちの世界観の基礎としたのである。ここで、現実の構造は、三つのレベルにおいて示された[25]。まず「理」のレベルには、「相関的な二元性（相対）」がある。次に、「勢」のレベルでは、両極が「相互に引き合う」（「互いに相手を尋ねあう」[k]）。そして最後に、「関係」つまり「数的規定」のレベルでは、「流れ」続け「変化」し続ける。要するに、出発点にあるのは、相互に向かいあい応じあう二つの審級である。その二つの配置から生じる相互作用によって、勢

劉因
十三世紀

いが作られる。そして、こうしたダイナミックな関係から、たえず変化する現象が現れてくるのである。この連鎖の中では、趨勢は中間項であり、原理にある関係と具体的なものの出現とを結びあわせている。それは、産出的でありかつ規制的な緊張であって、現実全体と外延が等しい。

こうした布置の考え自体は、中国では伝統的に広く承認されていたものだ。見解の相違が生じたのは、むしろ布置の用い方に対してであった。儒家の文人は、「民」と「国家」に心を砕き、政治状況の悪化を、ますます頑なに道徳的リゴリズムによって抑えようとしていた。そのために、敵対者〔道家〕を、趨勢を不正に利用して、自分の私的な野心を実現していると非難したのである。だが、道家の賢者は（老子のように）、自ら身を低くすること、謙虚に退くこと、さらには「無我」を勧めてはいなかっただろうか？ その例として、「樸素」や「嬰児」を讃えてはいなかっただろうか？ しかし、これは、反対のもの同士は必ず求めあい、互いに置き換わることを十分知った上で主張している。つまり、趨勢が有する補完機能が働けば、それは自分に有利になるのである（これが、仮定的な彼岸ではなく、間近に迫った未来で生じることは言うまでもない）。身を低くすればするほど高い地位に容易に昇り、後退すればするほど確実に前に進み、これ見よがしに自我を無化すれば、それだけ高圧的に自我を押しつけることができる。ただし、その逆に、道家の賢者は、「まばゆいものの勢いは必ず曇り(1)」、「満ちたものの勢いは必ず溢れ」、「鋭いものの勢いは必ず折れる(26)」ことも十分理解しているのではあるが。

要するに、儒家の文人は、道家の似非の謙遜には、実に厳密な操作術が隠されていると抗議したのである。それは、見せかけによって、他の人々を惑わせるからというだけではない。むしろ、わたしたちを前に進ませる趨勢が、自分の責任ではなく、客観的な状況から生じるにすぎないという考えに異議を唱えているのである。つまり、わたしが何とかして自分を前に押し出そうとしたのではなく、ひとりでに、そしてさらには、わたしの意に反してさえも、現実の不可避的な論理によって前に運ばれてしまうことが問題なのだ。戦術の観点から見ると、この狡猾な操作者は、趨勢が次にどう進展するかを念頭に置き、それから利益をあげる位置を取るために、常に時間的に先んじている。「まさに始めようとする時に、すでに終わりを先取りし、まだ入ってもいないのに、もう出ようとしている」[(27)] 劉因。この操作者は、天地の大きなプロセスのように、決して術策を用いないのに、そのプロセスと同じくらい、「計り知れない」[(*)]。これまで見てきたように、古い道家思想の影響を受けた中国の伝統では、知恵をこう定義していた。知恵は、現象の中で客観的に働いている趨勢に依拠し、それによって進み、うまく事を運ぶことである。ところが、この知恵には裏の顔があり、同じ手法が邪《よこし》まにも用いられるのである。神による至高の審判を一切拒んだ世界にあっては、聖賢と操作者は、布置を利用する技法において同じであり、共に利を目指すという点でも一致している。なるほど意図は異なる。しかし、それは、両者を真に区別する十分な基準にはならないのである。

五　「理勢」という概念と自然現象の解釈

勢いという一つの合理的な考えは、最終的には、「論理的な趨勢〔理勢〕[(m)]」という独特の概念に帰着していった。「理勢」とは、中国文明が自然と世界から作り上げてきた物の見方を、ここ数世紀の中国思想が説明し直したものである。「理」と「勢」の二項からなる「理勢」は、中国思想が分離できなかった二つの観念を結合している。一

（＊）　原文に従えば、「天地の大きなプロセスが計り知れないとはいえ、その術中に入らないものはなく、まして人ならなおさらである」とこの箇所は理解すべきであろう。

つは、現実の中では、すべては内在的に出来するという観念である。すべては内的に展開し、外的な因果律を援用する必要はない。もう一つは、この自然的な産出自体が、優れて規制的であり、ここでもたらされる規範が、現実を超越した基盤となるという観念である。結局は、これが中国人の言う「天」である。「天」の「自然」の運行は、「道徳的」絶対でもある。

　あらためて言うと、交替は布置から生じるもので、機能の普遍的な様態である。とはいえ、ここでは、現実全体での交替が問題である。宇宙の流れは、「潜伏」と「現実化」という、対立的ではあるが補完的な二局面の不断の継起にほかならない。調和のとれた潜伏的な段階に、すでに両極的な二元性（「陰」と「陽」）が含まれている。その後、対立する二つの原理を相互に「揺り動かす」[n]と、プロセスは必ずひとりでに自己展開していく。この「必然」をもたらすのが「理勢」である[28]。こうして、現象が現実化してくるのだが、この現象の現実化にはいかなる介在も無い。ところが、この現実化は、再びその潜伏的な段階に戻り、最後は、無差別の「大虚」の中に散じる。これもまた「理勢」の「自然」によって導かれているのである[29]。つまり、宇宙全体は、常に相関的である二つの宇宙的なエネルギー〔陰陽の二気〕の聚散、すなわち、万物の生死の不断の連鎖によって律動している[o][30]。往来いずれの局面であれ、その速度を急がせることも、遅くすることもできない。「理勢」の必然性に対しては、聖賢でも「その運命を穏やかに俟つ」よりほかに手はない。

　こうした全般的な考え方は、自然現象のより正確な解釈にまで及んでいる。事物を出現させる力を有する二つのエネルギーのうち、一方（陰）には「凝」と「聚」という性質があり、他方（陽）には「発」と「散」という性質がある。陰が凝聚すれば、陽は必ず発散するが、「その際には、陽も陰も〔同じ「勢」によって〕散じる」[31]。ただし、発散には二つのケースがある。一つは、発散が調和的に行われるケースである。この時には、霜・雪・雨・露（霜は秋、雪は冬、雨は春、露は夏というように、それぞれは季節に対応している）という現象が正常に生み出される。もう一つは、発散が調和的に行われないケースである。この時には、暴風が天を覆う光景が見られる。こうなるのは、陽が急激に発散しようとしているのに、陰がしっかりとしているからである。しかし、趨勢は陰を凝聚させたままにはおかない。そのために、それが散じる前に、暴発が先に生じるのである。(32) この現象と全くよく似た現象が、社会においてもしばしば見られる。それは、矛盾が激化したために、歴史の流れを構成している漸進的で不断の変化が、突然、トラブルや軋轢に取って代わられたケースである（これについては、王夫之が、封建制から郡県制への移行にあてた分析を思い出しておこう。第七章第二節を参照のこと）。しかし、どちらのケースであれ、たとえ突然の侵入が生じたとしても、趨勢は、完全に合理的な必然性の結果でありつづける。王夫之は、勢いの現象を「精緻に」分析しさえすれば、明らかな不連続も吸収されると述べた。(p)(33) 危機も、嵐も、「理」なのである。

六　勢と理は分離できない

「理」と「勢」の字面だけを粗雑に追うと、「世界（天）がうまく治められている時は」、「論理」（理）に従い、「世界がうまく治められていない時は」、「趨勢」（勢）に従うと思われるかもしれないが、それは実際には間違っている。(34) どちらのケースであれ、論理と趨勢は分離できない。王夫之が示そうとしたのは、このことであった。ここで、孟子〔離婁上〕が立てた二者択一が再び取り上げられる。はたして小徳・小賢が大徳・大賢に従うのか、それとも、弱小のものが強大なものに従うのか？　しかし、王夫之は、どちらも「依存（役）」関係を問題にしており、その関係自体は常に趨勢から与えられると考えた。そして、いずれのケースでも、趨勢が「それ以外ではあり得ない〔当然〕」仕方で発揮されれば、そうした趨勢は正当化されるし、それに固有の「理」があると述べたのである。
前者のケースは、明々白々である。すなわち、「小徳が大徳に従い、小賢が大賢に従う」[q]のは、単に「そうあるべき〔当然〕」ことだからだ。この場合は、論理（原理との合致）から趨勢（従属関係）が生じている。支配するものには「尊敬」、支配されるものには「安定」と、両者とも自分にふさわしいものを受け取っている。価値に基づく位階関係が、おのずと認められているのである。

後者のケースは、位階の上のものが徳や賢を持たずに、ただ力関係にのみ頼るとすれば、確かに問題である。この場合、弱小のものを強大なものに従わせる趨勢は、「もとより」論理的であるわけではない（なぜなら、この趨勢は、道徳的たるべしという当為にふさわしくないからだ）。このことは十分認めておかなければならないが、とはいえ、この趨勢は、人々がそう論じたいのとは違って、非論理的なわけでもない。これを立証するには、反対推論を行ってみればよい。もし、弱小のもの――徳や賢という点では、強大なものと同じである――が、強大なものに従属することを拒み、競争し始めたと想像してみよう。この野望が逞しくなれば、弱小のものは必ず身の破滅に至り、もしその人が小国に責任を負っているとすれば（孟子が検討したケース）、国中を崩壊に導くだろう。これでは「理」に適っていない。なぜなら、弱小のものにとって、こうした不服従が自己破壊にしか至らないのなら、それは服従を受け入れることよりも、間違いなく悪しきものだからだ。したがって、服従を受け入れるという解決策は、そうあるべきという当為の論理には対応していないが、そうせざるを得ないという事実に根拠づけられている。より正確に言うなら、「弱小のものの従属は、理が通らないわけではない」ということだ。この根拠づけは、理念的なものではなく、必要性から出てきている。[r] 事物の力が事物の道理に取って代わり、「勢」が「理」として働くのである。[s]

道徳的な先入観は、世界が「道に従って」治まっていれば「理」であり、そうでなければ「勢」だとして、論理 王夫之
と趨勢を分離した。それは、そもそも、天の概念を、事物を現実化するエネルギー（気）とプロセスを制御する原理（理）（t）に分離する形而上学的な先入観に基づいたものだ。ところが、天は、その運行において、同時にいずれでもある。天は、規制的な原理に導かれながら、現実化するエネルギーが形をとったものなのだ。（u）現実化に力を与えるエネルギーが無ければ、吉であれ凶であれ、事物は現実化していかない。またその逆に、悪い時代であっても、良い時代と同じく、優れて論理的な変遷のプロセスのもとにある。悪い時代であるのは、調整機構自体が無いからではなく、それがその時には、否定的に、乱の方向に向かって働いているからである。その証拠に、病気の経験を考えてみればよい。病気の時でも、好ましくない方向ではあるが、何らかの規則性は十分働いている。また、『易』の一連の卦には、それぞれに固有の「徳《はたらき》」があるが、その中には、不遇と停滞を象徴する卦も含まれているのである。

　とはいえ、指導的原理〔理〕に従わずに、現実化のエネルギー〔気〕が展開するのは、全く例外的である。それ 王夫之
は、自然界では、暴風や突風が急に吹き荒れる時であり、歴史においては、大乱の時代であって、「生じたものはすぐさま滅んでしまい」、良い権力であれ悪い権力であれ、いかなる権力も認められない時である〔中国では、四世紀の劉淵と石勒の時代〕。しかし、暴風が吹くからといって、四季の規則性が疑問視されることはないし、〔大乱とはいえ〕世界が滅ぶわけではないので、全面的なアナーキーも長くは続かない。ここから必然的に次の結論が出てくる。現実化のエネルギーと指導的原理は分離できないために、「事物の中で働く趨勢は、現実化のエネルギーだけではなく、指導的原理にも因って出てくる」。結局のところ、「趨勢」が何かを最もよく定義するのは、この二つの項〔理と気〕の関係からである。もしこの特定の哲学的な文脈を離れて、最も抽象的に「趨勢」を考えるなら、

それは、ある方向におのずと導かれるエネルギーにほかならない。

七　形而上学的観念論の批判と治のイデオロギー

以上の議論は、中国で最も深い思索を行った思想家の一人である王夫之（十七世紀）から援用したものであるが、その体系性と徹底性には驚くべきものである。この議論は三つの次元から成り立っていて、それぞれが、大きく相違した思考のレベルに対応したものだ。その中で、第一に最も顕著なのは、形而上学に対する厳密な批判である。王夫之は、作動している調整機構と現実化のエネルギーの分離、原理の領域と現象の領域の分離、そして理念的な抽象性と経験的な具体性の分離を拒否している。それはとりもなおさず、極めて意識的に（王夫之によると、文人の伝統に侵入した仏教の影響に抵抗しようとして）、観念論的な切断を拒否することである。この分離の拒否は、二項の間の区別がはっきりしていないからではなく、ジャック・ジェルネが適切に示したように[35]、二項の区別を二項の切断にもっていかないためである。つまり、二元性についての抽象的な概念があったとしても、それは、反対のもの同士が相関するという意味での二元性であって、かえってあらゆる二元論に対抗するものなのだ。たとえば、これまで見てきたように、中国の布置の論理では、天と地は対になって機能しているし、「此方」も「彼方」から分離できないのである。第二に、この議論は、やはり意識的に、道徳主義の幻想も拒むものである。道徳主義の幻想とは、先ほどの形而上学的切断と対をなし（道徳主義の幻想は、形而上学的切断から始まった）、幸福と不幸を絶対的に対立させ、うまくいかないことはすべて天に委ねる幻想である。ここで、現代の中国の注釈家たちは、しばしばヘーゲルと比較して次のように述べる。西洋哲学が、「現実的なもの」と「理性的なもの」の反転（ヘーゲルの定式によると、「現実的であるものは理性的であり、理性的であるものは現実的である」）に到達したのは、観念論的な立場を最後まで押し進めたからである。しかし、それとは反対に、勢いを論じる中国哲学には、こうした反転が、全く自然にその根底に含まれており、その源泉から流れ出るのである。

　とはいえ、その代わりに、この議論が否定性に与えた地位は、〔西洋哲学に比べて〕より曖昧になってしまった。否定的に変遷するプロセスにも道理があると言う時、それは、病気がそうであるように、どんな変調にも規則性があるということを示そうとしているだけなのか、それとも、冬が春の訪れを準備しているように（中国の伝統、とりわけ『易』がよく重視する例）、この否定的な局面の中に元々肯定性が備わっていて、それが否定性を超え出ると考えているということなのだろうか？　実際にも、こうした曖昧さ（少なくとも、西洋の観点からすれば）によって、中国的な物の見方は古くから作られてきた。それは、西洋が伝統的に受け入れてきた物の見方とは逆に、悪が存在論的にどんな地位にあるのかに無関心であり、それがどのように機能するのかを優先するものだ（一般に、「悪」は機能不全として見られているにすぎない）。しかし、ここまで来ると、字義通りの哲学的な読解では、理解に行き詰まってしまうのである。一連の諸文明を作り上げている様々な認識のあり方——これは、「主要な選択肢」として考えられるものを、どう類型化するかによって異なる——を考察するには、もはや、より人類学的な読解に席を譲る必要があるだろう。

　最後に、この議論から見えてくる第三のものは、イデオロギーの次元に関わるものである。この議論が用いる「乱」という概念にも、本来的な曖昧さがあるが、それ以上に、そこからどんな結論を導くかが問題である（無論、これは位階秩序と権力の問題に結びついている）。というのも、「良い治」の反対には、悪い治と、治の不在の二つがありうるが、ここでは、混乱を口実にして、治の不在よりも悪い治の方が良いということを、何としても認めさせようとするからである。この背景には、中国文明がアナーキーに対して感じてきた、先天的な強迫観念が隠されているのかもしれない。それは、悪しき暴君の方が、権威の空白よりもまだましだとする強迫観念である。

さて、こうした三つの次元からなるこの議論であるが、そもそもは、考察の最初に置いた、「その徳や賢が上位者の徳や賢と異ならなければ」、弱小のものが強大なものに従うことは論理的であるという考えに基づいていた。しかし、そこでは見過ごされていることがある。もし下位の者が、支配する者より「徳」や「賢」という点で優れていたとすれば、いったいどうなるのだろうか？　権力と能力を（再び？）合致させるような革命が考えられるのではないだろうか？　これは結局、次のように問うことである。理想的な原理に合致できないなら力関係によって正当化するしかないという次善の「論理」に甘んじたり、「事の成り行き」だけで十分な「理由」になるなどと容認したりせずに、この二つの語（理と勢）の安易にすぎる反転を、断固拒むべきではないか（すなわち、転倒した状況も容認できるという考えを拒むべきではないか）？　つまり、道理（理）の方が事の成り行き（勢）に勝るようにつねに行為しようと欲するべきであり、理想的なもの（理）が最後には優越するように、力関係（勢）をものともせず、犠牲を払っても戦うべきではないのか？

しかしながら、このように問うていくと、理想を聖別する（絶対善を定立する）形而上学的切断と、何らかの仕方で必ず再び結びつき、それが道徳的なヒロイズムの基礎になってしまう……。わたしたちはここで「西洋」に再び戻ったということだろうか？

王夫之も、弱小のものが（ただし、その人により優れた徳や賢があるかどうかは述べていない）、「乱の論理（無道の理）」を、良い治の論理（有道の理）に反転」できるかどうかを考察している。しかし、それは議論の最後の最後においてであり、しかも本題としてではない。そして、すぐさま、弱小のものはそれを実現する間に亡んでしまうと断じるのである……。これまで論じてきたように、天地という大きな布置と、普遍的な調整機構という考えは、かなり早い時期から、中国の政治的な考え方に影響を及ぼし、全体的で絶対的である権力理論を好むようにさせていた。宇宙論的な儀礼主義と、社会的な儀礼主義とは、明らかに対をなしている。「乱」が突然出現しても、それは調整機構の間隙をついたものにすぎず、論理からして調整機構に統合されていく。「嵐」や「危機」が考えられても、革命は考えられていないのである。

八　具体的な趨勢が規制的な原理を明らかにする　両者の関係は反転する

以上のように、形而上学的観念論を批判する場合には、趨勢（勢）の概念が関鍵をなしている。なぜなら、趨勢は、現実の二つの面を結びあわせるからだ。[36] 一つの面は、規制的な原理（理）である。それは原理である以上、具体的に出来する「ある物」ではない。それは、「感知できないもの」であって、何らかの方向に窮まることもない（王夫之は、原理の概念を物化して、「道」と一緒にすべきではないと述べる。「道」は、どれだけ広大であっても、政治的・道徳的な考察が作り上げた、「理」の個別規定（一定之理）にすぎない）。もう一つの面は、現実化に力を与えるエネルギー（気）である。それは、（自己）変化し続けるもので、その「整序された」特徴によって、目に見えない原理を、知覚できるものに現していく。「趨勢の必然的なところでのみ、規制的な原理は目に見えるようになる」[v] というのは、布置から自然に生じ、現実の流れを方向づける趨勢が、常に作動している指導的原理（理）を感覚できるように現実化して、明らかに示すということである。

ここでもう一度、現実全体において述べておくと、事物の配置から生まれる勢いは、見えるものと、それを越え出るものを媒介する役割を果たしている。風景に関する中国美学を思い出そう。そこでは、描線の形状から出てくる緊張が、空虚の次元を開き、精神的な経験をもたらしていた。また、中国の歴史理論も思い出しておこう。そこでは、具体的な状況に含まれる趨勢によって、直接的な歴史から、出来事の推移を説明する隠された論理へ移ることができた。中国人は、客観的に働く勢いを通して、目に見えないものとの出会いを生きている。だからこそ、中国人は、媒介者キリストの「受肉」や、「形而上学的公準」を必要としなかった。物事には自然に意味があるのである。

「原理」と「具体」の二つの平面を、観念論的に切断することはできない。それを最もよく証明するのが、両者の関係が反転可能であるということだ。わたしたちはそれを知ろうとしたわけだが、より詳細に考えるために、布置の概念から、それに対応している実践の概念に移ってみよう。ここには、二つの補完し合う観点があり、どちらの観点も二者択一からなっている（というのも、二つとも道徳的な選択に対応しているからだ）。一つは、「順」「逆」の観点である。つまり、（道徳的な理想において）進むべき「道」を定めた秩序の原理に順うのか、それとも逆らうのか？　もう一つは、「可」「否」の観点である。つまり、趨勢（事態が実際に推移する方向性）を生みだす具体的な状況を可とするのか、それとも否とするのか？[37]　秩序の原理に順うと、具体的な状況を可とでき、秩序の原理に逆らうと、状況は否とされる。これが、「理が勢を生みだす[w]」ケースである。しかし、その反対に、実際に可であるものに順うと、理想的な治が生じ、否であるものを用いると、乱の原理が生じる。これが、「（具体の中にある）勢が理を生みだす[x]」ケースである。

以上の二つのケースを検討するために、例として取り上げられたのが、徴税の仕方である。徴税は、政治・経済・社会が絡み合う問題である。国はどのようにして人々から税を徴収すべきなのか？　良い徴税は、人々に余裕

王夫之

王夫之

がある時に税を徴収し、国に差し迫った必要がなくても行うものである。その逆に、悪い徴税は、国が必要ありと考えるやいなや、人々の事情を考慮しないで税を徴収することである。良い徴税では、人々が有している余剰を徴収して、それを上のものに奉献するために、皆が納得し、公正と言える。これは、「秩序の原理」に順っている。そして、人々が有している余剰だけを徴収するのだから、実際にも徴税を行うことができるし、そうして危急の時に備えておけば、不自由しない。これは、具体的な状況で「実際にできること〔可〕」である。ここで、この枠組みの中で、良い政治がどう考えられているかがわかる（無論、調和的な調整機構という中国的なモデルに基づいた上で）。それは、原理に順うことが、実行可能な趨勢を生み出す、前者のケースに対応したものである。だが、次に、それとは逆の悪い徴税を想像してみよう（とはいえ、それは「想像」すべきものではない。中国の歴史にはそうした例が実に多くある）。国が必要を感じ、出し抜けに人々から税を搾り取ろうとする。しかし、人々の困窮を一顧だにしなければ、いくらひどい圧力をかけても無駄で、人々を疲弊させたあげく、国自体が崩壊してしまう。これは、具体的な状況では、実行できないこと〔否〕である。この場合、情勢の圧力のもと、趨勢が原理を出みだしているのだが、それは否定的にであり、「逆の理」としてである。[y] 状況に強いられていても（国が差し迫った必要を感じて、急に人々から徴税すること）、それ自体実行できない（なぜなら、その時人々には供出できるものが何もないからだ）。ここから帰結するのは、支配者と被支配者の反目、「上」「下」の反目であり、調和の破壊である。前のケースでは、原理に順うことで、（具体性のレベルで）万事うまく行ったのだが、後のケースでは、講じようとした施策が実行できないために、論理的に無理が生じるのである。

　観念論哲学は、「原理」や「理由」が、具体的なものの到来を規定すると論じてきた。しかし、中国思想はその逆に、実際の趨勢が原理の秩序に反作用し、趨勢が実現可能であるかどうかに応じて、調整のとれた論理が生じたり、変調した論理が生じると考えてきた。こうして、中国思想は、観念論的な立場に対抗し、それが偏ったものであることを浮き彫りにする。超越の論理が、一方的な関係に基づくのに対し（生成に対してはロゴス、経験的なものに対しては知解可能なもの、人に対しては天が一方的に超越する）、布置の思考は、機能の全体系を両極から基礎づけることで、相互作用と相互性を重視する。したがって、位階関係を設定したとしても、天は地よりも優れているが、地が無ければ存在できないし、秩序の原理も、世界に形を与えるだけでなく、事態の推移に依拠し、そこから生じもすると考えるのである。

九　政治的な「現実主義」への批判　理と勢は対をなす

布置のモデルは絶対に普遍的であり、それに対応する実践も同様であった。わたしたちは、その個別ケースを検討してきたのである。世の推移であれ、人間の振舞いであれ、物事を規制する機構を理解しようとすれば、原理と趨勢を結び合わせた、反転可能で密接な調和を考えるに至る。そして、それは、相反する次の二つの立場を拒むことでもある。一つは、具体的な勢いから原理を切り離して考えようとする、西洋が取ってきた形而上学的観念論の立場を拒むことである。しかしそれだけではなく、もう一つ、政治的な現実主義の立場も拒まなければならない。それは、原理を犠牲にして、勢いを重視しようとするからだ。なぜこれも告発しなければならないのか？　そもそも、政治の領域において、「原理」は、調和のとれた社会機能を確立し、道徳的な確固たる秩序に立ち返るための理想であった。それに対して、「勢い」（勢）は、特定の歴史状況の中において、力関係から生じる有利な趨勢であり、それに依拠することで効果を上げるものだ。ところが、政治においても幻想がある。それは、この二つの次元を切り離すことができる、つまり理想と効力は必ずしも対をなさない、と考えることから生まれるものである。[38]　王夫之が明らかにしようとするのは、こうした政治的な「現実主義」の誤りが、現実に対するその観点自体にあるということである（楽観主義であれ、悲観主義であれ、どちらも力関係しか考慮しない）。ただし、そうは言っても、歴史を超越した何らかの道徳的ア・プリオリを立てて、そこから批判するのではない。そうではなく、客観的な効力の観点から、歴史の流れのまさに内側から批判するべきなのだ。より厳密に分析すると明らかになるのだが、原理への尊敬だけが、真に有利な趨勢を生むことができる。というのも、趨勢が本当に信頼でき長続きするのは、それが物事の規則性にどれだけ合致しているかに懸かっているからである。[z]

「現実主義」と言う以上、たとえば、権力を獲得する状況と、それを保持する条件とは区別しているはずである。[a′]つまり、権力を攻め取るには、力関係から出てくる有利な趨勢（勢）に依拠するほかないが、その権威の威信を守るには、道徳的であることを証明し、「理」を尊重しなければならない。しかし、実際には、権力を攻め取る、つまり「真に他人を服従させる」のは、すでに権力を保持しているからこそできることである。同様に、権力を保持する、つまり「真に他人に信頼される」のは、いつでも権力を（再び）攻め取ることができるからこそなのだ。確かに、権力を攻め取って、その後それを守るわけだが、権力を守る力量が無ければ、全く安定的に、抵抗にも遭わず、効果的に権力を攻め取ることはできない。したがって、権力の獲得は、しばしば素朴に想像されるように、力強い最初の時がすべてなのではなく、権力を保持する場合のモデルに倣って考えられるものなのだ。つまり、権力を守るとは、「秩序を確立して万人を信じさせ」、「理想的な原理に因って、「権力に有利な」効果的な勢いを得る」ことであり、[b′]権力を攻め取るとは、「道徳的要請に順うことで万人が服従し」、「権力に有利で効果的な勢いに合致することで、規制的な原理に循う」ことなのだ。[c′]　要するに、権力を守るのに必要な道徳的な「理」は、権力を攻め取る段階でも尊敬されなければならないし、権力を攻め取るのに必要な「勢」は、権力を守る段階にもなければならないということである。(d') したがって、交替しながら政治と歴史の流れに区切りを入れる、権力の獲得と権力の保持という二つの契機は、完全に同型である。どちらも「同じ規制的な論理」に属し、「同じ勢い」に訴えているのである。

歴史は、権力の獲得とその保持が交替して進んで行く。しかし、それにもかかわらず、歴史は、「理」と「勢」が常に対をなす、統一的で連続した流れなのだ。そうすると、当然、次の結論が出てくるだろう。理想的な原理に従わず、力関係の中での有利な趨勢にのみ頼って権力を獲得することは、初めからその道が閉ざされたものであり、実際にも実現できそうにない。なぜなら、最初は、歴史状況が権力の獲得に有利に働くように見えたとしても、それはいつか必ず逆方向に変遷するからである。将来の趨勢はあてにできない。(e') というのも、最後には、それが意に反して働くようになるからだ。歴史は力関係から生じるというなら、その力関係が補完の論理から逃れられないことも、同じくらい真である。だからこそ、中国人は、人間の歴史を超越した最後の審判を考えようとはしなかった。結局は、(理想的な原理に従った) 正しい者しか成功できないし、歴史は、歴史自体によって全面的に正当化されるのである。

王夫之がその範例的な証拠として挙げたのは、古代中国の王朝の偉大な創始者たちの歴史である。道徳性を尊重した上で権力を獲得したからこそ、彼らは何世紀にもわたって王朝を支配できた (たとえば、殷の創始者の湯王、周の創始者の文王)。彼らは、個人的な野心から権力を取ろうとしたのではなかった。王家が全く頽落してしまい、周囲からそれに取って代わることを要請されたからである。しかも、王夫之が明らかにするように、彼らは堕落した王に対しては、できるだけ長く忠臣として振舞い、王の追放と処罰をできる限り遅らせた。ところが、その一方で、悪王を支えてきた臣下たちは急いで処罰した。たとえ臣下たちの罪が、状況を実証的に見る限り、君主の過ちより「重くない」としても、一片の憐憫も見せずに処刑したのである。なぜなら、王に対して常に敬意を払うべきだとする、原理的な道徳の観点から見れば、彼らの罪は重いからである。こうして、王は孤立し、一切の支持を奪われ、地位を失っていく。それと同時に、創始者たちは、自分の勢力を人々の間に拡大し、自分に有利になるように力関係を徐々に転倒していった。しかも、これは、君主と直接対決することなく行われ、したがって位階秩序の原理を損なうこともない。権力を「取る」のではなく、権力の方が最後には自分たちの手に自然に転がり込むのである。言い換えれば、決して正統性から離れなかったからこそ、権力をしっかり獲得できたのである。

ところが、以上のように振舞わず、自分の方が徳において優位にあるとして、臣下が公然と君主に対決した（牧野での武王のような）逆のケースを考えてみよう。この場合、君主がどれだけ頽落していても、また、臣下の側にどれだけ正しい動機があったとしても、（位階秩序的な）道徳原理を尊重していない以上、臣下は、自らが攻め取ろうとしている権力を、すでに客観的には弱めてしまっている（その後、武王は「戦争の終結」を告げ、平和を宣明することで、天下の人々に、自分が平和を望んでいることを示そうとしたが、時をおかずに再び反乱が生じ、人々をまたしても討伐軍に徴兵する始末であった）。権力をうかがう臣下が、君主に払うべき尊敬を欠くと、後になって必ず、今度は自分の臣下が自分への尊敬を「惜しむ」ことになるし、統治が安定することも、権力が確固たるものにもならない。このように（力関係に依拠して）「権力を攻め取ろう」として、権力を「守る」のに必要なこと（正統性を尊敬すること）をなしていない場合は、結局、実定的な力の観点からしても、本当には権力を得ていないのである。

こうした理と勢を対にする考え方が、政治と歴史の次元にどのように跳ね返ったかを見ておこう。中国人は、革命に歴史の発展をダイナミックにする力があるとは考えずに、権力と正統性を何としても緊密に結び合わせようとした。言い換えれば、実効的な権力は、連続したプロセスの中で伝達されていくものであり、永続的な推移のためには、どんな形の闖入や切断も最小限に抑えようとしたのである。対立が肯定されるにしても、それは闘争的な関係の中で消耗しあうものとしてではなく、置換と再生の要因として働く限りにおいてである。対立は、恒常的な交替の論理に含まれ、次への中継として役立つ場合にのみ肯定されるのである。

　また、こうした考えが、哲学の次元にどのように跳ね返っていったかも見ておこう。それは、形而上学的な観念論（秩序の原理を、事物の現実化の流れから切り離す）と、それに伴う道徳主義（「理だけが支配する」時代と、「勢だけが支配する」時代を対立させる）への明確な批判となった。しかし、それは同時に、理想的な原理と実効的な勢いを相関関係に置いたことで、かえって、現実主義という名のもとで、政治の領域にまで及ぶ道徳的な観念論を築いたのである。ただし、道徳的な観念論といっても、その理念が、存在論的あるいは宗教的な支えに基づいているわけではない。こうした考え方こそが、中国思想の最も強力な構造をなしているとわたしには思われるのだが、そのすべてを集約するのが、次の定式であろう。「具体的な現実を離れて秩序の原理は無く、秩序の原理を離れて進行する趨勢は無い[f']」。これは、一方で、秩序の原理を実体化し、それを形而上学的な存在に仕立てることを拒み、他方で、規制的な機能の外で生じるものは一切無いと考えることだ。現実を超越する規範（真理として受け取られるもの）は無いが、規範性は常に働いており、それが永遠のプロセスの中にある現実の「流れ」を管理する。この規範性に真に順えば、成功を収められる。しかし、人としての成功だけにとどまらず、さらに布置に沿って動くなら、人は自分の本性を「完成」し、「天を知り」、天に「与る」こともできるのである。

一〇　中国的な考え方は機械論的でも目的因的でもない

現実的なものの出現を説明するのに、西洋哲学は、競合する二つの選択肢に早くから分裂していた。一つは、「機械論的」あるいは「決定論的」な説明である（エンペドクレスやデモクリトスのような思想家がその先駆者である）。それは、現実的なものの出現を、発生とそこからの必然的な連鎖という観点から説明する。もう一つは、「目的因的」で目的論的な説明である（アナクサゴラスやアポロニアのディオゲネスによって登場し、プラトンの『ティマイオス』や『法律』で発展し、アリストテレスによって確立された[39]）。それは、現実のプロセスを、それが目的とする、最適で「論理的な」完成という観点から解釈する。前者は、「何から？（始動因）」であり、後者は、「何を目指して？（目的因）[40]」であるが、これら二つの選択肢が、相対立しながら、西洋の思想をダイナミックに発展させてきたのである。ところが、中国的な考え方は、機能の配置や、それから自然に出てくる勢いに基づいている。それは、これら二つの選択肢のそれぞれと、ある仕方で重なりはするが、結局はどちらでもない。というのも、これら二つの選択肢は、一致しないとはいえ、因果律という常識（共通了解）に基づいているが、中国の伝統はまさにこの「常識」を全く共有していないように思われるからだ。

決定論的な選択肢がそうであるように、布置を主張する中国的な考え方も、事態が不可避的に進展することを重視し、それを勢いとして表現する。そして、事物の産出を、物理的な性質（「剛」、「柔」等々）から説明し、それをエネルギー現象だと述べる[41]。しかし、ギリシア的な考えでは、こうした不可避的な必然性は、偶然の別の側面にすぎず、自然の中に認められる適応も、自然に内在した原理ではありえない（エンペドクレスによると、適応は幸運な出会いから生じたにすぎず、生きる力のないものがすべて淘汰されたことによる。この点をアリストテレスは批判した）。ところがその反対に、プロセスの思想である中国思想の出発点には、調整機構という観念があった。プロセスを導く勢いは、盲目のメカニズムではなく、優れて論理的なものである。

そうすると、中国の伝統は、決定論とは正反対の、アリストテレス的な立場に近いと思われるかもしれない。それは、「常に、または多くの場合に」という角度から現実に迫るものである。なるほど、どちらも、四季の循環といった機能的な規則性を強調しているし、[42] また、組織化のダイナミズムが宇宙全体（ouranos）に作動しているという同じ感覚を有してもいる。しかし、ギリシア的な考えでは、こうしたプロセスの規則性が根拠づけられるのは、その終局、つまり形式や概念（eidos）としての自然の完成からである。それは、用いられる質料的な手段に対しては、「目的」（télos）なのである。ところが、中国的な勢いの論理は、兵法・歴史認識・第一哲学のどれをとってみても、そうした合目的性において思考しているのではない。ここで、自然認識の本質的な相違が明らかになる。アリストテレスは、『ティマイオス』でのプラトンになおも着想を与えていた、宇宙開闢論的でデミウルゴス的な考えを批判してはいたが、それでも、自然の変化を、技術による制作との「類比」から考察していた。[43]「人が何かを制作するように、事物は自然によって産み出される」。したがって、もし木の中に造船術があれば、それは自然のように船を造り出すだろう（この二つのケースの主な違いは、「始動因」が内にあるか外にあるかだけである）。技術がそうであるように、自然も目的を起点にしており、一連の先行与件は、実現されるべき形式によって定められている（部分は全体によって定められる。したがって、自然の中の畸型は「合目的性の過誤」にすぎない）。つまり、生成の中にある秩序は、生成そのものから（生成に固有の論理から）出てくるのではなく、生成が到達する目的因から出てくるというわけである。ところがその逆に、中国人は天地の誕生と自然の変化を考える際、神的な創造も、さらには非神話化された人間の制作もモデルとしなかった。また、規則的なプロセスの観念から、目的として立てられた善の概念を抽出（抽象）する必要も感じなかった。[44] 自動調整の観念だけで十分だったのである。

アリストテレスの自然学では、手段と目的の関係は、質料と形式の関係に重なっている。ところが、中国人は、形式をプロセスの目的に設定しようとはしていない。それと同様に、現実化に力を与えるエネルギーという中国的な考えを、ギリシア的な質料＝手段の観念に対応させるのも困難である。ところで、西洋には、西洋による中国の発見にまで遡る論争がある（ロンゴバルディ神父、ド・サント＝マリー神父、ライプニッツ等々）。すなわち、中国人は「唯物論者」なのか、そうではないのか？　しかし、この問いは西洋固有の考え方に過度に印づけられていて、他なる文化に遭遇し、そこに意味を見出そうとする姿勢からはほど遠い。これは、解決できない問いなのだ。上で行ったように、中国的な立場を「反観念論」（仏教を通じて中国に輸入された形而上学的要請に抵抗する）だと認識したとしても、だからといって、そこから積極的に、中国人は唯物論者であると考えるべきだということにはならない。つまり、「反観念論」が出現したのは、何らかの「質料」を同定したからでもなく、唯物論的な論理によって方向づけられたからでもないのである。[45]

ここで、方法の問題が出てくる。比較を適切に行うにはどうすればよいのか？　取り違えを避け、誤った論争を打ち切るには、西洋の思考の枠組みが確立された地点にまで遙かに遡り、分裂がどこで始まり、どの方向に走っていったのかを突き止める以外に手はない。しかし、それには、分裂の手前にあり、そこから差異が出現する地点を見定めなければならない。それは、そこから差異を再構築する基礎の役割を果たす、真の一致点である。無論、その一致点を見定めるのは、歴史の現実主義的な観点からではない。それは、理論の系譜学を必要とするのである。

一一　因果律の不在　主体でもなく、動者でもなく

差異に先立つ一致点、すなわちギリシアの自然学と中国的なプロセスという考え方の間にある一致点を探すなら、それは間違いなく、どちらの伝統も、反対しあう項から変化を考えているということにある。アリストテレスの言によれば、この点では、彼以前の思想家は皆同じ意見で、見かけが違っていたり、「根拠が無い」にもかかわらず、「あたかも真実そのものに強いられているかのように」、そう主張しているという(46)。すなわち、反対しあう項が変化の原理である（ちなみに、最も一般的な概念である「変化 métabolê」は、生成でもあり、破壊・運動・交替でもある）。しかも、ここでは、一対の反対性だけが問題になっている（なぜなら「いかなる一つの類のうちにも〔最高の原理たるにふさわしい〕反対性はただ一対あるだけであり、実体はある一つの〔最も普遍的な〕類である」〔189a〕からだ）。中国の伝統も、この点では全く一致している。そこでは、「陰」「陽」という対立原理だけで、一切の変化を説明できるという。言い換えれば、最初に置かれた「反対性」（あるいは反対 ênantiôsis）から出発しなければ、「変化」「変形」の思想は想像もできないのである。

しかし、アリストテレスが『パイドン』の議論を再び取り上げた時、ギリシア思想と中国思想の間に差異が生じた。アリストテレスは、二つの反対原理（antikeiména）に、第三項を付け加えたのである。第三項とは、二つの原理を下支えするものであって、それらを代わる代わる受け入れる。これが、基体＝主体(*)（「横たわったもの」hupokeimenon）であり、互いに置き換わる「対立項」に加えて、変化の恒常的な原理として「措定」されたものである。『自然学』の例に従って、「濃密」と「希薄」という対立する二項を考えてみよう。「〔もし、反対しあう項

が二つだけだとすると〕一体どんな自然の配置から、濃密は希薄に対し、あるいは逆に、希薄は濃密に対して、なんらかの働きを及ぼしうるのかがわからず、全く困惑してしまうだろう」。したがって、必然的に、「両項の働きは第三項から産み出され」なければならない。そのために、〔二つの〕反対しあう項の下に、「別の自然を置く」のである。[47] 同じ論証を、アリストテレスは何度も、しかも体系的に繰り返している。たとえば、『形而上学』には次のようにある。「感覚的な実体は、変化のもとに置かれている。ところで、もし変化が対立項や媒介項から出てくるというのなら――確かに変化は、すべての対立項から出てくるわけではなく（なぜなら音は白くはないからだ）、反対しあう項からのみ出てくる――、必然的に、ある項から別の反対項へ変化する基体が存在することになる。なぜなら、反対しあう項それ自体が一方から他方へ変化するわけではないからだ[48]」。そして、変化の「下にある(hupomenei)何か」は、「質料」である。

「基体」＝「主体」として理解される第三原理が、なぜ論理的に必要なのか？　それは、先ほど見たように、反対しあう項同士は「一方が他方に働きかけず」、「一方が他方に変化せず」、「相互に破壊しあう」からであった。[49] 論理学の用語で言うなら、それらは相互排除の関係にある。ところが、中国の伝統はその逆である。中国では伝統をあげて、反対しあう項は対立すると同時に、「互いに含みあう」と主張する。つまり、「陰」の中に「陽」があり、「陽」の中に「陰」があると言うのだ。あるいはこう言ってもよい。「陰」が聚まれば「陽」もその中に入り込み、「陽」が散じれば「陰」もそれを受け入れる。[50]「陰」と「陽」どちらも、同じ原初的な統一体〔太極〕から出てきた

（＊）　ここでいう「主体」は雄々しき能動者ではなく、sujet の語源的な意味である「下に投げ置かれたもの」を響かせて用いられている。

もので、相互に現実化しあっている。ここで、アリストテレスの表現を文字通り引っくり返すことができる。すなわち、反対しあう項同士が相互に作用しあい、その相互作用が自然的であると同時に連続的でもある（連続的なのは、自然的であるからである）ような、「自然の配置」が確かに存在するのである。

アリストテレスは、「その実体が反対しあう項から構成されている存在者など無い」と述べる。ところが、中国では、現実化に力を与えるエネルギー（気）は、「陰」と「陽」から構成されている。「陰」と「陽」は変化の極限にある両項だが、それだけでなく、一緒になって万物を形づくるのである。したがって、「陰」「陽」の関係を支える「第三項」を措定する必要はない（指導的原理（理）も、「陰」「陽」という反対しあう項にさらに付け加わるものではなく、「陰」と「陽」の調和した関係を表現している）。「陰」と「陽」の二つが、自己充足的な布置を形成し、その相互依存から勢いが出てくる。そして、現実のプロセスは、これまで縷々論じてきたように、この勢いによってのみ方向づけられている。気はたえず「陰」と「陽」に分離していくが、同時に、常に互いに現実化しあって、補完的かつ規則的に作用しているのだ。つまり、恒常的に物質的なものに具象化されはするが、字義通りの「質料」があるわけではない。ところが、アリストテレスは、反対しあう項だけでは力学的に不十分であると主張し、それが彼の実体主義と対をなしていた。アリストテレスは、実在を布置として考える（現実は、それに特有の配置から動態化されると考えること）のではなく、質料と形式の関係において、本質という概念から考えた（したがって、反対しあう項は、主体（基体）に「偶有性」として「内属するもの」でしかない）。そのために、変化を、両極構造における自然の趨勢という用語では解釈しなかった。その代わりに、アリストテレスは、複雑な因果律の体系を洗練していったのである。

『形而上学』にある次の定式は、文化的にも中立的で、全く自明の理であるように見える。「変化するものはすべて、あるものによって、あるものの中へ変化させられるものである」[51]。しかし、おそらくはもう、この一般的な定義が、どれだけの理論的なア・プリオリを隠しているのか（つまり、どれだけの先入観がこのありきたりの表現に埋め込まれているのか）がよくわかることだろう。この定義はかろうじて同語反復を免れてはいるが、この定義が行う最小限の説明には、その後の西洋の思考を分節していったすべてが含まれている。つまり、この定義によって、二つの対立項（ここでは「形式」と「欠如」に変えられている）に対して、変化の質料として働く主体という概念と、「それによって変化が生じる」動かす者の概念が加えられたのである。なぜなら、対立項の相互作用が無い以上、その二つの関係を支える、第三の原理を介在させなければならないが、それと同時に、変化をさせる作用因の役割を果たす「外部要因」として、第四の要素をも介在させなければならないからである。そのために、〔第三の「質料」としての〕基体＝主体の次に、〔第四の〕「動者（to kinôun）」を導き入れる必要があった。「質料」と「形式」、そして「形式」は「目的」でもある。それに、さらに加えて「動者」。ここに、四原因〔質料因、形相因、目的因、作用因〕の理論が完成し、それ以後、自明なものとみなされていく。別言すれば、ここに、西洋のエピステーメーが整ったのである[52]。

　西洋の学問は、とりわけルネッサンス以後、アリストテレスの理論的な権威と手を切ることで発展してきた。しかしそれでも、アリストテレスの思想に極まる、中国とは異なった仕方で洗練されたギリシア的な表象は、西洋が力を注いだ認識の事業にとって、基礎的な分節として働いていた。しかも、このことは、それが生み出した理論的な明確化というレベルでの批判〔クリティーク〕にも当てはまる。要するに、この認識の事業は、その後、他の文化に対して支配力を行使するようになったにもかかわらず、（その選択についていえば）実に特殊なものであったのである。

こう考えてくると、わたしたちは、西洋の哲学を外から読み直すように駆り立てられてくる。同じ話を永遠に繰り返すのではなく、その最初の論理操作の手前に、意識されないその基礎に遡ること。そして、この上流で、因果律の体系と、実体を立てる「予断」とを結びつけていたものは何かを探求すること。なぜなら、「自然学」が実体主義的になると、静的な秩序では動的な秩序を十分説明できないために、動者を必要としてきたが、それに対して、主体を考える必要が無かった中国思想は、これはこれで実に論理的に、外的な因果律無しで済ませていたからである。布置の中にあっては、作用因は外からやってくるのではなく、全面的に内在的である。静的な秩序は、同時に動的であり、現実の構造はプロセスの中にある。

一二　自然的な相互作用による勢いか、神の希求か

ここでもう一度、別の方向から比較を試みてみよう。西洋の自然学が自然に内在するものとして考えている力学が、プロセスに内属する趨勢すなわち中国的な「勢」と、何らかの形で重なることはないのだろうか？　わたしたちはこれまで、西洋の思考の枠組みにある、「潜勢態」と「現実態」（デュナミス dunamis とエネルゲイア ênergeia）の対立を用いて、中国的なプロセスという見方を律する大いなる交替を解釈してきた（たとえば、「潜伏」と「現実化」をこのように扱った。第八章第五節を参照のこと）。そして、こうした比較は、より全般的な一致からも許されるだろう。たとえば、中国思想がギリシア思想と本質的に区別されるのは、それが存在（永遠なるもの）ではなく、生成（変化）を考えようとしたことにある。しかし、他でもなく潜勢態という概念は、エレア派がもたらした存在のアポリア（存在は「存在」からも「非存在」からも到来しない）から逃れるための解決策であり、

この相対的な非存在のおかげで、ギリシア思想は、存在と非存在の間にある生成の可能性そのものを思考できるようになった（だからこそ、もう一度、生成の思想家であるアリストテレスに戻る理由がある）。

そうすると、中国思想とギリシア思想の比較は、不可欠な比較ということになる。それによって、共通した争点が明らかになり、互いの観点を一致させることができると、客観的には思われるからである。しかし、もう一度言えば、より詳細に検討すればこの比較は維持できない。なるほど、ギリシアのデュナミスに対置することによって、中国の勢いが何であるかは、よりよく理解できるだろう。ところが、ギリシアのデュナミスの思想によると、現実化は、「潜勢態」それ自体から生じるのではなく、それに対する目的（テロス telos）として働く「形式」から生じる。したがって、存在論的には、「現実態」の方が「潜勢態」よりも優れていることになる。なぜなら、「現実態」が形式に比されるのに対して、「潜勢態」は質料に結びつけられるからだ。そのために、アリストテレスは、「潜勢力を有しているものが活動に移行しない場合もある(53)」と述べた。しかし、その反対に、中国的な見方によると、現実化は完全に潜勢力に依存し、その中に含まれており、そして「勢」は不可避的である。つまり、潜勢的な段階と活動的な段階は、相関し、相互に転化しあうものであって、同格である。

ところで、目的因を優位に置くことは、ギリシア思想では全く一般的であり、自然運動に対する考え方にまで影響を与えていた。実際、ギリシアの思想家が自然を説明する場合、中国の思想家と同様に、ある物体には上昇する勢いがあり、ある物体には下降する勢いがあるということに、早くから気づいていた。アリストテレスは、原子論者たちが重視する、任意のどこでもよい空間という概念を批判しながら、こう述べていた。「こうした規定［上下］は、位置だけでなく、潜勢力によっても異なる(54)」。自然空間は、上下の両極によって構造化され、（不可避的な趨勢として理解された）重力現象に関わっている。そうすると、結局、布置やその勢いという中国的な概念の等価物があるとすれば、この自然空間においてということになるだろう（なぜなら、ここでは、「位置」には「潜勢力」が含まれており、位置 thésis にはデュナミスが対応しているからだ）(*)。しかしながら、アリストテレスは、火が自然と上に昇り、石が下に沈むという場合であっても（これは、「勢」という配置の次元とは大きく違う。中国で最も一般的な例は、坂の上に置かれた丸い石という配置の例である）、それぞれの「形式」（エイドス eidos）が、上や下へと向かわせたのであり、それぞれにふさわしい場所を与えたのだと述べる。もう一度言えば、アリストテレスは、趨勢を、何らかの機能的な配置からではなく、目的論的に理解しているのである。そうであれば、ギリシア的な趨勢の概念は、中国思想と本質的に異なることになる。その様相を二つ、最後に明らかにしておこう。一つは、ギリシア思想が、自然の趨勢を、自然発生性＝自発性と対立させていったのに対して、中国思想は、両者を同一視していることである。もう一つは、ギリシア思想が、趨勢を、希求と欲望の様態で考えたために、実在を存在論的に位階化し、形而上学的に方向づけたのに対して、中国思想は、「存在の等級」など関知せず、第一動者〔神〕無しで済ませたことである。

アリストテレスによると、自然本性からの産出でも、人為的な制作でもない、第三の種類の実在の到来がある。それは全くひとりでに、「自動的に〔自己偶発、自然発生〕」（automaton）産み出されたもので、形式も目的も介在しない。この場合、質料が有する自然的な諸性質が、形式と連携せずに、通常形式を介して得られる結果に到達する。質料因がひとりでに産出されたのであり、果たすべき目的も無い。とはいえ、アリストテレスは、デモクリトスに反駁しながら、次のように述べている。〔この自然発生は〕基本的な諸活動がおのずと協同するために、形式によって組織化されているように見えるかもしれないが、それは例外的なものであるし（アリストテレスは、合目的性を、恒常的で規則的な結果だと考える）、そうした自然発生的な協同は、実在の次元では、極めて劣った諸現象にしか関わらない。それは、下等動物・寄生物・肥料の産出等々であり、さらには、水の流れが変わることや、爪や髪がはがれ落ちたり、腐ったり、長く伸びたりすること等々である[55]。この時には、通常なら自然本性から a natura 産み出されるものが、自然発生的に生み出されている。そして、偶運という事実が「技術の欠如」として考えられるように、この場合には、「ピュシス〔自然〕の欠如」(stêrèsis phusêôs) が問題になる。自然発生性＝自発性は、西洋哲学の因果律的な説明においては、残余としてしか引き合いに出されないのである。ところが、その反対に、中国の伝統はあげて、自然的なものを自発性の様態で考えている。しかも、それだけでなく、さらには自発的なものを、天地の運行や人間の行動の理想にするのである。西洋的な物の見方は、それが存在論的な位階化に基づいている以上、論理から言って、その至上の価値は、質料的な因果律からの解放にあり、それは自由に極まる。しかし、布置という中国的な考え方において至上の価値は、これも論理的なのだが、勢いの自発性にあり、その時には、布置は全くひとりでに、おのずと、したがって規則的に進行する。言い換えれば、中国思想は、事物の大いなる機能の自動性から勝手に離れることはやめるべきであり、布置の中でのゆるみはすべて不規則的だと考えるのだ。したがって、中国思想は、決して自由を考えなかったのである。

中国的な物の見方では、ダイナミズムは両極の相互作用だけで生じるのに対して、西洋の観点から見るとそうではない。では西洋では、いったいどんな緊張によって、現実が活性化されると考えているのだろうか？　最初にある〔両極の〕反対性から、二つの伝統とも出発したのだが、上で見たように、後にアリストテレスはこの反対性を、

（＊）　ここの記述はアリストテレス『自然学』208b20を参照のこと。「場所（トポス）」を構成する「位置（テーシス）」と「性能（デュナミス）」が論じられている。

「欠如」と「形式」という不平等な関係に転換した。そして、第三の原理として質料＝主体を立て、善に向かうように、それは形式に向かうとしたのである。それは、ちょうど「女性が男性に向かう」（あるいは、醜が美に向かう）ようなものだ。[56]つまり、現実の中にある趨勢は、中国的な理解とは違って、客観的で不可避的な勢いとしてではなく、主観的で目的論的な「欲望」と「希求」（êphiesthai kai orégesthai）として考えられたのである。そして、この趨勢は、実在の位階の頂点にある、第一動者としての神に集約される。神は、因果律の全連鎖の終局にあり、「動かされることなく動かす」ものであって、機械的に動くのではない（そうであれば因果律をさらに遡らなければならないだろう）。よく知られた定式であるが、神は神が引き起こす「欲望」（あるいは「愛」）によって動く（kineî hôs érômenon）。[57]神以外の存在者はすべて潜勢態においてあるにすぎず、それらは、最高度に完全な存在へ向かって進み、その永遠性を希求する。こうして、天界の高みでは、円環を描く回転が行われ、下界では、ただただ種が保存され、諸元素が相互に転換し、物理的な力が平衡するのである。神は、「最高現実存在 ens realissimum」・純粋活動・純粋形式であり、世界のあらゆる運動と変化にとって唯一の極として働き、天界と自然はその「神に依存している」。ところが、両極的な体系をなす中国思想では、自然の運動と変化は、内在的な論理からしか出てこず、いかなる神的な「エネルゲイア」から派生したものでもない。プロセスの不断の更新のほかには何も目指されていないのである。そして、中国思想では、趨勢はその最初に含まれていた方向にだけ向かう（神に向かうことはない）。また、趨勢がすべて絶対的に消滅してしまうこともない。趨勢が絶対的に消滅することは、質料や潜勢力がすべて取り除かれることであって、それがギリシアでは神を定義していたのではあるが。一方のギリシア思想では、趨勢は悲劇的に考えられ、欠如を表すものであった。それは、十全な存在ではないという思いから、神と再び結ばれることを渇望する。ところが、他方の中国思想は、趨勢を調整機構の内的な動者として、肯定的に受け取っている。趨勢は、機能という唯一の論理から、十分その重要性が証明されているのである。

「最高に望ましいもの」は、「最高に知解できるもの」でもある。このギリシア的な知恵は、大文字の存在への希求から出てきており、観想という自由な活動によって、永遠で完全な生の内にある神を模倣する。神の模倣こそが、至福の源泉である。中国でも、その知恵は天を模倣することにある。しかし、それは、天の布置に順って、そこから出てくる自発的な勢いによって有利に事を運び、事物の理と一つになるための知恵なのである。

第三部の結論　順応と効力

一　悲劇的ヒロイズムでもなく、公平無私な観想でもなく

わたしたちのもとには、古代ギリシアから、人間的な完成についての二つのモデルがもたらされ、それによって、わたしたちが理想を希求する形を作り上げてきた。一つは、活動に英雄的に参加するというモデルであり、それは悲劇の様態で考えられた。すなわち、ある個人が事態の推移に自ら干渉しようと決意すれば、その人は断固イニシアティブを取り、たとえ世界の中でどんな妨害に遭ってもものともせず、打ちのめされたり、命を奪われたりする危険を冒して進んでいくというものである。もう一つは、観想を使命とするモデルである。それは哲学的かつ宗教的な様態で考えられた。すなわち、感覚できるものは幻想であり、此岸の一切は短命であり死を宣告されていると観じた上で、魂は永遠の真理を希求するというものだ。そして、魂が「最高善」したがって「幸福」を手に入れるには、叡智界において、神的な絶対者に似通う以外には無い。

ところが、古代中国思想は、消耗であり不毛である対決を避けることに第一に心を配っていた。そして、客観的なプロセスの中に見出される、相関する機能の論理から、効力のモデルを構想し、それが人間の次元でも妥当すると考えたのである。また、古代中国思想は、感覚できるものに対する疑いとも無縁であった。この疑いから、仮象

と真理の対立が出てきたし、そこから、西洋の哲学的な活動は抽象的な構築に向かい、記述的で公平無私な合目的性に導かれたのであった。しかし、古代中国思想では、一方に認識の次元があり、他方に活動の次元があるというのではない。聖賢は、事態の推移に含まれるダイナミズムを直観すると（そして、それを「道」として尊ぶ）、それに逆らうことなく、むしろ、それをできるだけ完全な形で、あらゆる状況において働かせようとするのである。

二　配置の閉じた体系は、両極の相互作用によってのみ変遷する

その証拠を、わたしたちは「勢」という語から得てきた。「勢」は、実践と理論の対立的な分離を含意してはいない。そのために、その最初の戦略的な意味から離れることはなく、プロセスについて、それをどう利用するかという使用法の見地から説明してくれる。また、現実の中にあるダイナミズムの原理は、根本的には、どの領域でも同じであると考えられている。そのために、「勢」は、自然の分析でも、歴史の分析でも、また統治の領域でも、芸術的創造の領域でも役立つ。現実は常に個別状況として現れるが、その個別状況は、何らかの効果を発揮する特有の配置から生じているために、兵法家のみならず、政治家、画家、書家も、「勢に乗じて」(a)（同じ定式が諸領域で見出された）、その潜勢力を最大限に利用すべきなのだ。

したがって、中国思想は、思弁に傾いてはいないにしても、かなり早くから体系化に向かっていた。そして、それは、どんなものであれ外からの介入をできるだけ排除しようとした（そこでは、因果律の至高の究極の段階にあるものも除外される。たとえば、自然の第一動者としての「神」、戦争における「運命」、詩における「インスピレ

ーション」である)。そのために、中国思想は、どの領域においても同様に、現実は閉じた体系であり、相互作用の原理だけで変遷し、二つの極に必然的に立ち返ると考えたのである。この二つの審級は、あらゆる布置の基本にあるもので、対立しながらも相関的に機能している。それは、自然の次元での「陰」と「陽」(あるいは天と地)の関係から、社会の次元での君臣(あるいは男女)の関係に至るまで、さらには、書における上下(あるいは濃淡、遅速等々)から、作詩における情と景(あるいは虚実、平仄等々)の関係に至るまで、現実のあらゆるレベルで認められる。両極的な体系が設定されると、布置から産出の趨勢が出てくるように、そこから交替による変化が出てくる。この変化があるからこそ、「現実的なるもの」なら何であれ、出現し続けることができる。たとえば、この交替による変化は、土地の起伏の中にも含まれているし、時を区切るものでもある。つまり、風景の中の山と谷の連なりに、それを見ることもできるし、歴史の中の時代の盛衰の展開に、それをたどることもできる。そして、二つのうちの一方の極から他方の極へ揺れ動くことで、すべては変化し更新されていく。このことに範を取ることで、兵法家は、一つの戦術からその反対の戦術へと、「龍=蛇」の体のように柔軟に移行して、攻撃力をつねに新鮮に保ったのである。また、詩人も、詩を「幕の襞」のように曲折させることで、自分の情動の表現をつねに生き生きしたものに保ったのである。

中国において、「勢」はまさしく普遍的な概念である。なぜなら、それは、天地の大プロセスにも、人間の諸活動にも妥当し、自然の次元にも技術=技法の次元にも関わっているからである。したがって、画家や詩人といった「勢を作る」人は、万象をつかさどるこの論理を、それぞれの手段を用いて利用しているにすぎない。つまり、この論理を明らかに示すのが、それぞれの仕事なのだ。だが、このモデルは一般的であるとはいえ、それは常に個別的で、ニュアンスの異なる理解が必要である。まず問題になるのは、状況である。状況は時と場合に応じて異なり、たえず変遷する。そのために、そうした現実的なものを制御し到来させる勢いもまた、必然的に特異で、二度と繰り返されることがない。「現実的なもの」は、決して凝固せず、ステレオタイプを逃れるのだが、それこそが現実的であり続ける要件なのだ。この点で唯一の例外は、法家の権威主義者たちである。彼らは「勢」を凝固しようとしたが、それは、権力の布置を固定することによって、変遷から生じるあらゆる危険を阻止しようと望んだからである。ところが、芸術と自然はというと、どちらもたえず自らの布置を更新する。だからこそ、この二つには計り知れない「神妙な」(b)次元がある。それは、一般化や単純化による合理的な説明を一切はみ出すものだ。そしてまた、「勢」を抽象的に扱うこともできないのである。中国思想は、根本において統一されていると同時に、そこには具体的なものへの親密な感覚も働いているのである。

三　知恵か戦略か　勢いに順うこと

現実的なものはすべて布置である。こう考えたために、中国人は、必然的に無限である因果の連鎖を、どこまでも遡ることはしなかった。また、勢いは必然的であると感じていたために、彼らは蓋然なものにすぎない目的を思弁することもなかった。宇宙開闢論といった物語や、目的論的な措定に関心を払うこともない。始まりを物語ったり、結末を夢見る必要などないのだ。実在するのは、これまでも、そしてこれからも、作動する相互作用だけであって、現実はそのたえざるプロセスにほかならない。したがって、中国人にとって問題なのは、ギリシア人が生成変化と感覚できるものに対立させた「存在」ではなく、機能する力、すなわち効力である。効力は、現実の至る所で働いていることが確認されているが、では、この効力はいったいどこから生じるのか、そしてそれを最もうまく利用するにはどうすればよいのか？　これが中国人にとっての問題だったのである。

中国人が考えるように、あらゆる対立は相関的に働くということを原理として認めてみよう。そうすると、その瞬間から、相剋的な見方は解消し、現実は悲劇的ではなくなる。ここで思い出されるのは、戦略的な布陣を敷くケースである。これは、敵と相対して衝突する最も明らかなケースなのだが、この時でさえ、中国の思想家たちは、敵を激しく攻撃するのではなく、敵の動きにぴったり合わせて、常に布陣を変えることを勧めていた。つまり、「相手」がダイナミズムを有している限り、それを利用しようというのだ。相手に合わせて自軍の布置を更新するために、敵が消耗していっても自軍は何も失わない。こうすれば、自軍は最初と全く同じエネルギーを保持できる。正面攻撃が、消耗させるもの、危険を冒すものであるのに対して、この作戦はただ、敵方の誘発に常に応じ、反応するだけでよい（最も重要なのは、この「常に」である。というのも、相関のプロセスに少しでも裂け目ができると、自軍は敵から離れてしまい、自力で何らかの陣形を作り直すことになる。しかし、そうなると立場が逆転して、今度は敵の方が、敵に対峙しているのに敵から切り離されている自軍を認めて、自軍を利用し、勝利してしまう）。それはちょうど、大地の起伏の変化に沿って、水が滞ることなく流れるようなものだ。そうすれば、自軍のダイナミズムを保持でき、安全なままである。

したがって、中国的な「実践理性」とは、働いている勢いに沿うことで、それに運ばれながらも、勢いを自分のために働かせるということである。善か悪か（どちらも存在論的な身分を有している）の選択が最初にあるのではない。勢いの「方向に進んで」、望ましい利益を引き出すのか、あるいはその反対に、勢いの「逆に進んで」、身を破滅させるのかという選択があるのだ。したがって、先ほどの兵法家に妥当することは、聖賢にも妥当する。聖賢は、現実を一瞬のうちにコード化して、そこから意図にとって目的たりうる規範（行為の命法や規則）を抽出するのではない。そうではなく、聖賢は、事態を不断に推移させるイニシアティブ（これが、プロセスの汲み尽くせない源泉としての「天」である）に「順う」ことで、その効能を摑まえようとする。これを主観の側から見ると、聖賢は、心の自由を主張していこうというのではなく、誰の心にも萌芽的に備わっている善への傾向（これが、儒家の言う「仁」であり、万物を一体にする）に従って、完全な道徳性にまで高まろうというのだ。これは、世界を何らかの秩序によって再構築するのでもなく、また、事態の推移を力ずくで変えて、自分の構想を世界に押しつけようというのでもない。聖賢はただ、現実が自分の中に誘発してくるものに応じ、反応するだけである。ただし、聖賢は、利害関心をもって部分的で局所的に応じるのではなく、包括的で連続的に、したがって、かえって必然的に実際的に反応する。そうであるからこそ、聖賢が現実を変えていく力には、障碍や限界がない。聖賢は「行為する」のではない。すなわち、自分では（自分からは）何もしない。逆に、その効力は、どれだけ聖賢が干渉しないかに対応しているのだ。聖賢は、全体的に見渡した現実と相関するからこそ、目に見えず、無限で、完全に自然発生的であるような影響力を及ぼすのである。

活動や因果律が他動詞的なものであるのに対して、効力は自動詞的なものにほかならない。また、「天」も、人間の地平を超越するものとして立てられてはいても、それ自体は、こうした内在の全体化あるいは絶対化にほかならない。

こう考えてくると、中国思想が、根底からして順応主義的であるとしても、驚くにはあたらない。わたしが言いたいのは、中国思想が、「世界」から距離を取ろうとせず、現実を問いの対象にしないことは、驚きでも何でもないということである。中国思想は、無意味な現実を救い、それに意味を与えるのに、どんな神話も必要としない。ところが、西洋の側では、荒唐無稽な神話ほど強力であることが知られている。神話は、奇想天外な作り話によって、世界の謎を説明しようとする。そうした神話を作り上げなかった中国思想は、その代わりに、儀礼を整備した。儀礼は、世界の配置に固有に備わった機能を、振舞いの次元に具象化し、それを記号によって表現したものである。現実は、問い糾すべきものではなく、最初から信頼できるプロセスとして現れている。それは、神秘として解読されるべきものではなく、その歩みの中で明かされていくべきものなのだ。そして、「意味」もまた、自我＝主体の期待をかなえるために世界に投影されるべきものではなく、すべて物の勢いから出てくる。ここには、信仰の働きは必要ない。

西洋では、理想を一極に集めた緊張から、聖人や天才が出てくる。「火を盗んだ」プロメテウスは、それを一身に体現した殉教者である。プロメテウスは、遺棄された苦悩から見神の狂喜へ、自己の無への絶望から「自己の中にいます神」の歓喜へ向かって、熱に浮かされたように情熱的な探求を開始したのである。ところが、中国では、両極的な体系から、求心力と平衡が生じ、平静がもたらされる。また、機能の恒常性を保証する交替からは、生き生きした律動が湧き起こってくる。ここでは、彼方への開口部から、終わりのない心情の吐露や目も眩む法悦に至ることはない。彼方への開口部はすぐさま、それに代わる閉域によって埋め合わされていくのである。そして、この閉域がプロセスを形作り、それに息をさせるのだ。超越へ向かう道徳を作りあげる必要など無い。喜びと戦《おのの》きの間で、救済を捏造する必要もない。ただ変化に合致していれば十分である。変化は、常に調整機構でもあるし、調和に寄与するものでもあるからである。

原注と参考文献

第一部

序文

（1）この「勢」は、「埶」と同じで、何かを摑んでいる手を表しているとされ、権能を象徴し、後に「力」という部首が付されたものだ。その手の中に摑まれたものを、許慎は土の塊だと考えた。それは、場所や「地位」を象徴しているのだろう。こうした意味での「勢」は空間的であるが、時間的な語である「時」にも対応している。それは、時宜を得ているとか機会という意味をもっている。そして、「時」は、「勢」と書かれることもある。

第一章　潜勢力は配置から生まれる（兵法において）

古代中国を代表する兵法書は、『孫子』である。これは一般には紀元前四世紀に作られたとされている書物であり、この章は基本的にはそれに基づいている。それを補足する文献として、同じく紀元前四世紀の作である『孫臏兵法』も用いた。この書物の一部が、一九七二年に山東の墓（銀雀山漢墓）から発見されている。また、『淮南子』巻十五「兵略訓」も参照した。これは漢初（紀元前二世紀）のもので、先の二書よりも後に編纂されたものであるが、「勢」の概念を維持した上で、さらに発展させている。『孫子』のテクストは、『孫子十家注』（『諸子集成』第六冊、上海書店、一九八六年再版）を用い、『淮南子』のテクストは、同じく『諸子集成』第七冊から引用した。『孫臏兵法』は、鄧沢宗『孫臏兵法注訳』（北京解放軍出版社、一九八六年）から引用した。

（1）『孫子』巻四「形篇」五九〜六〇頁。
（2）同、五八〜五九頁。
（3）同、六〇〜六一頁。

（4）『孫子』巻三「謀攻」三五頁。また、『淮南子』巻十五「兵略訓」二五七頁。

（5）これは、古代中国ではよく見られる考えである。そのなかでも、道家の伝統の基礎にある書物である『老子』には、こうある。「兆しがまだ現れていない時は、状況を扱いやすい〔其未兆易〕」（六十四章）。また次のような原則も述べられている。「優れた戦士は好戦的でない〔善爲士者不武〕」、「敵に勝つ者は、敵と戦わない〔善勝敵者不與〕」（六十八章）。

（6）「特殊軍事用語としての」「勢」の諸用法を体系的に研究したものとしては、ロジャー・T・エイムズ『統治術　古代中国政治思想の研究』「特殊軍事用語としての「勢」の発展」〔Roger T. Ames, *The Art of Rulership. A Study in Ancient Chinese Political Thought*, University of Hawaii Press, Honolulu, 1983〕六六頁以下を参照のこと。

また劉殿爵「孫子注解」〔D. C. Lau "Some Notes on the Sun Tzu", *BSOAS*, vol. 28 (1965)〕の第二部、とりわけ三三二頁以下を参照のこと。

【一方で、それ〔形〕は「カタチ」、「有形のもの」を意味し、動詞として「現す」、「出現させる」として用いられる。……他方で、「形」は「勢」とほぼ同義でも用いられる。】

（7）『孫臏兵法』「簒卒」二六頁。

（8）『孫子』巻四「形篇」六四頁。

（9）同、巻五「執篇」七一頁。

（10）同、巻十「地形篇」一七六頁。

（11）『淮南子』巻十五「兵略訓」二五九〜六〇頁。

（12）『孫臏兵法』「威王問」一三頁。

（13）『淮南子』巻十五「兵略訓」二六一頁。

（14）『孫子』巻十一「九地篇」二〇二頁。

（15）同、巻五「執篇」七二頁。

（16）『孫臏兵法』「勢備」三八頁。弩のもう一つの特徴的なイメージは、矢が軍隊に、弓が将軍に、引く手が君主にあてられたものである（「兵情」四一頁）。

【孫子曰、若欲知兵之請（情）、弩矢其法也。矢、卒也。弩、将也。発者、主也。】

(17)『孫子』巻五「執篇」八〇頁。
劉殿爵が注記したように(「孫子注解」三三三頁)、『孫子』の巻四と巻五の終わりでは、同じ高低差のイメージが、「形」と「勢」のどちらに対しても用いられている。

【勝者之戦民也、若決積水於千仭之谿者、形也。〔巻四〕／故善戦人之勢、如転円石於千仭之山者、勢也。〔巻五〕この二つの句は、一方の「形」と他方の「勢」とが同じではないかと思わせるほどよく似ている。】

しかしながら、操作から帰結する効果という様相(先に述べた、小石が水の流れに運ばれるように、石を転がるようにし向ける)に関しては、その『孫子』においても、「形」より「勢」の方が目立っている。
(18)『孫子』巻五「執篇」七六頁。
(19)同、それぞれ李筌と王皙の注釈である。
【李筌曰、夫兵得其勢則怯者勇、失其勢則勇者怯。／王皙曰、勇怯者、勢之変。】
(20)『淮南子』巻十五「兵略訓」二六二頁。
(21)同、「所以決勝者、鈐勢〔勢を統べる〕也」(「権」は「鈐」である。ロジャー・T・エイムズ『統治術』二二三頁の注二三を参照のこと)。
【この「鈐」という字は、許慎の注釈した書物では、タブーという意味の「権」を置き換えたものだとされている。】
(22)同、二六三頁。
『淮南子』は漢代に優勢になった宇宙論的な思弁に影響されているために、この「兵略訓」でも、ここに挙げた例を除いては、天・人・五行の相互関係に基づいた「超自然的な」諸要素を断固否定しているわけではない。この点では明らかに、古代の兵法思想からは後退している(『孫子』巻十一「九地篇」と巻十三「用間篇」を参照のこと)。

【禁祥去疑、至死無所之(「九地篇」一九七頁)〔妖祥や疑惑の事柄を禁止して捨て去れば、最後まで災いがない〕。】

【故明君賢将所以動而勝人、成功出於衆者、先知也。先知者、不可取於鬼神、不可象於事、不可験於度。故取於人知敵之情者也(「用間篇」二二七〜二二八頁)〔明君や賢将が動けば人に勝り、人よりも成功を収めるゆえんは、あらかじめ知っているからだ。あらかじめ知っているというのは、鬼神に祈ったり、他の類似する事柄に徴したり、神秘的な度数に兆しを求めたりするのではなく、間者を用いて敵情を知ることなのだ〕。】

(23)『孫子』巻一「計篇」一二頁。
注釈家たちはこの「外的であるもの」(「其外」)を二通りに理解してきた。一つは、「恒常的規則」(「常法」曹操の解釈)の外にあるものであり、もう一つは、戦略を決定する内なる場所の外にある戦場である(梅堯臣の解釈)。ただし、この二つの解釈は結局は同じことになる。

(24)「形人而我無形〔相手の姿は明らかにしても自分の姿は見せない〕」という原理。『孫子』巻六「虚実篇」九三頁。

(25)『淮南子』巻十五「兵略訓」二五三頁。

(26)『孫子』巻六「虚実篇」一〇一～〇二頁。

(27) 同右。
また、『孫臏兵法』(「見威王」八頁)にもこれと同じ定式がある。すなわち、「夫兵者、非士恒勢也〔軍事では、永久不変に有利な形勢を恃むことはできない〕」である(傅振倫『孫臏兵法訳注』、巴蜀書社、成都、一九八六年、七頁を参照のこと〔なお、それによると、ここでの「士は恃の仮借字」である〕)。

(28) 特に碁論は、こうした考え方によって、碁盤の上に展開され一手ごとに変化する力関係を説明する。碁は、中国の戦略の基本的な原理を例証するゲームである。

(29) たとえば、『荀子』第十五「議兵」の冒頭や、『淮南子』巻二一「要略」三七一～七二頁もそうである。
『漢書』芸文志は、兵書を四つの範疇に分け、その一つを「勢」の専門家の書である(「兵形勢」)と言う。

【兵書略／兵権謀、兵形勢、兵陰陽、兵技巧。】

現存する作品からこの部門の内容を評価したものについては、ロビン・D・S・イェーツ「古代中国兵書の新解釈——兵書の本質と変遷、そして戦国時代における軍事的専門化について」〔Robin D. S. Yates, "New Lights on Ancient Chinese Military Texts: Notes on their Nature and Evolution, and the Development of Military Specialization in Warring States China" *T'oung Pao* LXXIV (1988)〕二一一～四八頁を参照のこと。

【3.0 総括：……兵書を四つの範疇に分類した『漢書』によると、「権謀」を強調したという第一のグループの特徴づけは、第三のグループを陰陽家とするのと同じく精密なものであった。しかし、軍事「形式」と「地位の優勢」を唱える第二の範疇については、それに『尉繚子』が属すのかどうかがはっきりしないために、『漢書』の解釈を肯定も否定もできない。

最後のグループは、墨子を例として挙げているが、おそらくは、理論的哲学的に首尾一貫した立場はないのであろう。しかし、それにもかかわらず、これら四つのグループが、中国の戦争に対する伝統的な姿勢に、直接の影響を与えたと結論づけてもかまわないだろう。】

(30)「論持久戦」(八七)(『毛沢東選集』〔人民出版社、一九五二年〕、第二巻「抗日戦争時期」四八四頁)。
【霊活〔絶妙さ〕は聡明な指揮官であって、客観情況に基づいて、「審時度勢〔時を審らかにし勢を度《はか》る〕」を行う(この「勢」は、敵勢・我勢・地勢等々を包括したものだ)ことで、その時に適ったふさわしい対策を取る才能である。だから、「運用の妙」と言われるのである。】

(31) この「機敏さ」とは、「霊活性」を翻訳するのに、慣習的な訳である「融通性」では表現しきれないものである(『毛沢東選集』第二巻四八三頁を参照のこと〔原文では、一八二頁とあったが、該当する表現がないために、四八三頁を指示しておく。そこには、「霊活性とは何か？　それは作戦において具体的にイニシアティブを発揮するものであって、兵力を機敏に用いることである」とある〕)。

(32) ヴィクター・デイヴィス・ハンソン『戦争の西洋的モデル』〔Victor Davis Hanson; préface de John Keegan; traduit par Alain Billault, *Le Modèle occidental de la Guerre: la bataille d'infanterie dans la Grèce classique*, Paris, Les Belles Lettres, 1990〕一八三頁 (Victor Davis Hanson; with an introduction by John Keegan, *The Western way of War: Infantry Battle in Classical Greece*, Oxford University Press, 1990)。

(33) カール・フォン・クラウゼヴィッツ『革命から王政復古へ　著作と書簡』〔Karl von Clausewitz, *De la Révolution à la Restauration, Écrits et lettres, choix* de textes traduits et présentés par Marie-Louise Steinhauser, Paris, Gallimard, 1976〕三三頁。手段と目的の関係は、『戦争論』(*De la guerre*〔篠田英雄訳『戦争論』上・中・下、岩波文庫、一九六八年〕)の第一篇第二章「戦争における目的と手段」において、個別の主題として立てられたほど極めて重要である。
【カール・フォン・クラウゼヴィッツ『戦争論』(上)二八〜二九頁より――第一章「戦争とは何か」二戦争の定義／我々としては、戦争を構成している究極の要素〔究極原因〕、即ち二人の間で行われる決闘に着目したい、およそ戦争は拡大された決闘にほかならないからである。……それだから戦争においては、かかる強力行為、即ち物理的強力行為は(なるほど精神的強力行為というものもあるが、しかしこれは国家および法律という概念だけに含まれているものであるから）手段であり、相手に我が方の意志を強要することが即ち目的である。ところでこの目的を達成するためには、まず敵の防御を完全に無力ならしめねばならない、そして強力行為という建前から言えば、このことこそいっさいの軍事的行動の目標なのである。要するに軍事的行動そのものにおいては、かかる目標が差し当たり戦争の目的に代わり、この目的をいわば戦争行為に属しないものとして一応無視するのである。】

【同『戦争論』（上）六三頁より――第二章「戦争における目的と手段」／戦争が、政治的目的を達成するに適切な手段であるためには、いったいどのような目標を設定せねばならないかということをまず問題にしてみよう。】

クラウゼヴィッツにとって、目的と手段という概念が重要であることについては、マイケル・ハワード『クラウゼヴィッツ』第三章「戦争における目的と手段」〔Michael Howard, *Clausewitz*, Oxford University Press,《Past Masters》, 1983〕を参照のこと。また、レイモン・アロン『戦争を考える』〔Raymond Aron, *Penser la guerre*, Paris, Gallimard, 1977（佐藤毅夫・中村五雄訳『戦争を考える　クラウゼヴィッツと現代の戦略』、政治広報センター、一九七八年）〕と、同『クラウゼヴィッツについて』〔*Sur Clausewitz*, Paris, Complexe, 1987〕も参照のこと。

【マイケル・ハワード『クラウゼヴィッツ』三五頁より――第三章「戦争における目的と手段」／この手段と目的、すなわち Mittel と Zweck の二元性が、クラウゼヴィッツの全仕事を貫いている。しかし、クラウゼヴィッツはさらなる区別を行った。つまり、戦争の究極目的と、そこに到達するための手段である中間的な諸段階の区別である。後者は、下級の軍事司令官の目標 Ziele であるが、戦略家はそれを手段として用いて、自分本来の最終目標つまり目的 Zweck を得る。いかなる軍事的成功も、孤立しては判断できない、というのはそれだけでは戦略家の全体計画の中の一つの段階にすぎないからである。下級単位に割りあてられた諸目標は――橋や要塞の攻略、州県の占領、敵の力の破壊――、将軍がより高い目的を獲得するための手段なのだ。そして、最終的には、これらの高い目的は決して軍事的ではなく、政治的であり、「直接に平和に導く諸目的」である。】

【レイモン・アロン『クラウゼヴィッツについて』六三頁より――「クラウゼヴィッツの思想における感覚と悟性」／政治は悟性に属しており、戦争の遂行も悟性に属している。したがって、悟性だけが、ウェーバー的な意味での「合理的な」活動に、目的 Zweck を定めるものである。ところで、戦争は全体として、クラウゼヴィッツがそれを道具と呼んだ時から、手段と同一視されてきたはずである。道具あるいは器具は、その定義から言って、何かの役に立つものだ。それは、

何かを目指して用いられる。それと同様に、戦争も、政治が命じる目的を目指すのである。】

第二章　地位が決定的な要素である（政治において）

この章で用いた主要文献は、紀元前四世紀の慎到の書『慎子』（巻一「威徳」）と、一般には紀元前三世紀に編纂されたと考えられている『管子』（巻二十一第六十七「明法解」）、そして法家の伝統に属する作品の中では最も深遠であり最も展開を遂げた『韓非子』（紀元前二八〇頃〜二三四年）である。副次文献としては、紀元前四世紀の商鞅の『商君書』（第二十四「禁使」）と『呂氏春秋』（「慎勢」）を用いた。

参照したテクストは、『諸子集成』第五冊と第六冊である。『韓非子』と『呂氏春秋』については、さらに、陳奇猷『韓非子集釈』（上海人民出版社、一九七四年、全二巻）と同『呂氏春秋校釈』（学林出版社、一九八四年、全二巻）も参照したため、その頁数は『諸子集成』版の後に丸括弧で示した。

（1）『荘子』第三十三「天下」の慎到にあてられた一節。

【公而不党、易而無私、決然無主、趣物而不両、不顧於慮、不謀於知、於物無択、与之倶往、古之道術有在於是者。彭蒙・田駢・慎到聞其風而悦之。斉万物以為首。曰、「天能覆之、而不能載之。地能載之、而不能覆之。大道能包之、而不能弁之」。知万物皆有所可、有所不可。故曰、「選則不徧、教則不至。道則無遺者矣」。是故慎到棄知去己、而縁不得已、冷汰於物、以為道理。曰、「知不知」。将薄知而後鄰傷之者也（公正で一党に偏らず、平易であって私心がなく、決然として我執を捨て、物に向かっても二つに分かれることが無く、思慮を用いず、知恵を働かせず、物を選ぶこともなく、物と共に行く。古の道術はここにあったのであり、彭蒙・田駢・慎到はこの教えを聞いて喜んだ。そして、万物は斉同であることを第一としたのである。「天は覆うことはできるが、載せることはできない。地は載せることはできるが、覆うことはできない。大道は包み込むことはできるが、区別はできない」。このように言ったのは、万物にはどれもできることとできないことがあるとわかっていたからだ。そこで、「選ぶと遍くあることはできないし、教えると至ることはできない。道はすべてを包み、何も残さないものであるはずだ」とも述べたのである。こうして、慎到は知を捨て、己を去り、やむを得ないことになってはじめて物に対処して、それを道理だと考えたのである。そして「知は知らず」と述

べたが、これは知を軽んじてついにはそれを損なうことになった〕。】

この一節は魅力的ではあるが、難解である。そのため、ここでのわたしの翻訳はむしろ解釈になっている。ちなみに、慎到については、アーサー・ウェーリー『古代中国における三つの思考法』〔Arthur Waley, *Three Ways of Thought in Ancient China* (trad. fr. par G. Deniker, *Trois Courants de la pensée chinoise antique*, Paris, Payot, 1949)〕一九〇頁で、すでに言及されている。

【慎到は、紀元前三〇〇年頃の道家であり、統治術に関する特殊な理論を発展させた。彼によると、王が王であるという事実――慎到が王としての地位（勢）と呼ぶもの――が、王に権力（勢）を付与するのだ。王はそれ以外の資質や能力を必要としない。他の神秘主義的な教説のように、こうした信念は言葉遊びに基づいている。「勢」（潜勢力、権力、力）と「勢」（地位、事情、状況）という二つの語は、単に音が同じであるだけでなく、たまたま同じ文字で書かれている。したがって、これらが何か神秘的な関係を有しているように受け取られても当然である……。権力（勢）は君主のもとに、彼が君主の地位（勢）にあるというだけで自動的にもたらされる。ちょうど龍が雨雲に乗るように、君主がそれを利用すれば、天下は治まる。君主が他の人より賢かったり愚かであったりする必要はないのである。ところが、現実主義者は、一般的には、「権力」という語を、言葉遊びや神秘的な意味では用いない。その意味なら、荘子や老子が用いた「徳」（「生得的な力」）という古い語がほぼ相当するだろう。そうではなく、現実主義者は、「勢」を、「自発的に生じる」――いわば「自然の」――何か神秘的な潜勢力ではなく、ただ人間が手に入れられる権力という意味で用いるのだ。それは、民を害し畏れさせながらも、そのことを恥じない人に与えられる権力のことなのだ。】

（2）『荘子』に登場する「道家」慎到と、別の箇所（たとえば『漢書』）で認識された「法家」慎到との関係については、次のものを参照のこと。P・M・トムソン『慎子断片』〔P. M. Thompson, *The Shen Tzu Fragments*, Oxford University Press, 1979〕三頁以下。

【『慎子断片』三頁より――『史記』は慎到を「黄老の術」を学ぶ道家に分類していたが、劉歆はその『七略』において、その書物を法家に分類した。この分類は、班固によって『漢書』でも引き継がれ、十八世紀まで続いた。しかし、『四庫全書』の編纂者たちは慎到を法家から雑家に移した。その説明によると、『慎子』の断片は、道家思想から法家思想への移行を表したものだからだという。】

レオン・ヴァンデルメールシュ『法家思想の形成』〔Léon Vandermeersch, *La Formation du légisme*, École française d'Extrême-Orient, 1965〕四九頁以下。

【『法家思想の形成』五四頁より——伝統的には、慎到は実に不完全で断片的なイメージしか持たれていないために、その人の思想の統一性が守られることはなかった。『荘子』を読んだ人は、慎到を道家だと捉えて、慎到をアタラクシア〔平静不動〕の教説に偏って理解するきらいがある。また、『荀子』の慎到批判を取り上げる人は、慎到は法を盲信していると非難して、慎到の中に法家的な要素を認めていく。いずれにしても、慎到の独自性を明らかにするには至らなかったのである。こうして、馮友蘭が慎到を扱うに至った時、彼は慎到に対して二つの別々の章を当てることになったのだ。あたかも二人の慎到がいて、両者は無関係であるかのようであった。】

政治的な意味での「勢」に言及した主要文献の研究では、ロジャー・T・エイムズ『統治術』七二頁以下を参照のこと。

【『統治術』七二頁より——特殊法家的な用語としての「勢」は、「政治的足場」とも表現できる。……法家思想の起源と発展に対する近年の研究によると、その最初の起源には三つの学派があり、最後に『韓非子』の中に合流したとのことである。その三つの学派とは、一つは慎到（紀元前三六〇年頃の生まれ）の学派であって、「戦略的な政治的優位」あるいは「政治的足場」である「勢」を強調した。もう一つは、申不害（紀元前三三七年頃？）の学派で、「統治術」としての「術」を強調した。三番目は、商鞅（紀元前三九〇〜三三八年）の学派で、「刑罰」としての「法」を強調した。】

（3）慎到〔『慎子』〕巻一「威徳」一〜二頁。P・M・トムソン『慎子断片』二三二頁以下を参照のこと。

（4）『商君書』第二十四「禁使」三九頁。

（5）『韓非子』第四十「難勢」二九七頁（八八六頁）。

（6）同じ比較が、『韓非子』第三十四「外儲説右上」二三四頁（七一七頁）にもある。

（7）陳奇猷は、この反駁に対する再反駁は韓非子のものではないと考えている（『韓非子集釈』八九四頁、注二七）。

【しかし以下の議論は、韓非子の思想とは正反対であり、決して韓非子の手になるものではなく、後人が韓非子を非難した言葉であり、書写した人がわからないまま正文に竄入してしまったものだ。】

わたしには陳奇猷の論証が決定的であるとは思われないが、それはともかく、韓非子のこの箇所の議論は、かくも大きな関心を引くほど、それ自体十分展開を遂げたものである。

(8) たとえば、『管子』第三十一「君臣」下、一七七頁を参照のこと。
(9) 同、第七十八「揆度」三八五頁。
(10) 同、第十六「法法」九一頁。
(11) 同、第六十七「明法解」三四三頁。
(12) 『韓非子』第十四「姦劫弑臣」六八頁(二四五頁)。
(13) 『管子』第六十四「形勢解」三二五頁。
(14) 同、第三十一「君臣」一七八頁。『韓非子』第四十八「八経」第三経〈起乱〉三三二頁(一〇〇六頁)。また、『韓非子』第三十四「外儲説右上」と、同、第三十八「難三」も参照のこと。
(15) 『呂氏春秋』「慎勢」二一一頁(一一〇八頁)。
(16) 『韓非子』第三十八「難三」二八九頁(八六四頁)。
(17) このことに関しては、レオン・ヴァンデルメールシュの『法家思想の形成』二二五頁以下を見よ。
【他方、外的現実がどんな認識的な意識からも独立しているということは、墨子が現在の人間や過去の王と対話することに満足せず、実験の原理を立てて現実それ自体と対話していることからも承認される。しかし、ここでもまだ、実験されているのは政治的道徳的な理論だけであって、自然学的な理論は無視されている。それでも、実験が問題になったことは重要であった。】
(18) 『韓非子』第四十八「八経」第四経〈立道〉三三四頁(一〇一七頁)。
(19) 同、第十四「姦劫弑臣」七一頁(二四七頁)。
(20) 『淮南子』巻九「主術訓」一三三頁、一四五頁。
(21) 『韓非子』第四十八「八経」第二経〈主道〉三三一頁(一〇〇一頁)。
(22) 同、第二十八「功名」一五五頁(五〇八頁)。
(23) 同、第三十八「難三」二八四頁(八四九頁)。
(24) 同、第四十八「八経」第一経〈因情〉三三〇頁(九九七頁)。
(25) 同、第二十八「功名」一五五頁(五〇八頁)。

(26) 同、第四十八「八経」三三二頁（九九七頁）。
【故明主之行制也天。其用人也鬼。天則不非。鬼則不困〔したがって、明主が（二つの「柄」を用いて生殺与奪の）制度を行使してもそれは天のように計り知れない。人を用いるのはまるで鬼神のようである。天であれば非ならず、鬼であれば困らず／因らず〕。】

(27) 原文は、前注(26)にある「天則不非〔天であれば非ならず〕」であるが、この表現は二つの読解が可能である（陳奇猷『韓非子集釈』九九九頁、注十を参照のこと）〔つまり、非＝誤と読むか、非＝誹と読むかの二つがあるのだが、ジュリアンは両方の意味を並べて訳出している〕。

(28) 〔前注(26)にある「不困」の「困」を〕「困」あるいは「因」と読むのに従う〔ここでもジュリアンは両方の意味を同時に並べて訳出している〕。この点については、陳奇猷『韓非子集釈』九九九頁、注十一と、レオン・ヴァンデルメールシュ『法家思想の形成』二四六頁を参照のこと。
【『韓非子集釈』九九九頁、注十一より――奇猷が案ずるに、鬼は計り知れないものであるために、困ることはない、ということである。これは、用術のことを言っていて、好悪を去ることではなく、それと比べてはならない。好悪を去るとは無為であって、用術とは積極的な行動である。したがって、好悪を問題にするから〔人情に因るという意味で〕「因」と言うのであって、用術が鬼であるならば〔人情を離れているために〕因と言う必要はないのではないか。】

【『法家思想の形成』より――韓非子は、人々が君主の法に完全に従うことを、外的原因が無いという意味の「無因」と呼んでいる。それは、道家の「自然（自発性）」とちょうど同じ意味である。しかし、この節の冒頭では、「因」という語の用法が、外的原因ではなく、（自然への）順応という意味になっている。これにおそらくは混乱したのであろうが、書写した者が、まず「人間の情に順応する」と理解した上で、次には「烏因」すなわちもはやそれに順応する必要はないと理解しなければならなかったのに、このことを理解せず、「無因」を窮することがないという意味の「無困」に作るのがよいと考えたのだ。それは、書記上では、実にわずかな変化である。】

(29) 操作の自然さについては、ジャン・レヴィ「古代中国における操作の理論」〔Jean Lévi,《Théories de la manipulation en Chine ancienne》, *Le Genre humain*, N° 6, 1986〕九頁以下と、同「自然秩序と社会秩序は一体である――古代中国の法家思想における自然「法」と社会的「法」」〔《Solidarité de l'ordre de la nature et de l'ordre de la société: "loi" naturelle et

"loi" sociale dans la pensée légiste de la Chine ancienne》, *Extrême-Orient–Extrême-Occident*, PUV, Paris VIII, N° 5, 1983〕二三頁以下を参照のこと。

(30) 法家思想に道家の影響があることについては、レオン・ヴァンデルメールシュ『法家思想の形成』二五七頁以下で、見事に詳述されている。

【「地位」という意味での「勢」という概念に道家の影響があることについては、慎到が特に強調していたが、それは商鞅や申不害、そして韓非子にも明らかであった。】

(31) 『韓非子』第三十四「外儲説右上」、二三一頁（七一一頁）、二三四頁（七一七頁）。

(32) 同、第四十九「五蠹」三四二～四三頁（一〇五一頁）。

(33) 同、第十四「姦劫弑臣」七四頁（二四九頁）。

(34) 同、第三十八「難三」二八五頁（八五三頁）。

(35) 同、第四十八「八経」第五経〈参言〉三三五頁（一〇二六頁）。また、同、第七「二柄」二九頁（一二一頁）。

(36) 中国では君主制原理を問いただすことなど夢想だにされなかった。しかしながら、権力の独占という法家的なモデルに対しては批判がなされ、相互性が必要だと考えられた。つまり、法家は、政治的な布置＝装置を固定して、上から下までただ一つの方向にのみ働かせようとするのだが、それを上と下、君と臣、王と民の間での相互作用に開き、両極性を前提するべきだというのである。このことは本論で後に見ていくが、中国思想のあらゆる局面において二元的な審級という原理があり、そのために、文人の影響のもとで、帝国的なイデオロギーは実際にも修正されていく。

法家の「勢」の概念は、最も理論化された概念であり、その限りでわたしたちの探求にとっては重要なものである。しかし同時に、「勢」という用語のもとで共通に表現されてきた、効力に対する直観は、ここでは失われている。というのも、法家は、「勢」に固有の客観的な条件づけという次元と、「勢」の自動性という特徴を重視したために、「勢」に本質的な可変性を表象できていないからである。そして、このように「勢」を固定することで、法家は「勢」を衰弱させたのである。

(37) ニコロ・マキャベッリ『君主論』第一八章〔河島英昭訳、岩波文庫、一九九八年、一三一～三六頁〕。

(38) ミシェル・フーコー『監獄の誕生』「パノプティズム」〔Michel Foucault, *Surveiller et Punir. Naissance de la prison*, Paris, Gallimard, 1975〕一九七頁以下（田村俶訳、新潮社、一九七七年、一九八頁以下）。

（39）同、二〇一頁以下（日本語訳、二〇二頁以下）。

第一部の結論　操作の論理

この章で用いたのは、紀元前四世紀後半の『孟子』（巻七第八章「尽心」上と巻六第二章「告子」上）と、紀元前二九八〜二三五年ごろの『荀子』（第九「王制」、第十一「王覇」、第十五「議兵」、第十六「彊国」）、そして漢初に編纂された『淮南子』（巻九「主術訓」、巻十五「兵略訓」）である。

参照したテクストは、『孟子』はジェイムズ・レッグ『中国古典』第二冊であり〔James Legge, *The Chinese Classics*, vol. II〕、『荀子』と『淮南子』は『諸子集成』第二冊と第七冊である。

（1）たとえば、『孟子』巻三第五章「滕文公」下、二七三頁を参照のこと。

これについては、拙稿「道徳を基礎づける、もしくはドグマや信仰に訴えることなく超越的な道徳性をいかに正当化するのか」〔François Jullien,《Fonder la morale, ou comment légitimer la transcendance de la moralité sans le support du dogme ou de la foi》, *Extrême-Orient-Extrême-Occident*, PUV, Paris VIII, N° 6〕六二頁を参照のこと。

【一方で、道徳性は自発的な誘引力を発揮する。もし、王が臣下にとって望ましい政策を行ったら、誰もが王のもとにやって来ようと願うし、どんな階層の人でも、自分にあった利益をそこに認めることができる。】

（2）『孟子』巻七第八章「尽心」上、四五二頁。

（3）同、巻六第二章「告子」上、三九六頁。

しかしながら、一般にはこれとは逆に、「勢」は水の自然の流れを喚起するものとして用いられている。たとえば、『管子』第三十一「君臣」下、一七四頁を参照のこと。

【夫水波而上、尽其揺而復下、其勢固然者也。故徳之以懐也、威之以畏也、則天下帰之矣〔そもそも水は波を立てて遡っていっても、その揺れが収まればまた下に流れていく。それは水の勢が本来そうであるからだ。だから徳によって民を懐くようにし、威によって民を畏れさせれば、天下は帰順してくるはずである〕。】

こうした「勢」の通常の意味を、孟子も十分わかっていた。その証拠に、巻二第一章「公孫丑」上、一八三頁には、次のような斉の国のことわざを引いている。「知恵や分別を持っても無駄なこと、勢に乗るのがよい〔雖有智恵、不如乗勢〕」。

（4）『荀子』第十五「議兵」、一七七頁以下。

（5）荀子が「勢」をどうとらえているかについては、ロジャー・T・エイムズ『統治術』八五頁の詳細な研究を参照のこと。【『荀子』が全体としては儒家の教説を改訂し、それを結晶化する方向に向かったということと、荀子の歴史的な立場が、法家思想が極点に達しようとする時に、儒家の理念を唱道する者であったということを前提に置くならば、荀子が、法家的な「勢」の考えに対して、変化していく儒家の教説を守ろうとしたとも考えられなくはない。ただし、荀子は、政治的支配の維持という点では、法家の「勢」重視を受け入れていたのである。】

（6）『荀子』第十一「王覇」一三二頁以下。

（7）同、第九「王制」九六頁。

（8）同、第十一「王覇」一三一頁以下。

（9）同、第十六「彊国」一九七頁。

（10）同、一九四〜九五頁。

（11）同、第十一「王覇」一四〇頁。

（12）同、第十五「議兵」一七七頁以下。

（13）『淮南子』巻十五「兵略訓」二五一〜五三頁。

（14）同、二五九頁、二六一頁、二六二〜六三頁。

（15）同、巻九「主術訓」一四二〜四四頁。

（16）同、一三七頁、一四一〜四二頁。

（17）同、一三六頁。

（18）たとえば、ツヴェタン・トドロフの見事な論文「雄弁、道徳、真理」〔Tzvetan Todorov,《Éloquence, morale et vérité》, *Les Manipulations, Le Genre humain*, N° 6, 1986〕二六頁以下を参照のこと。

（19）『水滸伝』第五十一回。ジャック・ダルスの仏訳〔Jacques Dars, *Au bord de l'eau*, Paris, Gallimard,《Bibliothèque de la Pléiade》vol. II〕、一一一〜一八頁を参照のこと。同種の操作が、小説の別の場面にも認められる。たとえば、徐寧を梁山泊に引き寄せようとしたり（第五十六回、仏訳、二二二〜三二二頁）、盧俊義を一味に加わらせようとしたり（同、三三三頁以下）、さらには医師の安道全に宋江の手当てに向かわせたり（同、四四二頁以下）という場面である。

（20）金聖歎『水滸伝会評本』下（北京大学出版社、一九八七年）、九四四頁。

第二部

第三章　形の躍動、ジャンルの効果

この章で扱った書に関する文献は、『歴代書法論文選』（黄簡責任編集、上海書画出版社、一九七九年、以下、『歴代』と略記）から引用した。また、絵画に関する文献は、兪剣華編『中国画論類編』（香港、一九七三年、以下、『類編』と略記）から引用した。文学「理論」の分野では、范文瀾註『文心雕龍』（香港、商務印書館、一九六〇年）から引用した。

（1）これについては、拙稿『暗示的価値。中国の伝統における詩の解釈の独自カテゴリーについて』第一章を参照のこと〔*La Valeur allusive. Des catégories originales de l'interprétation poétique dans la tradition chinoise*, Paris, École Française d'Extrême-Orient, 1985, chapitre I（第一章　作品と宇宙——模倣か展開か）〕。

（2）康有為「広芸舟双楫」〈綴法第二十一〉『歴代』八四五頁。

（3）「形＝力」という意味の「勢」については、ジョン・ヘイがこう述べている。「それは、生成の形、プロセスであり、敷衍すれば、運動である」（「書におけるマクロコスモス的な価値のミクロコスモス的な源泉としての人間の身体」〔John Hay, "The Human Body as a Microcosmic Source of Macrocosmic Values in Calligraphy", in Susan Bush & Christian Murck (ed.), *Theories of the Arts in China*, Princeton University Press, 1983〕、一〇二頁、注七七）。

（4）蔡邕「九勢」『歴代』六頁。

（5）王羲之「筆書論十二章」〈視形章第三〉『歴代』三一頁。

（6）衛恒「四体書勢」『歴代』一三頁。

（7）同、一五頁。

（8）こうして、対照的であると同時に相関的である二項が重視され、そこから中国の伝統的な美学思想が組み立てられてい

った。たとえば、『文心雕龍』には、以下のような二項の例がある。比（類比的な比較）／興（喚起するモチーフ）、風／骨、情（情感）／采（装飾）、隠（隠された豊かな意味）／秀（視覚的なすばらしさ）等々。

（9） 羊欣「採古来能書人名」『歴代』四七頁。

（10） 唐の太宗の見解が有名である。W・アッカー『中国絵画に関する唐と唐以前の文献』〔W. Acker, *Some T'ang and pre-T'ang Texts on Chinese Painting*, Leyde 1954, I〕三五頁に引かれている。

【唐太宗嘗謂朝臣曰、吾臨古人書、殊不学其形勢、惟在求其骨法〔唐太宗が朝臣に語った。「わたしが古人の書を臨書する際には、その形勢 *formal appearance* を学ぶのではなく、その骨法を求めた」〕。】

（11） 衛恒「四体書勢」『歴代』一二頁。

（12） 同、一四頁。

（13） 張懐瓘「六体書論」『歴代』二一二頁。

（14） 姜夔「続書譜」『歴代』三九四頁。

（15） 張懐瓘「論用筆勢法」『歴代』二一六頁。

（16） 蔡邕「九勢」『歴代』六頁。

（17） 張懐瓘「論用筆勢法」『歴代』二一六頁。

（18） ここでは、『歴代名画記』に引かれた顧愷之の「論画」〔魏晋勝流画賛〕を参照した。W・アッカー、前掲書II、五八頁以下の英訳も参照のこと。【置陳布勢 placement and distribution、奔騰大勢 great shapes rushing and leaping】

「置陳布勢」は「配置」の意味であり、「有奔騰大勢」は「躍動」の意味である〔「情勢」という興味深い表現にも注意したい〕。王微の「叙画」の冒頭にある「求容勢而已」〔『類編』五八五頁〕も「配置」の意味である。

（19） 顧愷之「画雲台山記」『類編』五八一〜八二頁。

中国における山水画の誕生を理解しようとする視点から、この重要な文献を研究したものとしては、ユベール・ドゥラアィ『中国の初期山水画、宗教的側面』〔Hubert Delahaye, *Les Premières Peintures de paysage en Chine. Aspects religieux*, École française d'Extrême-Orient, 1981〕の素晴らしい研究がある（この本文には「勢」という語が四度登場する。十六頁〔l'aspect〕、一八頁〔l'aspect〕、二八頁〔l'air〕、三三頁〔la configuration〕である）。

(20) 同右。
この「険（険しい）」という概念は、極限的な緊張と最大の潜勢力を特徴的に表現しており、『孫子』巻五の「是故善戦者、其勢険」を想起させる。これは、「よい兵法家は、状況から生まれた潜勢力〔勢〕を限界まで利用する」と訳すべきだろう。「勢」という語自体は、スーザン・ブッシュとシオイエン・シ『中国の初期絵画文献』〔Susan Bush & Hsio-yen Shih, *Early Chinese Texts on Paintings*, Harvard University Press, 1985〕二一頁でうまく表現されている。「ここでは〔「画雲台山記」〕、「勢」（ダイナミックな形）という語は、「運動量」あるいは「効果」といったものを表現している」。
(21) 張彦遠「論画山水樹石」『類編』六〇三頁。
(22) 黄公望「写山水訣」『類編』六九七頁。
(23) 笪重光「画筌」『類編』八〇二頁。
(24) 同、八〇一頁。
(25) 唐志契「絵事微言」〈山水性情〉『類編』七三八頁。
同、〈水口〉七四四頁。
(26) 王穉登「百穀論画山水」『類編』七一九頁。
(27) 顧愷之「画雲台山記」『類編』五八二頁（ドゥラアィ前掲書、二八頁）、李成「山水訣」『類編』六一六頁。
(28) 荊浩「筆法記」『類編』六〇五～〇八頁（この文章は、ニコル・ヴァンディエ＝ニコラ『中国の美学と山水画』〔Nicole Vandier-Nicolas, *Esthétique et Peinture de paysage en Chine*, Paris, Klincksieck, 1982〕七一頁以下に翻訳されている）。
(29) 莫是龍「画説」『類編』七一三頁、唐志契「絵事微言」〈柳与松柏〉『類編』七四四頁。
(30) 形象の中の緊張を重視することは、極東の伝統建築の中にも、見事な姿で認められる――そしてやはり「勢」という用語で表現される。それは、伝統建築の特徴をなしている湾曲した屋根の線であり、その下端がわずかに上に反り返った形をしている。しかし、この場合でも、あらかじめ決められた唯一の形が重要なのではない。なぜなら、湾曲した屋根の線は、構造の種類や、張り出す幅、垂木の水平方向に投射した寸法等々の様々な機能に応じて、「角度の取り方」をその都度計算しなければならないからだ。その上で、異なる傾斜を有した垂木を組み合わせて、屋根にカーブをかけるのである。『営造法式』第四章を参照のこと〔竹島卓一『営造法式の研究　一』中央公論美術出版社、一九七〇年、二七四頁以下を見よ〕。

(31) 方薫「山静居論画山水」『類編』九一二頁は、特にこの「樹」に関心を有しており、絵画における「勢」という語を豊かに例証している。
(32) 方薫「山静居論画山水」『類編』九一三頁。
(33) 石濤「林木章」第十二。
『石濤画語録』(人民美術出版社、一九六二年)五三頁とピエール・リックマンの仏訳『苦瓜和尚の画語録』〔P. Ryckmans, *Les Propos sur la peinture du moine Citrouille-amère*, Institut belge des hautes études chinoises, 1970〕九五頁を参照のこと。
(34) 李日華「竹嬾論画」『類編』一三四頁。
(35) 石濤「兼字章」第十七。
『石濤画語録』六二頁とリックマン前掲書、一二五頁を参照のこと。
(36) 韓拙(『山水純全集』『類編』六七四頁)の「先看風勢気韻〔まず風勢・気韻を見る〕」という興味深い表現を参照のこと。ここでは明らかに、中国の美学の伝統に一致して、韓拙は「気韻」に至高の価値を与えている(六七二頁参照)。風景を喚起する場合に、韓拙が風と勢を類似させていることについては、『類編』六六八~六九頁を参照のこと。
(37) 龔賢「龔安節先生画訣」『類編』七八四頁。
(38) 方薫「山静居論画山水」『類編』九一四頁。
(39) 虞世南「筆髄論」〈釈草〉『歴代』一一三頁。
(40) 『文心雕龍』「定勢篇」五二九頁以下。
文学概念としての「勢」と、書論・画論のうちに認められる「勢」の関係については、涂光社の短い示唆、「『文心雕龍』的「定勢」論」『文心十論』(瀋陽、春風文芸出版社、一九八六年、六二頁以下)を見よ。ただしその分析は十分だとは言えない。【文学は芸術であって、その「勢」もまた芸術形式と芸術効果という特徴を有している。そのために、劉勰以前の文学と芸術領域において、どのような状況に「勢」論があったかを理解する必要がある。】
(41) 「定勢篇」に『孫子』の影響があることについては、詹锳の重要な研究「『文心雕龍』的「定勢」論」を参照のこと。これは『文心雕龍的風格学』(北京人民文学出版社、一九八二年)六二頁に再録されており、この篇の理解を一新した。

【定勢篇がはっきり説明されないのは、主として、『文心雕龍』の研究者の多くが創作方法から見ていて、この篇の文章に対して枝葉末節でしかない解説を加えているためである。彼らは、「定勢」という用語とその観点が『孫子兵法』に由来することをわかっていないのである。】

范文瀾は、「円」と「方」を天と地に関係づけるという誤解をしている。五三四頁の注三を参照のこと。

【これは天地を喩えている。天は丸いので、その勢はおのずと回転するし、地は四角いので、その勢はおのずと安定する。】

(42) こうした考え方をした典型としては、寇效信「釈「体勢」」(『文心雕龍学刊』第一輯、済南、斉魯書社、一九八三年、二七一頁以下)を見よ。

【1、釈〝体〟→2、釈〝勢〟→3、〝立体〟和〝定勢〟】

(43) ピエール・ギロー「現代文体論の傾向」〔Pierre Guiraud, 《Les tendances de la stylistique contemporaine》, in *Style et Littérature*, La Haye, Van Goor Zonen, 1962〕一二頁と、ロラン・バルト『零度のエクリチュール』〔Roland Barthes, *Le Degré zéro de l'écriture*, Paris, Éd. du Seuil, 1953〕一四頁、一八頁(渡辺淳・沢村昂一訳、みすず書房、一九七一年、一三頁、一七頁)。

(44) 『文心雕龍』「附会篇」六五二頁。同、「序志篇」七二七頁。

第四章　風景を貫く生命線

この章の主要な文献は、上述の『中国画論類編』(『類編』)から引用した。

(1) ハイデガー「アリストテレスの自然〔如何にして自然は規定されるか〕」〔Martin Heidegger, 《Comment se détermine la *phusis*》, *Questions II*, Paris, Gallimard, 1968 (traduit par François Fédier)〕一八一〜八二頁(辻村公一＋ハルムート・ブァナー訳「ピュシスの本質と概念について。アリストテレス、自然学B、1」、『道標』ハイデッガー全集第九巻所収、創文社、一九八五年、二九六頁)。

【形而上学は、西洋的人間すなわち歴史的人間が、総体的な存在者に準拠し、それを対象とする真理を守り、護持する知

である。】

【脚注――「西洋的人間すなわち歴史的人間」について。「西洋的人間」は、その特徴を語っていない以上、厳密な命名ではない。それは、「歴史を有する」ということなのだ。ただし、「物語 Histoire」（物語ることのできる偶然的な展開）という意味ではなく、「歴史 Geshichte」という意味である。ハイデガーはその「歴史」を、より率直には「歴運 Geshick」と名づけているが、それは「運命 destin」ではなく、絶対的に特異な「リズム」である。「リズム」の中では、「リズム」の統一の中では、「西洋的」と名づけられた人間に、ギリシアの最初の影響以来、存在に責任をとれという同じ呼びかけが、伝えられ、到来しているのである。「歴史 Geshichte（歴運 Geshick）」とは、したがって、物語 histoire として理解されるべきではない。】

（2）同、一八三頁〔日本語訳、二九七頁〕。

（3）これは、中国の伝統では最も一般的なありふれた概念である。引用した表現は、郭璞『葬書』の冒頭〔鄭謐注〕から取った。

（4）風水術は中国では今でも盛んだが、その伝統については、アーネスト・J・アイテルの古典的な研究『風水あるいは中国における自然科学の原理』〔Ernest J. Eitel,《Fengshoui ou Principes de science naturelle en Chine》, *Annales du musée Guimet*, Ernest Leroux, t. I (1880)〕二〇五頁以下を参照のこと。

【中国に到着してから、わたしはしばしば風水と悶着を起こしてしまった。何年もの間、このことに関する文書を集め、あらゆる側面からその文献を研究して、ようやくいまその研究成果を公刊しようと思った。風水、それは私が理解したところでは、自然科学の別の名前に他ならない。読者にお願いしたいのだが、わたしは風水の体系を容易に理解するために、中国の自然科学の一般的な素描を行ってみるのである。】

また、J・J・M・デ＝ホロート『中国の宗教システム』第三巻第十二章〔J. J. M. de Groot, *The Religious System of China*, vol. III 1967, chap. 12〕九三五頁以下も参照のこと。

【「風水」「1　導入的な注意」――しかし、誇張した意味では、風水は準科学的体系を意味し、何処でどのようにして墓・寺・住居を建てるべきかを教え、死者・神々・生者がそこで、もっぱらあるいはできる限り、自然の吉兆のもとに置かれるようにする。】

そして、シュテファン・D・R・フォイヒトヴァン『中国風水術の人類学的分析』〔Stephen D. R. Feuchtwang, *An Anthropological Analysis of Chinese Geomancy*, Ventiane, Ed. Vithagnia, 1974〕一一一頁以下を参照のこと。

【「風水師が墓や家そして町の場所を探求しようという時には、「穴」と呼ばれる地点を決める。その近くにある石や砂や土といった湾曲した地表は、山々や地平線までずっと延びているのだが、それは星々が北極星をめぐるように、この「穴」をめぐるように配置される」、とエドキンスは北部中国について書いたが（一八七二年、二九三頁）、星が大地に与える影響を強調した風水の手引き書を特に参照していたのである。】

（5）「勢」という語は、古代末にはすでに、地形的な特定の意味を有していた。たとえば、『管子』第七十六「山至数」三七一頁と、同、第七十八「揆度」三八四頁を参照のこと。『漢書』「芸文志」〈形法六家〉では、この意味で正確に用いられている。

（6）郭璞『葬書』。以下の引用も、同じく郭璞『葬書』からである。

（7）このことは、米沢嘉圃による重要な研究『中国絵画史研究』（平凡社、一九六二年）七六頁以下で強調されている。

（8）わたしは「勢」のこうした側面を説明するために、「生命線」という表現を特に強調した。「生命線」は、こうした側面の「勢」が基づいている「生気」という概念に直接関係することに加えて、風水術の姉妹でもある西洋の手相占いを想起させるからである。ところで、デッサンと絵画を教える現今の西洋の学校には、伝統的な見習い奉公のような方法から離れて、「生命線」といった表現を用いて教えているところもある（たとえばマルトノ校）。

（9）荊浩「筆法記」『類編』六〇七頁。スーザン・ブッシュとシオイエン・シ『中国の初期絵画文献』一六四頁にはこうある。「山河が様々な姿で現れるのは、生気（気）とダイナミックな形のコンビネーションからである」。また、ニコル・ヴァンディエ＝ニコラ『中国の美学と山水画』七六頁も参照のこと。

（10）宗炳「画山水序」『類編』五八三頁。ユベール・ドゥラアィが『中国の初期山水画、宗教的側面』七六頁以下で示した詳細な研究も見よ。

【「雲台山」に含まれる神話と、宗炳の絵画観に示された精神性の間に明示的な繋がりがあるわけではない。しかし、顧愷之が、自分の感受性に対応した宗教的な道家思想の古い主題を取り上げ、神話的な概念のパノラマを示したのに対して、宗炳は、以下に見るように、明確な主題を選んでいるわけではないにもかかわらず、どんな風景にも宗教的な主題があることを認めているのである。したがって、両者ともに、望んだ目的を、自然を用いて再現することを重視している。つまり、顧愷之が、天師の教えの戒律と何らかの形で合致するように風景を創造するのに対し、宗炳は、風景には仏陀の教えの完成が反映されていると見ている。】

(11) 郭煕「林泉高致」『類編』六三四〜三五頁。これはよくなされる区別で、すでに荊浩「山水節要」『類編』六一四頁でも行われていた。

(12) ロルフ・A・スタン『小型の世界』〔Rolf A. Stein, *Le monde en petit*, Paris, Flammarion,《Idées et recherches》〕五九頁以下（福井文雅・明神洋訳『盆栽の宇宙誌』、せりか書房、一九八五年、七八〜七九頁）。

(13) 宗炳「画山水序」『類編』五八三頁。

(14)「秀麗さ」は「秀」、「精神性」は「霊」。「反映」の観念は、本文の最初の句「含道暎物」に示されている。

(15)『明仏論』の作者でもある宗炳にとって、仏教は重要である。これについては、ユベール・ドゥラアィ前掲書、八〇頁以下の適切な分析を見よ。

【宗炳はこうした文人たちの仏教を十分に代表している。伝記によると、四一六年頃に、彼は廬山の慧遠のところで学んだ。しかし、当時の概念を用いて、仏教を中国的に解釈するという傾向を、宗炳も免れられなかった。……「画山水序」は美学の純粋経験には還元できない。これは疑いのないことだが、それだけでなく、その内容の本質的な部分は、山水芸術における倫理を示している。つまり、道徳は普遍的な秩序を理解することにあるが、山水画は個人的な完成を見せる道徳的成果なのだ。】

(16) これは、『説文解字』による「画」の語源学である〔「画（畫）、介也。従聿。象田四介」〕。王微もその論の冒頭で、このことに言及しているようである。これについては、ユベール・ドゥラアィ前掲書、一一七頁を参照のこと。

【王微は「画」の古義である「限界確定」という意味をほのめかしている。それは『説文解字』が示すように、「画とは限界づけることである。聿《フデ》に従う。この文字は、筆によって引かれた場所の四隅を記述している」。王微によれば、この「画」という語こそ、心に深く語りかける絵画と、地形を表す地図を混同してしまう源泉である。だがこの地図作成との類似は間違いであって、筆が描き出す形は、実践的な表示とは別のものを伝えている。もし絵画が、地図に倣って事物の形を反映するものであるなら、その本質は異なったものになったであろう。】

(17) 王微「叙画」『類編』五八五頁。
ところで、「叙画」の冒頭（「竟求容勢而已」）で用いられた「勢」という語は、ただ「布置」を意味するだけであり、その後に持つことになる強い意味（この文章はそれをすでに準備はしていたが）はまだ持っていない。先に引用した研究で、米沢嘉圃は、この強い積極的な意味を、誤って「勢」に割り当ててしまったように思われる。むしろ、この句の意味は、「〔絵画というものは〕結局、容姿と配置を求めるだけである。ところで古代人は……」と理解すべきであろう。

(18) 杜甫「戯題王宰画山水図歌」。
【……巴陵洞庭日本東、赤岸水与銀河通、中有雲気随飛龍、舟人漁子入浦漵、山木尽亜洪濤風、尤工遠勢古莫比、咫尺応須論万里、焉得并州快剪刀、剪取呉松半江水。】

ウィリアム・ハン『杜甫、中国最高の詩人』〔William Hung, *Tu Fu, China's Greatest Poet*, New York, Russell〕一六九頁でなされた翻訳も参照のこと。

(19) たとえば、唐志契「絵事微言」〈要看真山水〉『類編』七三三頁を参照のこと。

(20)「皴〔細線〕」の性質と機能は、ピエール・リックマン『苦瓜和尚の画語録』の注に間然することなく記述されており、ここではそれによっている。

(21) 唐志契「絵事微言」〈砕石〉『類編』七四二頁。

(22) 方薫「山静居論画山水」『類編』九一四頁。

(23) 莫是龍「画説」『類編』七一二頁。

(24) 唐志契「絵事微言」〈砕石〉『類編』七四三頁。

(25) こうした議論の展開は、重要な論文である趙左「文度論画」『類編』七五九頁からであり、それは専ら「勢」を論じている。また、銭杜「松壺画憶」『類編』九二九頁も参照のこと。

(26) 唐岱「絵事発微」〈得勢〉『類編』八五七~五九頁（この論文一篇が丸ごと「勢」の重要性に当てられている）。

(27) 笪重光「画筌」『類編』八〇九頁、「画筌析覧」『類編』八三三頁。

(28) 王士禛（王漁洋）『帯経堂詩話』巻三「佇興類」三（人民文学出版社、一九八二年）六八頁。また、王士禛は遠さという絵画理論（郭煕の「三遠」）を再び用いて、詩的効果を説明しようともした。同、巻三「真訣類」六、七八頁／同、巻三「微喩類」一五、八五～八六頁を参照のこと。

（29）同、巻三「佇興類」四、六八頁。

（30）同右。

【如「九江楓樹幾回青、一片揚州五湖白」、下連用蘭陵鎮、富春郭、石頭城諸地名、皆寥遠不相属。大抵古人詩画、只取興会神到、若刻舟縁木求之、失其指矣。】

（31）王夫之『薑斎詩話』巻二・四二（人民文学出版社、一九八一年）一三八頁。

【論画者曰、「咫尺有万里之勢」。一勢字宜着眼。若不論勢、則縮万里於咫尺、直是広輿記前一天下図耳。】

（32）同右。

【五言絶句、以此為落想時第一義。唯盛唐人能得其妙。如「君家住何処？　妾住在横塘、停船暫借問、或恐是同郷」。墨気所射、四表無窮、無字処皆其意也。】

第五章　分野別の有効な配置

この章では、書に関する文献は前章と同じく『歴代書法論文選』から引用した。琴に関しては、十四世紀の作者不詳のマニュアル本である『太音大全集』（第三章）から引用した。また、「房中術」は、葉徳輝の『双梅景闇叢書』所収の、復元された『洞玄子』（唐代の作品）から引用した。太極拳については、出典は様々な文献からである（これは、太極拳の文献が遅く成立したものであり、かつ二次的であるということによる）。

そして、詩の「勢」に関する分析は、唐代の二人の詩人である王昌齢と皎然の考察に基づいている。それらは、王利器編『文鏡秘府論』（中国社会科学出版社、新華書店、一九八三年）に収められている。皎然が行った批評は、許清雲『皎然詩式輯校新編』（台湾、文史哲出版社、一九八四年）にも収められている。

（1）この点に関しては、董其昌の考察を普遍化できるだろう。それは、唐の書は特に技法（法）に関心を払っていたのに対し、六朝の書は「内なる共鳴（韻）」を、宋の書は「個人的な感情（意）」の表現を強調したというものである〔董其昌「評法書」『画禅室随筆』巻一、『歴代』五四二～四八頁〕。

また、ジャン＝マリー・シモネ『姜夔「続書譜」』（博士論文、未刊）〔Jean-Marie Simonet, *La Suite au《Traité de calligraphie》de Jiang Kui*, thèse non publiée, Paris, École nationale des langues orientales, 1969〕九四～九五頁も参照のこと。

（2）詩の領域では、真言宗の創始者である空海が編纂し、八一九年に完成した『文鏡秘府論』がその概論にあたる。また、医学の領域では、丹波康頼が九八二年から九八四年にかけて編纂した、『医心方』がそれにあたる（この書物の歴史と、「房内〔房中術〕」にあてられた第二十八章を、近代中国の碩学、葉徳輝が復元した。これについては、ロベール・ファン・フーリックの古典的な業績『古代中国の性生活』〔Robert Van Gulik, *La Vie sexuelle dans la Chine ancienne*, trad. fr., Paris, Gallimard, 1971〕一六〇頁以下を参照のこと〔「第六章　隋王朝」、松平いを子訳『古代中国の性生活』せりか書房、一九八九年、一六七頁以下〕）。

（3）蔡邕「九勢」『歴代』六頁。

【①凡落筆結字、上皆覆下、下以承上、使其形勢逓相映帯、無使勢背。
②転筆、宜左右回顧、無使節目孤露。
③蔵鋒、点画出入之迹、欲左先右、至回左亦爾。
④蔵頭、円筆属紙、令筆心常在点画中行。
⑤護尾、画点勢尽、力収之。
⑥疾勢、出于啄磔之中、又在竪筆緊趯之内。
⑦掠筆、在于趲鋒峻趯用之。
⑧渋勢、在于緊駃戦行之法。
⑨横鱗、竪勒之規。
此名九勢、得之雖無師授、亦能妙合古人、須翰墨功多、即造妙境耳。】

これは宋の陳思『書苑菁華』が載録した佚文である。

用筆に関する書の「勢」には、別のリストもある。それは、王羲之「筆書論十二章」〈観形章〉『歴代』三四頁に見える。また、書記法（ここではほぼ「法」と同義）の諸要素に関しては、張懐瓘「玉堂禁経」『歴代』二二〇頁を参照のこと。

（4）この問題に関しては次のものを見よ。

ロベール・ファン・フーリック『中国琴の教え』〔R. Van Gulik, *The Lore of the Chinese Lute*, Tokyo, Sophia University, 1940〕一一四頁以下（「3　指使いの象徴」）。

ケネス・J・ドゥウォスキン『一人か二人の歌、中国初期の音楽と芸術概念』〔Kenneth J. DeWoskin, *A Song for One or Two, Music and the Concept of Art in Early China*, Ann Arbor, The University of Michigan, 1982, chap. VIII（「批判的な用語法、概念、イデオロギー」）〕一三〇頁以下。

ここで論評した図版は、『太音大全集』〔三二八〜四四頁〕から転載したものである。

（5）「十三勢」については、カトリーヌ・デスプー『太極拳、武術、長生術』〔Catherine Despeux, *Taiji quan, Art martial, technique de longue vie*, Guy Trédaniel, Éd. de la Maisnie, 1981〕（中国語本文、二九三頁）を見よ。

【「長拳十三勢」武禹襄――長拳者如長江大海滔滔不絶也。十三勢者、掤、攦、擠、按、採、挒、肘、靠、此八卦也、進、退、顧、盼、定、此五行也。掤、攦、擠、按、即乾〔北西〕坤〔南西〕坎〔北〕離〔南〕、四正方也。採、挒、肘、靠、即巽〔南東〕震〔東〕兌〔西〕艮〔北東〕、四斜角也。進、退、顧、盼、定、即金、木、水、火、土也。】

「八」と「五」に分けられるこの二つの「勢」の系列は、「五行」と八方位に振り分けられる「八方」に対応しているとも考えられる。

（6）この種の連合は、すでに風水術の「勢」にもある。前に引用した郭璞『葬書』を参照のこと。

（7）『洞玄子』より。

【洞玄子云、考覈交接之勢、更不出於卅法。……五蠶纏綿、六龍宛転……十一空翻蝶、十二背飛鳧、十三偃蓋松、十四臨壇竹、……十七海鷗翔、十八野馬躍、十九驥騁足。】

また、ロベール・ファン・フーリック『古代中国の性生活』一六八頁以下〔日本語訳、一七三〜七五頁〕も参照のこと。

（8）これについては、ジャン＝マリー・シモネ前掲書、一一三頁を参照のこと。

（9）たとえば、石原明とハワード・S・レヴィ『性道――『医心方』巻二八』〔Akira Ishihara & Howard S. Levy, *The Tao of Sex*, Yokohama, Shibundo〔至文堂〕, 1969〕五九頁以下に示された、図像的な復元を見よ。

（10）この考えは、ジャン＝フランソワ・ビルター『中国の書画』〔J.-F. Billeter, *L'Art chinois de l'écriture*, Genève, Skira, 1989〕一八五〜八六頁において、うまく要約されている。

【一八六頁より——注意したいのは、このように現実を動態的に把握することが、中国音楽のなかでも最も洗練された琴においても重要であるということだ。七弦琴は、右手で様々に弦を爪弾き、左手でも様々に弦を押さえる。両手の操作を組み合わせることで、多様な音色が生じるが、それらは実に繊細に音・響き・抑揚が弾き分けられているのである。ところで、古代の琴に関する手引き書は、これらの音そのものを記述してはおらず、音楽家がそれによって音を生み出す所作を記述している。つまり、かくかくの音は「水面をかすめて飛ぶトンボ」という所作から生み出される、かくかくの音は「鯉ののんびりとした尾の動き」という所作や「セミを捕まえるカマキリ」という所作から生み出される、というのである。こうした喚起の仕方は、具体的な指示を与えるものだ。鯉やトンボ、カマキリを見たことのある人なら誰でも、想像力を働かせて、なすべき所作を見いだすことができるし、望んだ音を生み出すのである。いくつかの古典的な概論は、技術的な指示を補うために、手の姿勢のイメージによってそれぞれのタイプの音を特徴づけるとともに、手の動かし方を喚起する詩も添えている。そして、それは、動きのある動物のイメージによって特徴づけられている。想像力を働かせるには、こうした画像の方が言葉によるどんな説明よりも雄弁である。『太音大全集』が述べていたように、「古代人は事物を所作によって形象した」のである。】

(11)　音楽演奏に関する指示は、以下のものも含めて、ファン・フーリック『中国琴の教え』一二〇頁以下から取った。【十三「潑剌」「遊魚擺尾」、十四「打円」「神亀出水」、二一「双弾」「寒鴉啄雪」、五二「泛起」「粉蝶探花」】〔ちなみに、『太音大全集』には次のようにある。本文の次に引用する詩の原文である。〕【三三四〜四三頁より——「遊魚擺尾勢」、「神亀出水勢」、「飢鳥啄雪勢」、「粉蝶浮花勢」／興曰、粉蝶浮花兮、翾軽花柔、欲去不去兮、似留不留、取夫意以為泛、猶指面之軽浮。】

(12)　斉己（胡得生）『風騒旨格』「詩有十勢」。【①獅子返擲勢、②猛虎踞林勢、③丹鳳銜珠勢、④毒龍顧尾勢、⑤孤雁失羣勢、⑥洪河側掌勢、⑦龍鳳交吟勢、⑧猛虎投澗勢、⑨龍潜巨浸勢、⑩鯨呑巨海勢／袖中蔵日月、掌上握乾坤。】

(13)　王利器編『文鏡秘府論』地巻「十七勢」一一四頁。

この一篇は、（引用された詩が「論文意」と多くの点で重なるという理由によって）長らく王昌齢の作だと考えられてきたものである。『文鏡秘府論』が文献学的に厳密に本文校定されたのは、興膳宏編『空海全集』（筑摩書房、一九八六年）においてであった。ところで、この篇は西洋語に翻訳されていない。リチャード・ウェインライト・ボドマンは、この作品を扱った博士論文『中世初期中国における詩学と作詩法、空海『文鏡秘府論』の研究と翻訳』〔Richard Wainwright Bodman, *Poetics and Prosody in Early Mediaeval China. A Study and Translation of Kūkai's Bunkyō hifuron* (Cornell University, Ph. D. 1978, University Microfilms)〕の中で、この篇に特別に関心を払っていたにもかかわらず、「地巻」の諸篇を訳出していない。なぜなら、それらはできるだけ慎重に解釈されるべきだと考えていたからである。だが、そうだとしても、この篇の題名を「十七のスタイル」と訳すのは不適切である（かつて、ヴィンセント・シが『文心雕龍』の「定勢篇」の題名を、「スタイルの選択について」と翻訳したのと同断である）。しかも、彼は別のところで、「体」を「スタイル」と訳しているだけになおさらである（八九頁を見よ）。

【『文鏡秘府論』地巻「十七勢」より――

第一、直把入作勢。直把入作勢者、若賦得一物、或自登山臨水、有閑情作、或送別、但以題目為定。依所題目、入頭便直把、是也。皆有此例。昌齢「寄驩州詩」入頭便云、「与君遠相知、不道雲海深」。……

第二、都商量入作勢。都商量入作勢者……、皆以入頭両句平商量其道理、第三第四第五句入作、是也。皆有其例。昌齢「上同州使君伯詩」言、「大賢奈（本）孤立、有時起絲（経）綸。伯父自天稟、元功載生人」。……

第三、直樹一句、第二句入作勢。直樹一句者、題目外直樹一句景物当時者、第二句始言題目意、是也。昌齢「登城懐古詩」入頭便云、「林藪寒蒼茫、登城遂懐古」。……

第四、直樹両句、第三句入作勢。直樹両句、第三句入作勢者、亦題目外直樹両句景物、第三句始入作題目意、是也。

……

第五、直樹三句、第四句入作勢。直樹三句、第四句入作勢者、亦有題目外直樹景物三句、然後即入其意、亦有第四第五句直樹景物、後入其意、然恐爛不佳也。……

第六、比興入作勢。比興入作勢者、遇物如本立文之意、便直樹両三句物、然後以本意入作比興、是也。昌齢「贈李侍御詩」云、「青冥孤雲去、終当暮帰山。志士杖苦節、何時見龍顔」。……

第七、謎比勢。……昌齢「送李邕之秦詩」云、「別怨秦楚深、江中秋雲起」。（注――言別怨与秦楚之深遠也。別怨起自楚地、既別之後、恐長不見、或偶然而会。以此不定、如雲起上騰於青冥、従風飄蕩、不可復帰其起処、或偶然而帰爾。）

第八、下句払上句勢。下句払上句勢者、上句説意不快、以下句勢払之、令意通。……昌齢詩云、「微雨随雲収、濛濛傍山去」。……

第九、感興勢。感興勢者、人心至感、必有応説、物色万象、爽然有如感会。亦有其例。如常建詩云、「泠泠七絃遍、万木澄幽音、能使江月白、又令江水深」。……

第十、含思落句勢。含思落句勢者、毎至落句、常須含思。不得令語尽思窮、或深意堪愁、不可具説。即上句為意語、下句以一景物堪愁、与深意相愜便道。仍須意出成感人始好。昌齢「送別詩」云、「酔後不能語、郷山雨雰雰」。……

第十一、相分明勢。相分明勢者、凡作語皆須令意出、一覧其文、至於景象、恍然有如目撃。若上句説事未出、以下一句助之、令分明出其意也。如李湛詩云、「雲帰石壁尽、月照霜林清」。……

第十二、一句中分勢。一句中分勢者、「海浄月色真」。

第十三、一句直比勢。一句直比勢者、「相思河水流」。

第十四、生殺廻薄勢。生殺廻薄勢者、前説意悲涼、後以推命破之、前説世路矜騁栄寵、後以至空之理破之入道、是也。

第十五、理入景勢。理入景勢者、詩不可一向把理、皆須入景、語始清味。理欲入景勢、皆須引理語入一地及居処。所在便論之、其景与理不相愜、理通無味。昌齢詩云、「時与酔林壑、因之堕農桑、槐煙稍含夜、楼月深蒼茫」。

第十六、景入理勢。景入理勢者……、一向言景、亦無味。……景語勢収之、便論理語、無相管摂。……昌齢詩云、「桑葉下墟落、鶤鶏鳴渚田、物情毎衰極、吾道方淵然」。

第十七、心期落句勢。……昌齢詩云、「青桂花未吐、江中独鳴琴」。（注――言青桂花吐之時、期得相見、花既未吐、即未相見、所以江中独鳴琴。）】

（14）羅根沢『中国文学批評史』（典文出版社、一九六一年）三〇四〜〇八頁は、これを現代的な基準で分類整理し直そうとしている。

【1　講明詩之如何入作（第一勢〜第六勢）、2　講明詩之含蓄的作法（第七勢・第八勢）、3　講明一首詩之如何落句（第十勢・第十七勢）、4　講明一聯両句之相互関係（第八勢・第十一勢）、5　講明詩意之前後払救（第十四勢）、6　講明句法（第十二勢・第十三勢）、7　講明景与理的相互関係（第十五勢・第十六勢）】

（15）この点で、この「十七勢」篇と『文鏡秘府論』「地巻」のそれに続くリストを比較することは有益である。

フランソワ・マルタン「唐代の中国の文学理論における列挙」〔François Martin,《L'énumération dans la théorie littéraire de la Chine des Tang》in *L'Art de la liste, Extrême-Orient-Extrême-Occident*, PUV, Paris VIII, 1990〕三七頁以下を参照のこと。

【しかし第二巻〔地巻〕では事情は異なる。この巻は、専ら列挙によって作られている。すなわち、「十七勢」、「十四例」、「十体」、「六義」、「八階」、「六志」、「九意」である。これらは、純粋に技法的ではない作詩の諸相を分担している。】

(16) 皎然『評論』「三不同語意勢」二八頁〔偸語、偸意、偸勢〕。

【偸意詩例／如沈佺期詩「小池残暑退、高樹早涼帰」、取柳惲「太液滄波起、長楊高樹秋」。

偸勢詩例／如王昌齢詩「手携双鯉魚、目送千里雁、悟彼飛有適、嗟此罹憂患」、取嵇康「目送帰鴻、手揮五絃、俯仰自得、游心太玄」。】

この一篇への短い注釈が、許清雲『皎然詩式研究』一三〇頁以下にある。

【偸勢は古人の神理を模倣することにあり、単に前作の意を模してそれを形容するだけではなく、その勢を偸むことを重んじる。そのために、偸語や偸意がどちらも比較的見やすく、容易に偸むことができるのに対して、偸勢は高い才能が無ければ成功しない。】

(17)『文鏡秘府論』「論文意」三一七頁。

【若国風・雅・頌之中、非一手作、或有暗同、不在此也。其詩云、「終朝采菉、不盈一掬」。又詩曰、「采采巻耳、不盈傾筐」。興雖別而勢同。】

詩はそれぞれ、『詩経』「周南」巻耳と『詩経』「小雅」采緑から引用したものである。

(18)〔「興雖別而勢同」を〕ボドマンは「自然のイメージが違っていても、形は似ている」〔前掲書、四〇九頁〕と翻訳しているが、十分な分析が施されていないために、これでは意味が通らないと思われる。また、前の一節にあった「高手作勢」〔『文鏡秘府論』「論文意」二八三頁〕という表現も、ただ「高い才能が働くとき」と訳されている。同様に、興膳宏の日本語訳では「調子」と訳されるが〔前掲書、四四九頁〔「高い手腕を持つ人は調子にあれこれと変化をもたせてゆき」〕〕、これもまた、この「勢」の深い意味を伝えきれていないように思われる。

(19) 状況が違っても「勢」は同じであり、特別な要素として重要であるという表現は、諸領域を横断して典型的なものである。

次の定式が書論にあることはすでに指摘しておいた。「用いられた字体にかかわらず、「勢」は同じである」（六五頁を参照）。加えて、この定式はこの書論と同時代の数学書（三世紀）にも見られる。「「勢」は（計算する）状況が違っても似通っている」（『九章算術』巻三への劉徽の注〔譬之異類亦各有一定之勢〕）。ここでは、計算の手順が同じだと述べているのである（なお、『九章算術』は一世紀に編集され、中国だけでなく極東全体の数学の伝統の中で、優れた古典だとされている）。どちらのケースにしても、操作のレベルでの手続きの同一性が論じられた上で、分析が深められている。

（20）古いものだが今でも適切である、カールグレン『中国人の音と象徴』〔Bernhard Karlgren, *Sound and Symbol in Chinese*, Hong Kong University Press, rééd. 1962〕を見よ。とりわけ、七四頁以下の分析を参照のこと。
【西欧の言語に比べると、中国語の文章は、極めて簡略な表現をしている。それは、できるだけ短い語で表現しなければならない電報の言葉遣いを思い起こさせる。】

（21）『文鏡秘府論』「論文意」二八三頁。

（22）杜甫「登岳陽楼」より。
【昔聞洞庭水、今上岳陽楼、呉楚東南坼、乾坤日夜浮、親朋無一字、老病有孤舟、戎馬関山北、憑軒涕泗流。】

（23）『文鏡秘府論』「論文意」二九六頁、三一七頁。

（24）このことに関しては、特集「対偶と結合」所収の論文〔*Parallélisme et Appariement des choses*, *Extrême-Orient-Extrême-Occident*, PUV, Paris VIII 1989, N°11〕、なかでもフランソワ・マルタンの論文（八九頁以下）を見よ。

（25）皎然『評論』「池塘生春草明月照積雪」三三頁。
【夫詩人作用、勢有通塞、意由盤礴。勢有通塞者、謂一篇之中、後勢特起、前勢似断、如驚鴻背飛、却顧儔侶。即曹植詩云、「浮沈各異勢、会合何時諧、願因西南風、長逝入君懐」。是也。】

（26）皎然『詩式』「明詩」三九頁。
郭紹虞（『中国文学批評史』上冊、二〇七頁）は、こうした想像的な表現に、司空図の詩批評の先駆を認めている。

【王維は詩を論じて自分の見解を発表はしなかったが、封建主義社会での統治階級の支配下では、彼のような現実を離脱した作風の方が、白居易の苦しみを叫ぶ作風よりも、かえって人々に歓迎されたはずである。そのため、王維が主張しなくとも、おのずから代弁者が現れる。早くに現れた代弁者が僧皎然であり、後から現れたのが司空図である。】

また、「勢」と「体」が区別されるのは、静態的か動態的かという観点の違いによるとした、徐復観の指摘（『中国文学論集続篇』新亜研究所叢刊、学生書局、一四九頁）も参照のこと。

【「体勢」の二字は、常につながった一語であって、『詩式』に「気象氤氳、由深於体勢」とある。これが示しているのは、作品の全体から表現されている芸術的な形相のことである。静態から把握したときには、これを「体」と称し、動態から把握したときには、これを「勢」と称する。】

許清雲『皎然詩式輯校新編』二二四頁〔二、用勢方法──詩有十五例〕の分析は、この点では不十分に思われる。

(27) 皎然『評論』「鄴中集」一九頁。

(28) 皎然『詩式』「詩有四深」四一頁。

(29) 『文鏡秘府論』「論文意」二八三頁。

(30) 同、三一七頁。

第六章　ダイナミズムは連続する

この章でもまた、書については『歴代書法論文選』を参照し、絵画については『中国画論類編』を参照した。同様に、『文心雕龍』は范文瀾の校訂版を用い、『文鏡秘府論』は王利器の校訂版を用いる。王士禛『帯経堂詩話』と王夫之『薑斎詩話』に関しては、戴鴻森校点『中国古典文学理論批評専著選輯』（人民文学出版社、一九八一年、一九八二年）から引用した。金聖歎の批評であるが、その杜甫への注解は、鍾来因が整理した『杜詩解』（上海古藉出版社、一九八四年）を参照し、『水滸伝会評本』への注解は、北京大学校訂版（一九八七年）を参照した。ジャック・ダルスによる『水滸伝』の仏訳〔Jacques Dars, *Au bord de l'eau*, Gallimard,《Bibliothèque de Pléiade》, 1978〕の頁数は丸括弧の中に示す。

(1) たとえば、沈宗騫「芥舟学画編」『類編』九〇七頁の分析を参照のこと。

(2) 『孫子』巻五「執篇」の終わり〔七九頁〕を参照のこと。また、本稿の第一部・第一章四でこのことに触れていた。

(3) 張懐瓘「六体書論」『歴代』二一四〜一五頁。

(4) 張懐瓘「論用筆十法」『歴代』二一六頁。

（5）　これは、蔡邕が言及した「九勢」の第一である。『歴代』六頁を参照のこと。

（6）　逆に、「両足に均しく体重をかける（双重）」ことは欠点となる。カトリーヌ・デスプー前掲書、五七頁を参照のこと。【体の重さを両足に均しく振り分けることは、重大な誤りだと考えられている。なぜなら、そうなってしまうと、陰と陽の区別が無くなり、不動性が生じ、機敏に変化できなくなるからだ。この欠点は、「両足に均しく体重をかける（双重）」と呼ばれている。】

（7）　姜夔「続書譜」〈筆勢〉『歴代』三九三頁。

（8）　同「続書譜」〈真書〉『歴代』三八五頁。

（9）　張懐瓘「書議」『歴代』一四八頁。

これは、書法と詩法を同一の論理で理解するのにふさわしい例である。「字の行が尽きても、躍動〔勢〕は尽きずに彼方を目指す」という表現は、詩の「興」というよく知られた概念を踏襲しているからである（「興」は、象徴的な価値を導くモチーフであり、そのために、それは詩の豊かな含意であり、「語の彼方」にある）。

（10）　張懐瓘「書断」『歴代』一六六頁。

（11）　姜夔「続書譜」〈草書〉『歴代』三八七頁。ジャン＝マリー・シモネ前掲書、一四五〜四六頁で、見事に分析されている。

（12）　同、三八六頁。

（13）　同、三八七頁。

この躍動する「勢」については、シオン・ピンミン『張旭と草書』（Hsiung Ping-Ming, *Zhang Xu et la Calligraphie cursive folle*, Institut des hautes études chinoises, 1984）を参照のこと。

【一五四頁より――真書の重要な規準が「構築（間架）」であるなら、草書のそれは「躍動（勢）」である。後者は、素早く連続した運動によって現実化され、主に曲線によって描かれる。】

【一五八頁より――「躍動」の重要性については、次の二つの文章を見よ。1張懐瓘「書断」、2姜夔「続書譜」〈草書〉。】

【一八〇頁より――この概念〔「躍動（勢）」〕は、生き生きした力を示している。その激しい流れの中で、文字や線、形

や取り巻く空間が活性化される。】

(14) この意味で、草書の技法は中国の書法一般を要約している。交替と変化から生み出されたのでない書は、もはやまったく無味の「似書」にすぎない。王羲之「書論」『歴代』二九頁を参照のこと。

(15) 姜夔「続書譜」〈血脈〉『歴代』三九四頁。シモネ前掲書、二二三～二四頁の分析を参照のこと。

(16) 沈宗騫「芥舟学画編」〈取勢〉『類編』九〇六頁。

この論文には、「勢」にあてた長い詳論がある。おそらくこれは、この主題に関するあらゆる中国の文学批評の中でも、最も明晰で体系的な考察であろう。

(17) 笪重光「画筌」『類編』八〇二頁。

(18) このように緊張を高めて効果を準備するやり方は、書や絵画の原則であるだけではない。同じ定式は、文学創作にも当てはまる。というのも、文学創作もまた「勢を得ることを主とする」(朱栄智『文気論研究』台湾、学生書局、二七〇頁)からだ。最初に教わるのは、自分のテーマにあった命題をただ展開することだが、それよりも、(波が突然現れたり、山の頂が聳え立つように)「筆を逆の方向に働かせて、文章に起伏を与えるのがよい」。わたしの理解では、これが意味するのは、主題から直接始めるのではなく、主題の前に主題とは対照的なものを置き、それによって主題をより際立たせるということである。こうした異なる芸術を近づけるのに、「筆勢」というよく知られた論拠は最も適しているのである。

(19) 沈宗騫「芥舟学画編」〈取勢〉『類編』九〇六頁。

(20) 方薫「山静居論画山水」『類編』九一五頁。

書と画における一筆書きの類比はよく知られたものであるが、最初は、王献之の書に着想を得た大画家の陸探微(五世紀末～六世紀初頭)が行った。ちなみに、王献之は、著名な書家王羲之の息子であって、王羲之も草書の可能性を徹底的に活用していた。

(21) 沈宗騫「芥舟学画編」〈取勢〉『類編』九〇七頁。

(22) 同、九〇五頁。

(23) 同、九〇六頁。

(24) これは「語り方」にすぎない(「終始」は、『易経』繋辞上第四章「〔原始反終〕故知死生之説」を喚起する表現である)

けれども、重要なものである。とりわけ、これによって、なぜ中国文化が悲劇に（つまり、悲劇的な本質に）対して閉ざされていたかがわかる。悲劇的な見方を持つには、乗り越えられない障壁として、最終的な目的を信じていなければならないが、中国思想はそうではないからだ。また、これによって、なぜ（仏教以前の）古代中国思想が「他界」――現世から切り離されていながら、現世と補完的な――を考えようとしなかったかもわかる。なぜなら、世界自体が、常にすでに、他のものになろうとしており、死も変化にすぎないからである。

(25) 劉勰『文心雕龍』「附会」六五二頁。【若夫絶筆断章、譬乗舟之振楫。】

しかし、このイメージに備わった論理を、現代中国の注釈者は十分理解してこなかったように思われる（「振」の意味は、「持ち上げる」〔であって、振るとか漕ぐではない〕）。

陸侃如と牟世金の校定版〔『文心雕龍訳注』上下、済南、斉魯書社〕下、二九七頁と周振甫の校定版〔『文心雕龍』注釈〕、四六五頁を見よ。

【陸侃如・牟世金――至于推敲文句、好比乗船時劃槳〔文句を推敲するのは、船に乗って櫂を振って区切るようなものだ〕。】

【周振甫――振楫、打楫。指結尾有力〔振楫とは櫂を漕ぐことであり、結尾に力があるということだ〕。】

それに対して、ヴィンセント・イチュン・シ『文心雕龍』〔Vincent Yu-chung Shih, *The Literary Mind and the Carving of Dragons*〕三二四頁では、うまく表現されている。

【筆を擱いて章を終えることは、まるで舟に乗りながら櫂を持ち上げるようなものだ。】

(26) 「文勢」は「文章〔条理〕」とは異なる概念である。たとえば、『文鏡秘府論』「定位」三四一頁以下で、この語が重要な用いられ方をしているのを見よ。

(27) 劉勰『文心雕龍』「声律篇」五五三〜五四頁。この転がる丸い石のイメージが、『孫子』巻五「勢篇」から取られていることは明らかである。

(28) 『文鏡秘府論』「論文意」三〇八頁、「定位」三四〇頁。

(29) 同、「定位」三四三〜四四頁。

(30) 王士禛『帯経堂詩話』巻三「真訣類」九、七九頁。

【律詩貴工於発端、承接二句尤貴得勢。如懶残履衡岳之石、旋転而下。……如……「昔聞洞庭水、今上岳陽楼」、下云「呉楚東南坼、乾坤日夜浮」。……此皆転石万仞手也。】

（31） 王夫之『薑斎詩話』付録・三三、二二二頁。「自分の意を本当に表現する」とは、「意」の翻訳である。
【有意之詞、雖重亦軽、詞皆意也。無意而着詞、纔有点染、即如蹇驢負重、四蹄周章、無復有能行之勢。】

（32） 同、四八頁。

（33） 王夫之の注釈者たちは、詩的な「勢」という考えに、それにふさわしい注意を払っていないように思われる。これに関しては、楊松年『王夫之詩論研究』（台湾、文史哲出版社、一九八六年）の研究を参照のこと。
【三九頁より――謝霊運が詩を書いたとき、この境界の神妙な部分を獲得し（取勢）、この境地を表現し尽くしたと王夫之は絶賛している。】

【四七頁より――情意の活動が作品に集中され、それが人を感動させる力を持っていることを、王夫之は「気勢」と称している。】

ここで行った、王夫之における詩的プロセスという概念の考察は、以前にわたしが行った分析を繰り返したものだ。そのなかでも、次のものを参照のこと。

『暗示的価値』〔*La Valeur allusive*, École française d'Extrême-Orient, 1985〕二八〇頁〔注二三〕。

【王夫之は、「創造的な意図（意）」という概念と関連づけながら、「配置的な潜勢力（勢）」という概念が、「神妙な一貫性（神理）」として、何らかの「勢い」を指し示すと考えていた……。】

『プロセスか創造か』〔*Procès ou Création*, Paris, Éd. du Seuil,《Des travaux》, 1989〕二六六頁。

【意味論的な観点からみると（八世紀の皎然は、劉勰より明らかにそうしていたし、王夫之がこの考え方を発展した）、含まれている勢いは、詩的な記号の配置的な潜勢力を示している。これによって、意識と外部との相互関係から生まれる意味のプロセスは、たとえそのテクスト的な構成は様々であっても、最も完全に、余分な言葉無しに、最大の効力をあげるように現れてくる。】

（34） 王夫之『薑斎詩話』二二八頁。
【聞之論弈者曰、「得理為上、取勢次之、最下者着」。文之有警句、猶碁譜中所註「妙着」也。妙着者、求活不得、欲殺無

従、投隙以解困戹、拙碁之争勝負者在此。若両倶善弈、全局皆居勝地、無可用此妙着矣。】

「警句」という概念は、陸機「文賦」（「警策」という概念）以来、中国の文学批評の中では重要な位置を占めてきた。しかし、「文賦」では、それに対して後の伝統が一般的に付与する意味や、ここで王夫之が批判している意味とは違った意味が認められる。すなわち、「片言が文章の展開の重要なところに介入する。それは文章全体に対して、わたしたちを驚かせる刺激である」。つまり、「警策」は、李善が解釈するように、意味を明らかにするだけでなく、文章を前に進めるものでもあると思われる。

【陸機「文賦」――立片言而居要、乃一篇之警策。】

【李善注――以文喩馬也。言馬因警策而彌駿、以喩文資片言而益明也。夫駕之法以策駕乗、今以一言之好最於衆辞、若策駆馳、故云「警策」。】

この概念の意義の変容については、銭鍾書『管錐篇』（中華書局、一九七九年、第三冊）一一九七頁を参照のこと。

(35) 同、六一頁。
(36) 同、一九頁。
(37) 金聖歎『杜詩解』「野人送朱桜」一二二頁。
(38) 同、「送人従軍」九一頁。
(39) 同、「臨邑舎弟書至苦雨黄河泛溢隄防之患簿領所憂因寄此詩用寛其意」二三頁。
【題先序舎弟書至、次序苦雨河泛、次序領官憂患、次序寄詩慰之。詩則先序苦雨河泛、次序領官憂患、次序舎弟書至、次序寄詩慰之者、蓋文字貴有虚実起伏、不如是、便略無筆勢也。故第一解四句、先虚写積雨黄河必泛、妙在「聞道」字。第二解四句、又先虚写舎弟適当此任、大是可憂、妙在「防川」字。先虚写得此二解、然後軽軽折筆到前日書至、遂令読者憑空見有無数層折。不爾、便是一直帳、更無波折可使人誦也。】

【詩の本文――

二儀積風雨、百谷湧〔漏〕波濤。聞道洪河坼、遙連滄海高。

職司憂悄悄、郡国訴嗷嗷。舎弟卑棲邑、防川領簿曹。

尺書前日至、版築不時操。難仮黿鼉力、空瞻烏鵲毛。

燕南吹畎畝、済上沒蓬蒿。螺蚌満近郭、蛟螭乗九皐。
徐関深水府、碣石小秋毫。白屋留孤樹、青天失万艘。
吾衰同泛梗、利渉想蟠桃。倚頼天涯釣、猶能掣巨鼇。】

(40) 黙読するだけの人は「作品の外にとどまる」と、中国の批評家たちは語る。したがって、作品は朗誦するべきであり、「高い声で急なリズムで」読むとその「勢を摑み」、「緩やかに」読むと、その「目に見えない味わい」を摑む。この二つの読法は助け合わなければならない〔姚鼐「与陳碩士（陳碩士への手紙）」【急読以求其体勢、緩読以求其神味】〕。

(41) とりわけ、金聖歎が杜甫の長詩「北征」につけた注釈を見よ（『杜詩解』六七頁以下）。そこでは、創作における「勢」の効果が正確に指摘されている。

(42) 『水滸伝会評本』一四九頁（仏訳、一四六頁）。

(43) 同、二五四頁（仏訳、二八〇頁）。

(44) 同、五四七頁（仏訳、六三五頁）、五七頁（仏訳、二九頁）、二七五〜七六頁（仏訳、三一一頁）。

(45) 同、三三九頁（仏訳、三九一頁）、一一一頁（仏訳、一〇五頁）。

(46) 同、三〇八頁（仏訳、三五〇頁）。

(47) 同、五〇二頁（仏訳、五八六頁）。

(48) 同、一九二頁（仏訳、二〇〇頁）。

(49) 同、六六七頁（仏訳、七九八頁）。

(50) 同、一一二四頁（仏訳II、三六〇頁）。

(51) 同、三〇一頁（仏訳、三四三頁）。

(52) 同、二九五頁（仏訳、三三六頁）、三五八頁（仏訳、四一五頁）。

(53) 同、六六九頁（仏訳、八〇一頁）。

(54) 同、一九七頁（仏訳、二〇七頁）。

(55) 同、一〇二〇頁（仏訳II、二一四頁）。

(56) 同、四七〇頁（仏訳、五五一頁）。

(57) 同、五一二頁（仏訳、五九七頁）。
(58) 同、五〇三頁（仏訳、五八七頁）。
(59) 毛宗崗注『三国演義』（会評本）第四十三回、五四一頁。
(60) 毛宗崗注『三国演義』「読三国志法」（黄霖『中国歴代小説論著選』所収、江西人民出版社、一九八二年）、三四三頁。
【『三国』一書、有横雲断嶺、横橋鎖渓之妙。文有宜於連者、有宜於断者……蓋文之短者、不連叙則不貫串、文之長者、連叙則惧其累堕。故必叙別事以間之、而後文勢乃錯綜尽変。】
(61) 同、十四頁。
【『三国』一書、有浪後波紋、雨後霡霂之妙。凡文之奇者、文前必有先声、文後亦必有余勢。如董卓之后、又有従賊以継之。黄巾之后、又有余党以衍之。昭烈三顧草廬之后、又有劉琦三請諸葛一段文字以映帯之。武侯出師一段大文之后、又有姜維伐魏一段文字以蕩漾之是也。諸如此類、皆他書中所未有。】

この問題については、十分ではないが、葉朗『中国小説美学』（北京大学出版社、一九八二年）一四六～四七頁のいくつかの注記を見よ。

【(四)『三国』一書、有横雲断嶺、横橋鎖渓之妙――毛宗崗はここで、小説の構造は「文勢」を考慮しなければならないと指摘している。「文勢」とは、中国古典美学の独特な一範疇である。では「文勢」とは結局、何であるのか？　わたしが思うには、これは、芸術作品の内的構造と鑑賞者の美感的な心理とが、相互に適応する関係にあることに着目したところから出された、一種の美学的な要求である。つまり、物語が長すぎると面倒くさくなり、鑑賞者の心理構造の要求に適合しなくなる。したがって、別の物語を用いて遮る必要が出てくる。しかし、それは絶対的に遮るのではなく、断ち切るように見えても実際は繋がっている。そのために、「横雲断嶺、横橋鎖渓」と言っているのだ。こうした構造が鑑賞者の美感的な心理に適合し、鑑賞者の心理構造に適合する。こうした「文勢」は、良い。だから、この構成方法は、審美的な心理学の問題に及び、わたしたちが今日さらに研究するに値するのだ。
(六)『三国』一書、有浪後波紋、雨後霡霂之妙――以上の二つの方法はどちらも、小説の構造が「文勢」を考慮し、鑑賞者の心理構造に適合しなければならないと論じたものだ。「文前必有先声、文後必有余勢」といった構造を持つと、鑑賞者の心理に一種の平衡を保持させ、それによって美感の産出が助けられる。】

（62）『水滸伝』については金聖歎の、『三国演義』については毛宗崗の、そして『金瓶梅』については張竹坡の「読解法」（読法）をそれぞれ見よ。この点では、わたしはレーニエ・ランセルの貴重な指摘に負っている。

第二部の結論　龍のモチーフ

第三章から第六章までと同じ参考文献を用いた。龍のモチーフに関しては、ジャン＝ピエール・ディエニ『古代中国における龍のシンボリズム』〔Jean-Pierre Diény, *Le Symbolisme du dragon dans la Chine antique*, Paris, Institut des hautes études chinoises, 1987〕の網羅的な総合研究を参照した。

（1）郭璞『葬書』。
たとえば、「遠くからやってくる勢」と「何千里の遠くから来る龍」（「遠勢之来」、「千里来〔求〕龍」）という表現が重なっていることを見よ。「地形的な編成が全く類似している」という龍のテーマについては、シュテファン・D・R・フォイヒトヴァン『中国の風水術の人類学的分析』一四一頁以下を参照のこと。
（2）顧愷之「画雲台山記」『類編』五八一頁。
（3）荊浩「筆法記」『類編』六〇五頁。
（4）韓拙「山水純全記」『類編』六六五頁。
（5）同、六六六頁。
（6）索靖「草書勢」『歴代』一九頁。
（7）王羲之「題衛夫人〈筆陣図〉後」『歴代』二七頁。
（8）『水滸伝会評本』一一三頁（仏訳、一〇七頁）。
（9）同、一六三頁（仏訳、一六六頁）。
（10）ディエニ『古代中国における龍のシンボリズム』二〇五～七頁。
【二〇六～〇七頁より――二頭の龍が絡みあい、頭と尾を互い違いに配置したモチーフ（交龍）は、帝国以前の時代から図像の中にしばしば登場しており、漢代には伏羲／女媧のカップルを表象するものとして大衆化した。それは、龍の象徴

的な二元性とも関連しているが、対になった二つの力の衝突よりも、協力を強調している。】

(11)『水滸伝会評本』一八九頁（仏訳、一九六頁）。

【兄弟、俺自従和你買刀那日相別之後、洒家憂得你苦。自従你受官司、俺又無処去救你。打聴得你断配滄州、洒家在開封府前又尋不見。】

(12)揚雄『法言』（「問神」）。また、ディエニ『古代中国における龍のシンボリズム』二四二～四三頁を参照のこと。

【金聖歎注――文勢如両龍夭矯、陡然合笋、奇筆恣墨、読之叫絶。】

(13)『左伝』（巻五十三「昭公二十九年」）。また、ディエニ『古代中国における龍のシンボリズム』一頁を参照のこと。

(14)『史記』巻六十三「老子列伝」（北京、中華書局第七冊）二一四〇頁。

(15)『淮南子』巻十五「兵略訓」二六六頁。

(16)韓拙「山水純全集」『類編』六六五頁。

(17)杜甫「北征」。

【……坡陀望鄜時、谷岩互出没、我行已水涯、我僕猶木末、鴟鳥鳴黄桑、野鼠拱乱穴、夜深経戦場、寒月照白骨、潼関百万師、往者散何卒……。】

金聖歎評『杜詩解』七一頁。

【上解本為将到家、心頭疑忌、故説到白骨。此解却因白骨陡然直追恨到哥舒翰事。一提起朝廷大計、便全然忘却家中矣。看他筆勢如此来、却如此去、真如龍行夭矯、使人不可捉搦。】

(18)『水滸伝会評本』六四五頁（仏訳、七七〇頁）。

(19)同、五〇四頁(仏訳、五八八頁)。また、五四三頁(仏訳、六三〇頁)。

(20)張旭の書についての皎然の詩（「張伯高草書歌」）。これについては、シオン・ピンミン『張旭と草書』一八一頁（と一八五頁）を参照のこと。

【「張伯高草書歌」（『文苑英華』巻三三八）――須臾変態皆自我、写形類物無不可。閬風游雲千万朶、驚龍蹴踏飛欲堕。】

【『張旭と草書』一八一～八二頁より――多くの詩が龍のイメージを借りて草書の美を記述しているのは驚くことではない。ここに僧皎然が、張旭の書について書いた詩がある。】

(21) 王夫之『薑斎詩話』四八頁。王夫之は、詩芸術の極致に到達したのは謝霊運だけだと考えていた。たとえば、王夫之が「遊南亭」（『古詩評選』）につけた注釈を参照のこと。

(22) 王夫之は、唐以来の中国詩の経験を特徴づけてきた「気象（意味のアウラ）」や「境（詩的世界）」を、このようにより正確に表現したのである。

第三部

第七章　歴史における状況と趨勢

この章でも、『荀子』、『商君書』、『管子』、『韓非子』から引用した文章は、『諸子集成』を参照している。

柳宗元「封建論」は『柳河東集』（上海人民出版社、一九七四年）により、顧炎武の『日知録』は台湾商務印書館版の第三巻による。

王夫之については、主に『読通鑑論』（北京、中華書局、一九七五年、三冊本）と『宋論』（台北、九思叢書10、一九七七年）を用いた。

中国文学史の文献は、主に郭紹虞編『中国歴代文論選』中（香港、中華書局、一九七九年）を参照した。

(1) エティエンヌ・バラーシュは、歴史の文脈で用いられる「勢」を、「優勢な条件の力」、「趨勢」、「動向」、さらには「必然性」として表現することを提案した。バラーシュ『伝統中国の政治理論と行政的現実』〔Étienne Balazs, *Political Theory and Administrative Reality in Traditional China*, London, 1965 (trad. fr., in *La Bureaucratie céleste. Recherches sur l'économie et la société de la Chine traditionnelle*, Paris, Gallimard, 1968)〕二五七頁（村松祐次訳『中国文明と官僚制』みすず書房、一九七一年、一五二頁）を参照のこと。
エルンスト・ヨアキーム・フィアヘラーは、『王夫之思想における国家とエリート』〔Ernst Joachim Vierheller, *Nation und Elite im Denken von Wang Fu-chich* (Mitteilungen der Gesellschaft für Natur und Völkerkunde Ostasiens, vol. XLIX, Hambourg, 1968)〕八七頁で、「勢」を「個別の状況、瞬間の趨勢、この時を支配するもの」だと表現している。

ジャン＝フランソワ・ビルターは、「王夫之に関する二つの研究」〔Jean-François Billeter, 《Deux études sur Wang

Fuzhi》, *T'oung Pao*, E. J. Brill, 1970, vol. LVI〕一五五頁で、「ひとまずごく簡単に言うなら、「勢」は「状況」あるいは「事態の推移」である。事態の推移がその構造と切り離せないことは明らかである」と述べている。推移＝流れであると同時に状況であるということは、（わたしたちにとって）両義的であるが、それは「勢」という語の哲学的な豊かさを示している。

（2）『荀子』第一九「子道」三四八頁。

（3）「力」であると同時に「条件」である、決定要因としての「勢」については、『商君書』第十一「立本」二一頁を見よ。「行三者有二勢〔この三点を確立するには、それを決定する要素として二つの条件（「勢」）がある〕」。さらに後段には、「而飾於備勢〔状況の潜勢力（「勢」）を完全にすることに現れる〕」とある。

（4）『商君書』第二十「弱民」三五頁。

（5）同、第十八「画策」三二頁。

似たような考えは、『管子』にもある。ロジャー・T・エイムズ『統治術』を参照のこと。

【七七頁より――本文〔『管子』〕を分析するとわかるのは、この用語が特殊軍事的な関連で現れるのは四度にすぎない……。それはしばしば「優勢な条件」あるいは「状況」として現れる〔注三九〕。】

【二二四頁、注三九より――『商君書』と同様に、『管子』においても、この語の使用範囲は広い。一方の極では、単に「現在の状況」であるが……、他方の極では、「変更できない優勢な状況」を意味する。】

（6）同、第二十六「定分」四三頁。

この語がもつ力を、ジャン・レヴィは総じて不十分にしか翻訳していないように思われる。ジャン・レヴィ訳『商君書』〔Jean Lévi, *Le Livre du prince Shang*, Paris, Flammarion 1981〕の以下の箇所を参照のこと。

一一二頁。

【「異俗生於法而万転過勢、本於心而飾於備勢」〔前注（3）の該当箇所〕――慣習は法によって決まり、王の権威は国家的団結に負っており、団結は勝利において現れる。】

同、一四六頁。

【「故善治者、使跖可信而況伯夷乎。不能治者、使伯夷可疑而況跖乎。勢不能為姦、雖跖可信也。勢得為姦、雖伯夷可疑

也」〔前注(5)の該当箇所〕――よく治められた国では、盗跖のような盗人でも信用できるし、伯夷のような徳の鑑となる人なら言うまでもない。うまく治められていない国では、伯夷ですら信用できず、盗跖は言うまでもない。前者の場合、社会的な力によって誰も悪いことをしないようにするために、たとえ盗跖のような盗人でもそうなのだ。後者の場合、風俗によって誰もが盗人であるようになっており、たとえ伯夷であっても信用できなくなっている。】

同、一六〇頁。

【「事無羞利用兵、久処利勢必王」〔前注(4)の該当箇所〕――敵に勝つには如何なる手段を取ることもためらってはならない。最大限に有利さを利用できた君主こそが、他人を支配することを望みうるのだ。】

同、一七七頁。

【「此其勢」――こうした実践から。】

同、一八五頁。

【「故夫名分定、勢治之道也。名分不定、勢乱之道也。故勢治者不可乱、世乱者不可治」〔ここでの注(6)の該当箇所〕――各人が自分の義務を知っている時には、状況は治の創設にふさわしいが、誰も自分に与えられた義務を果たさないとなると、状況は乱を助長していく。ふさわしい状況を知っている国は乱されないが、状況が不利な国は治まらない。】

(7)『管子』第二十三「覇言」一四四頁。

(8)『孟子』巻三第四章「滕文公」上(レッグ訳では二五〇頁以下)。

(9)『荘子』第二十九「盗跖」(リュウ・ジアウェイ訳「東洋の認識」〔Liou Kia-hway,《Connaissance de l'Orient》, 1973〕では二三九～四〇頁)。

(10)『韓非子』第二「五蠹」三三九頁。

(11)『商君書』第七「開塞」一六頁。

こうした「勢」の考え方は、それ以後、モダニストたちの理論の一部となっていく。たとえば、王安石が仁宗にあてた有名な手紙の冒頭を見よ。『王文公文集』上(上海人民出版社、一九七四年)一頁。

【「上皇帝万言書」――夫以今之世、去先王之世遠。所遭之変、所遇之勢不一而欲一二修先王之政、雖甚愚者、猶知其難也〔そもそも今の世は、先王の世から遠く離れております。遭遇する事変や情勢も同じではないために、先王の政治をその

まま修めようとしましても、それが困難であることは、甚だしい愚者でもわかることです」。】

(12) 賈誼『過秦論』。

これは重要なテクストであり、司馬遷の『史記』の中でも繰り返し引用されている。「秦始皇本紀」(中華書局第一冊、二八二頁)と巻四十八「陳渉世家」(中華書局第六冊、一九六五頁)。

翻訳の間に違いがあるが、それは「勢」という語の曖昧さを象徴している。たとえば、シャヴァンヌは(シャヴァンヌ訳『史記』第二冊〔Edouard Chavannes, *Les Mémoires historiques de Se-ma Ts'ien*, Adrien-Maisonneuve, vol. II, 1897〕二三一頁/岩村忍訳『司馬遷と史記』新潮選書、一九七四年)、「条件」と表現し、バートン・ワトソンは(『中国の大歴史家の記録』第一冊〔Burton Watson, *Records of the Grand Historian of China*, Columbia University Press, vol. I, 1961〕三三頁)、「力(攻める力と守る力)」と表現している。

(13) 柳宗元「封建論」四三頁。

現代中国の中国哲学史家たちは、柳宗元の「勢」に対する考え方が「進歩主義的である」と主張し、それを理論化していった(侯外廬「柳宗元の唯物論的哲学と社会学」、『柳宗元研究論集』所収、香港、一九七三年、一六頁を参照のこと)。

このように「勢」を歴史理論として体系化することは、文化大革命の終わり頃にピークを迎えたが、その時、その「封建論」は「大衆研究」に供されたのである(新法家である柳宗元は、「二つの戦線の間の戦闘」で、反動的な韓愈に対立させられた。山西大学歴史系『柳宗元』編写組(人民出版社、一九七六年)五三頁以下を参照のこと)。

【五五頁──柳宗元は……儒家の「君権神授」の教説と、韓愈一派がおおいに鼓吹した「聖人」創世といった虚言を否定した。】

柳宗元の時代に、封建論という議論が歴史的に重要な役割を担ったとする評価については、デイヴィッド・マクマラン『唐における国家と学者』〔David McMullen, *State and Scholars in T'ang China*, Cambridge University Press, 1987〕一九六~九七頁を参照のこと。

【〔封建制の〕問題は政策の選択を迫るものであるために、唐の学問共同体を二度分裂させた。一度目は太宗のもとで、二度目は安禄山の乱の最中にである。……杜佑は編者として『通典』にしばしば短い注釈を挿入し、その中で封建に反対した。柳宗元も長い論文において、封建に反対したのである。両者とも、中央集権化された官僚制国家という理想を

立てたから封建に反対したのであるが、そこには暗黙裏に、皇帝の力を制限しようとする意向も働いていた。】

また、同じデイヴィッド・マクマランの「杜佑と柳宗元の国家観」〔"Views of the State in Du You and Liu Zongyuan", in S. R. Schram (ed.), *Foundations and Limits of State Power in China*, SOAS (London) and CUHK (Hong Kong), 1987〕も参照のこと。

たとえば、六四頁。

【杜佑は、荀子が描いた原始的で闘争する人間というイメージを引くことで、自分の生きている時代においてもなお刑罰を継続して用いることを正当化しようとした。柳宗元もまた、荀子のこうした古代のイメージを取り上げたが、それは、封建と、中央集権的支配による統治を行う郡県という、二つの制度の利点を問うという別のコンテクストにおいてであった。この争点は、国家に対する両思想家の態度を決める試金石であるが、以下でより詳細に分析する。杜佑と同様に、柳宗元も次のことを示した。統治の起源は、人間が敵対する自然界に応じたことにある。ここから徐々に政治組織が発展していった。最初に、地方で「君長刑政」が登場し、そこから地方のグループが互いに競い合って、より大きな政治単位になり、ついには中国全体がピラミッド状の政治組織のもとに統一された。この組織は、競争の脅迫のもとで形成され、世襲による支配者が治めてきた諸単位をベースアップしたものであるために、決して理想的な組織ではなかった。ここで柳宗元は、自らの分析にとって鍵をなす概念である「諸条件」(勢)を持ち出して、それは「諸条件」(勢)が定めてきたと述べた。遠い古代の「諸条件」のために、聖王は自らが持つ理想的な意図を実際に満たすことができなかったのだ。もしそうできていれば、聖王たちは、秦(紀元前二二一〜〇六年)以来中国が知った、中央集権化され、標準化され、能力主義的な採用を行う統治体制を確立しただろう、と考えたのである。】

また、七九〜八〇頁。

【柳宗元の封建問題に関する考えは、八〇五年の追放の前に展開されたものであり、本質的には杜佑と同じ議論であるが、強調点が異なっていた。杜佑と同様に、柳宗元は、封建は古い体制だと認めてはいた。しかし、柳宗元は、封建制は「聖人の意図ではなく状況から出てきた」と述べて、聖人の権威は守ったのである。また、杜佑のように、いや杜佑よりも明らかに、柳宗元は、秦が短命であったのは郡県制を施行したからだという考えを退けた。郡県制には成功をおさめた実績もあるし、それにこそ人間の資源を利用するより大きな柔軟性があると論じたのである。唐王朝はそのはじめから郡県制を敷いたために、今に至るまで確固たるものだった。とりわけ、郡県制によって、皇帝は「帝国の普遍的な視点を得た」。これが柳宗元の結論であった。しかも、そうすることで、皇帝は古代の聖人の本当の希望を実現した。古代の聖人たちは、封建制をただ「よりよい本性に反して」（やむを得ず）是認したにすぎなかったからである。】

（14）韓愈「原道」。

新儒学を基礎づけたこの有名な「原道」論文を、このような定式〔「聖人の作為が無ければ、人類は生き残れなかった」〕に還元できないことは言うまでもない。しかし、文化大革命時代の注釈者たちは、そのような還元を行ったのである。この論文は、『孟子』の歴史的な考え方に近づいていて、歴史を内的必然性の観念に基礎づける解釈を退けているのである。

柳宗元と韓愈の関係については、チャールズ・ハートマン『韓愈と唐における統一への模索』〔Charles Hartman, *Han Yu and the T'ang Search for Unity*, Princeton University Press, 1986〕を参照のこと。

（15）王夫之『読通鑑論』巻一「秦始皇」一頁。

この文章は、現代の王夫之の注釈者たちによって広く用いられている。そのなかでも、嵇文甫『王船山学術論叢』一二二頁以下〔下篇「歴史哲学」第一章「古今因革論」〕を参照のこと。また、この箇所は、イアン・マクモランの博士論文（未刊）『王夫之とその政治思想』〔Ian McMorran, *Wang Fu-chih and his Political Thought*, Oxford, 1968〕一六八〜七一頁で翻訳されている。

（16）この観点は、王夫之にあてはまるだけでなく、同時代の、顧炎武のような碩学のものでもあった。『日知録』（七）「郡県」九四頁を参照のこと。

【後之文人祖述其説、以為廃封建、立郡県、皆始皇之所為也。以余観之殆不然……則当春秋之世、滅人之国者、固已為県矣〔後の文人はこの説を祖述して、封建を廃して郡県を立てたのは、始皇帝の所為だと考えている。しかし、わたしはそうとは考えない。……春秋の時代にも、宗主の滅んだ国はすでに県を立てていたのである〕。】

（17）王夫之『読通鑑論』巻二「文帝」四〇頁。

（18）同、巻三「武帝」六六頁。

（19）同、巻二十「太宗」六八四頁。

また、顧炎武「郡県」『日知録』（七）九六頁も参照のこと。

(20) 同、巻二「文帝」四六〜四七頁。
(21) 同、巻三「武帝」五六〜五八頁。
(22) 同、巻五「成帝」一二二頁。
ただし、人間それ自体が、事態の推移と同じように変わるわけではない。巻六「光武」一五〇頁を参照のこと。

【因勢而遷者、小人之恒也〔勢によって変遷するのは、小人の常である〕。】
(23) 同、巻十二「懐帝」三八二頁。
(24) 中国思想は、緩やかで段階的な変化に注意を向けることで、出来事を歴史的連続性の中に解消する。出来事がどれほど唐突なものであり耳目を惹くものだったとしても、それは、最初はほとんど見えなかった趨勢が、論理的に帰結したものにほかならない（これに関しては、『易』の最初の卦である「坤」を注釈した『文言伝』の該当箇所を参照のこと）。
(25) 王夫之『読通鑑論』巻二十「太宗」六九二〜九四頁。
(26) 『思問録外篇』（北京、中華書局）七二頁。
「退歩もありうる」という観点を、王夫之を何としても進歩主義的な思想家にしようとする現代の王夫之研究者たちは、ほとんど見過ごしている。たとえば、李季平『王夫之与読通鑑論』（済南、山東教育出版社、一九八二年）一五三頁以下を参照のこと。

【王夫之は歴史の全局面を総合的に見て、人類の歴史は不断に発展進化すると考えた。中国の歴史発展の趨勢はすべて、野蛮から文明に、分裂から統一に向かうものなのだ。……王夫之が言うには、遠い昔の人類は、「直立する獣にすぎない」。】
(27) 同、七二〜七三頁。
(28) たとえば、黄明同・呂錫琛『王船山歴史観与史論研究』（湖南人民出版社、一九八六年）一〇頁以下を見よ。
【中国古代には、すでに治乱循環論が登場していた。王船山も自らその理論を「治乱循環」と称していたが、そこでいう「循環」は一般的な意味での循環ではなかったし、治乱論も過去の治乱循環論の単なる反復では決してなかった……王船山は伝統的な治乱循環論を改造し、その英雄史観という中核を改め、そこに素朴弁証法の内容を豊かに加えたのである。】
(29) 道徳主義的な見方は、すでに『孟子』巻三第九章「滕文公」下（レッグの翻訳では二七九頁）に明らかであった。孟子によると、堯と舜、武王と周公、そして『春秋』の作者である孔子と、さらには孟子自身が、それぞれの時代に、乱を治めるために登場したのである。

(30) 五行の循環という考えは、鄒衍（紀元前四〜三世紀）から始まり、それを受け継いだ董仲舒（紀元前一七五〜一〇五年）がその『春秋繁露』で理論化した。

アンヌ・チャン『漢代儒教の研究』〔Anne Cheng, *Étude sur le confucianisme Han*, Paris, Institut des hautes études chinoises, 1985, vol. XXVI〕二五頁以下を参照のこと。

【成長と破壊の交替が五行の継起を支配している。五元＝要素という翻訳が簡便なことから保持されているが、語源的に見て、中国語の「行（動かす、動く、行動する）」により近い用語で言えば、五つの「力」、「動因」と語る方がより正確であろう。董仲舒はこれを用いて、前漢時代に競合していた二つの理論を論じた。古い方の理論は、『春秋繁露』五九章に記されている。この章は、「五行相勝」と題されており、五行が過度あるいは不整に陥ると、それが如何にしてそしてどんな順序で互いに取って代わるかを記述していた。要約して述べれば、木は金に、金は火に、火は水に、水は地に、地は木にという具合に、後のものに打ち勝たれる破壊のサイクルを形成しているのである。もう一つの理論は、『春秋繁露』三八章に現れ、四二章で展開されているが、前者とは逆に、五行相生の関係をうち立てた。木は春・東と存在者の出生をつかさどり、火を生み出す。火は夏・南と成長をつかさどり、地を生み出す。地は中央と成熟を代表しているためにすべての季節を支配する。次に、地は金を生むが、金は秋・西そして収穫をつかさどる。最後には、金が水を生み、水は冬・北そして蔵をつかさどる。こうして円環は再び出発点に戻るのである。】

(31) 王夫之『読通鑑論』巻十六「武帝」五三九〜四〇頁。

(32) 同、巻末「叙論一」一一〇六頁。

(33) 同、巻十九「煬帝」六五六〜五七頁。

(34) 王夫之『張子正蒙注』「神化」（中華書局）六八頁。

(35) 『読通鑑論』巻十五「孝武帝」五一一頁。

「中止できない勢」という表現は、王夫之の歴史考察で繰り返し取り上げられている。たとえば、次の箇所を見よ。『読通鑑論』巻十二「恵帝」三六八頁、『宋論』巻三「真宗」六二頁、同、巻十四「理宗」二五三頁。

(36)『読通鑑論』巻二十七「懿宗」九五七頁。

(37)『宋論』巻四「仁宗」七四頁。

(38)「必亡之勢」のテーマについては、たとえば次の箇所を見よ。『読通鑑論』巻八「桓帝」二四五頁、同、巻十二「愍帝」三八五頁。

(39)『宋論』巻八「徽宗」一五五頁。

(40)同、巻十四「理宗」二五二頁。

(41)否定的な趨勢を二つに区別することによって、王夫之が一方で「その極点では反転が困難な」趨勢を語りながらも（たとえば、『宋論』巻四「仁宗」七四頁【極重難返之勢、不能逆挽於一朝（重くなりすぎて反転が困難な勢は、一朝のうちに逆転することはない）】）、他方で「その極点では」軽くなり「反転が容易な」趨勢を語ること（たとえば、『宋論』巻七「哲宗」一三四頁【極重之勢、其末必軽、軽則反之也易、此勢之必然者也（重さを極めた勢は、その最期には必ず軽くなり、軽くなると反転は容易である。これは勢の必然である）】）が理解できる。後者の場合には、「重」と「軽」は対立の関係にあり、趨勢はしばしば「軽重之勢」として示される（たとえば、『読通鑑論』巻八「霊帝」二六三頁【軽重之勢、若不可返、返之幾正在是也、而人弗能知也（軽重の勢は、反転できないように見えるが、その反転の兆しはまさにそこにあり、人がわからないだけである）】）。

(42)『宋論』巻七「哲宗」一三四～一三五頁。

(43)トインビーは（文明の衰退に続く）反転の始まりを、かなり早い時期に（たとえば、古代ギリシア文明なら紀元前四三一年に）設定したが、それを根拠づけるやり方は、中国的な直観に極めて近いように思われる。中国的な直観は、衰退が生じるのは、繁栄の卦（第三、そしてとりわけ第六の線において）のただ中ある時だと考えるからだ。また、その際に、トインビーが「壊された」ものを認識する仕方も同様に、中国的な直観に近い。

たとえば、トインビーが『歴史とその解釈』〔*L'Histoire et ses interprétations* (Entretiens autour de Arnold Toynbee sous la direction de Raymond Aron), Paris, Mouton, 1961〕一一八頁で行った説明を参照のこと。「瓦解によって壊されたもの、瓦解したものとは何か。それは、少数の支配者の中でも創造的な力をもっていた人々の間の調和であり協同である。彼らが、文明の発展に実際に活動的に与っていたのである」。

(44) 王夫之はその『周易内伝』（泰卦と否卦）において、こうした局面の不可避的な特徴を、「勢」によって表現している〔たとえば、「泰」の九三への注釈で「故平之必陂、往之必復、自然之理勢也」、「泰」の上六への注釈で「然激成之勢、已不可挽」とある〕。これは、王夫之がその歴史の著作において、中国の社会的・政治的な大変化を説明したやり方と明らかに類似している。要するに、王夫之にとって問題であったのは、（あらゆるプロセスが具現する）絶対に普遍的な論理であって、歴史はその例証にすぎないのである。

(45) 『宋論』巻十五「恭宗・端宗・祥興宗」二五九頁。

(46) 王夫之『春秋世論』巻四「襄公」。

(47) 『宋論』巻七「哲宗」一三五頁。

(48) 同、巻六「神宗」一一八頁。

(49) 『読通鑑論』巻四「元帝」一〇六～〇七頁。

(50) これらの表現については、順に、『読通鑑論』巻十三「成帝」四〇五頁、『宋論』巻十五「恭宗・端宗・祥興宗」二五九頁、『読通鑑論』巻二十「太宗」六九一頁、同、巻十三「成帝」四一一頁を参照のこと。

(51) 『宋論』巻六「神宗」一一八頁。

(52) 同、巻八「徽宗」一五五頁。

(53) 同、巻七「哲宗」一三四頁。

(54) 同、一三四～三六頁。

霍光が中国史の中で果たした歴史的な役割を、このように解釈することについては、ミヒャエル・レーヴェ『漢における危機と諍い』〔Michael Loewe, *Crisis and Conflict in Han China*, London, Georges Allen, 1974〕を参照のこと。たとえば、同、七二頁。

【しかしながら、昭帝のもとで行政に責任を負っていた人々、つまり霍光と桑弘羊は、武帝治下でも現実的な施策を唱える高官であったことを思い出しておこう。紀元前八一年になされた議論〔塩鉄論〕から明らかだが、桑弘羊を含む政府のスポークスマンは、現実的あるいはモダニスト的原則を支持していたのに対し、現行政府を批判する人たちは、学問的伝統に育まれ、堯舜の黄金時代への復帰を望む改革派であった。】

同、七九頁。

【『漢書』の著者である班固は、昭帝時代に言及した時、霍光の摂政を称えた。実に興味深いことに、班固は、霍光を周公の摂政と比較したのである。そして、霍光の緊縮政策や、前の治世下での浪費によって生じた惨状を回復しようとしたこと、そして国家による独占をいくつか廃止したことに注目したのである。】

同、一一八頁。

【もし王莽が、霍光は第二の周公であったと証示できていれば、彼自身のケース〔自らを周公と霍光に比定する〕も実質的に確証されただろう。後に、昭帝の治世の評価が『漢書』にまとめられた時に、この比定は再び繰り返され、霍光の統治策は大いに賞賛されたのであった。】

(55)『読通鑑論』巻八「霊帝」二六三頁。

(56)『宋論』巻十「高宗」一九三頁。

岳飛がかくまでも身を捧げた「神話」については、ヘルムート・ヴィルヘルム「神話から神話へ、岳飛の生涯」〔Hellmut Wilhelm, "From Myth to Myth: The Case of Yüeh Fei's Biography", in Arthur F. Wright & Denis Twitchett (ed.), *Confucian Personalities*, Stanford University Press, 1962〕一四六頁以下を見よ。「オポチュニズム（時宜主義）」（無論、この言葉の最も肯定的な意味で）というテーマは、すでに孟子にあり、そのモデルは孔子であった。『孟子』巻五第一章「万章」下（レッグの翻訳では三六九〜七二頁）を参照のこと。

【孔子之去斉、接淅而行、去魯曰、遅遅吾行也、去父母国之道也、可以速而速、可以久而久、可以処而処、可以仕而仕、孔子也。孟子曰、伯夷聖之清者也。伊尹聖之任者也。柳下恵聖之和者也。孔子聖之時者也。孔子之謂集大成〔孔子が斉を去る時には、炊くために水に漬けてあった米をすくい上げるほど速やかに立ち去ったが、魯を去る時には、「遅々としてわたしは行く」というほど遅かった。それは父母の国を去ったからである。速やかにすべき時には速やかにし、ゆっくりすべき時にはゆっくりする。またおるべき時にはおり、仕えるべき時には仕える。これが孔子である。孟子はさらに言う。伯夷は清の聖人であり、伊尹は責任の聖人であり、柳下恵は和の聖人である。それに対して、孔子は時の聖人である。孔子は集大成ということができる〕。】

(57)『読通鑑論』巻二十八「五代上」一〇三八〜三九頁。

(58) 二十世紀の中国の指導者たちも、こうした知恵を決して放棄しなかった。国民党の数次にわたる包囲に持ちこたえられなくなったとき、毛沢東は「長征」を行い、陝西の洞窟にまで退却した。そして、その遠く離れたところで軍事力を再整備し、最初の「根拠地」を構築し、静かに時を待って（日本の侵略、そして第二次世界大戦）、再びイニシアティブを握り、最後には攻勢に転じて勝利を収めた。ライバルの蔣介石も同じことを行い、共産党軍に敗れた後、彼は台湾に退却し、そこを新しい隆盛の出発点にしたのである。

さらに言うと、今日のチャイナ・ウォッチャーも、しばしば交替という用語で、政治を考察している。政治には「開」の時もあれば、「合」の時もある。党は「熱」風を送る時もあれば、「冷」風を送る時もある。現下の趨勢に脅かされた人は、その時は「屈」しても、再登場を準備する。田舎に退き、「病」と称し、さらには自己批判に至るまで唯々諾々と受け容れるが、状況が新たに好転した時には活力が漲っている。

(59) 王夫之『春秋家説』巻上「桓公」。

【理者固有也、勢者非適然也。以勢為必然、然而有不然者存焉（理は固有のものであるが、勢は必ずそうなるものではない。勢を必然ととらえても、こうした次第であるから、そうはならないものがそこには残る）。】

この文章の最後の句「然而有不然者存焉」は、様々に解釈されている。たとえば、フィアヘラー『国家とエリート』八八頁や、ビルター「王夫之に関する二つの研究」一五五頁を参照のこと。

(60)『読通鑑論』巻二「文帝」四九～五〇頁。

(61)『宋論』巻九「仁宗」九四頁。

(62) 同、巻十四「理宗」二四四頁。

(63) 満州人の侵略に抵抗した王夫之の活動については、イアン・マクモランの「パトリオットとパルチザン、王夫之の永暦朝の政治への関与」〔Ian McMorran, "The Patriot and the Partisans, Wang Fu-chih's Involvement in the Politics of the Yung-li Court", in Jonathan D. Spence & John E. Wills (ed.), *From Ming to Ch'ing*, Yale University Press, 1979〕一三五頁以下を参照のこと。

(64) 劉勰『文心雕龍』「定勢篇」五三一頁。

(65) 皎然『評論』。この文章は、王利器編『文鏡秘府論』「論文意」三二一頁に引かれている。ボドマン『中世初期中国における詩学と作詩法、空海『文鏡秘府論』の研究と翻訳』四一四頁を参照のこと。興膳宏は、「勢」を日本語で「調子」と訳しているが（前掲書、四五八頁）、ここでは不適切のように思われる。

(66) 李贄「童心説」（郭紹虞『中国歴代文論選』中、三三二～三三三頁）。

心の天真爛漫さを第一とするこの考えが、王陽明の哲学に由来していることは言うまでもない。そして、これまた周知のように、王陽明を継承した李贄が、袁宏道に直接影響を与えた。

(67) 袁宏道「雪濤閣集序」（郭紹虞『中国歴代文論選』中、三九六頁）。

【文之不能不古而今也、時使之也。……唯識時之士為能隄其隤而通其所必変。夫古有古之時、今有今之時、襲古人語言之迹而冒以為古、是処厳冬而襲夏之葛者也。】

公安派のこうしたモダニスト的な言明については、マルティン・ヴァレット＝エメリの見事な研究である『袁宏道、文学の理論と実践』〔Martine Valette-Hémery, *Yuan Hongdao. Théorie et pratique littéraires*, Paris, Institut des hautes études chinoises, vol. XVIII, 1982〕五六頁以下を参照のこと。

【五八頁より――〈文学の変遷〉／文学の変遷は、自然で必然的な事態の推移に一致する。袁宏道はそれをモデルニテ〔「今」〕の理論と結びつけた。】

また、周質平『袁宏道と公安派』〔Chih-P'ing Chou, *Yüan Hung-tao and the Kung-an School*, Cambridge University Press〕三六頁以下も参照のこと。

【「文学に対する歴史的な見方」――袁宏道の文学理論の核には、文学の発展に対する彼の歴史的な見方がある。文学は時代ごとに変遷し、文学作品は作者が生きていた時代の産物であると考えたのである。したがって、袁宏道によると、自分の時代からの影響を免れる作者は誰もいない。この条件を無みする試みは、失敗に終わるだろうし、この条件に対立して創作された文学作品は長く持たない。時代は王朝から王朝へと移り変わるために、文学のスタイルも不変ということはない。こうした観点から、袁宏道は、古文辞派が提唱した模倣というアプローチを攻撃していったのである。李贄は、文学作品にとって古代のメリットは相対的にすぎないことを明らかにした最初の批評家であった。その李贄のアイデアを洗練したのが、袁宏道の文学に対する歴史的アプローチであったが、袁宏道は発展のプロセスの反転不可能性を更に強調した。どれだけ過去が栄光に満ちていたとしても、それをもう一度現前させることはできない。どれだけ作者が古代の人を綿密

に模倣しても、その作品は古代のフェイクに過ぎない。】

ところで、袁宏道の「文之不能不古而今」という一文において、「而」という小辞は、譲歩ではなく（「文学は古いにもかかわらず、現代的でなければならないとすれば……」とは訳せない）、むしろ、ある状態から別の状態への推移（過去から現在への必然的な移行）を意味していると思われる。

また、夏服と冬服を対比させて時代ごとの根底的な違いを表現することについては、王夫之『読通鑑論』巻三、五六頁にも見られる。【郡県之与封建殊、猶裘与葛之不相沿矣。】

（68）袁宏道「与江進之」（郭紹虞『中国歴代文論選』中）四〇一頁。

（69）顧炎武『日知録』（七）「詩体代降」七〇頁。

（70）文学は進歩するという最初の見方は『文選』の序文に示されたもので、文学は堕落するという二番目の見方は劉勰のような理論家に取り憑いている。これについては、拙稿「聖書でも古典でもなく。中国文明の基礎にある書物としての儒家の書物の立場について」〔François Jullien,《Ni écriture sainte ni œuvre classique: du statut du texte confucéen comme texte fondateur vis-à-vis de la civilisation chinoise》*Extrême-Orient–Extrême-Occident*, PUV, Paris VIII, N° 5〕】七五頁以下を参照のこと。

（71）葉燮『原詩』（霍松林校注、北京、人民文学出版社、一九七九年）冒頭部分。

こうした文学史の考え方と、西洋的な時代画定が異なることについては、モーリーン・ロバートソンの見事な研究である「伝統的な中国文学史における芸術の時代画定と変化のパターン」〔Maureen Robertson, "Periodization in the Arts and Patterns of Change in Traditional Chinese Literary History", in Susan Bush & Christian Murck (ed.), *Theories of the Arts in China*, op. cit.〕六頁、一七〜一八頁を参照のこと。

【六頁――現代の西洋的観点から見ると、政治史や精神史から借りた時代図式は、芸術の対象そのものから取られた明証に基づいていない「外在的」なものである。しかし、伝統的な中国の観点からすると、政治的な時代画定は、芸術史にとって全く外在的であるとは言えない。】

【一七〜一八頁――時代を変化させる大きな力は周期的なものであるとして、この著者〔葉燮〕は円環的な変化の概念を用いる。それは、文化的には、陰と陽の力学理論から得たものである。】

(72)「勢を度《はか》る」という表現は、王夫之の考察の中にしばしば見られる。『宋論』巻四「仁宗」九三頁、巻十「高宗」一六九頁、『読通鑑論』の総括である「叙論二」一一一〇頁を参照のこと。

(73)『宋論』巻十五「恭宗・端宗・祥興宗」二六〇頁。また、同、巻四「仁宗」一〇五頁も参照のこと。

(74)『読通鑑論』巻十二「愍帝」三八六頁。また、同、巻十四「安帝」四五五頁も参照のこと。

(75)『宋論』巻四「仁宗」一〇六頁。

(76)ヘーゲル『歴史哲学講義』〔G. W. F. Hegel, *Vorlesungen über* 〔*die Philosophie*〕 *der Geschichte*, trad. fr. par J. Gibelin, *Leccon sur la philosophie de l'histoire*, Paris, Vrin, 1987〕二三頁（長谷川宏訳『歴史哲学講義』上「序論」、岩波文庫、一九九四年、二六頁）。

(77)同、二六頁（日本語訳、三四頁）。

【事実、精神と悪を和解させる認識が、世界史におけるほど強く要求されるところは、ほかにありません。この和解を達成するには、悪という否定的なものを支配し克服していく、肯定的なものを認識する以外になく、真の意味での世界の究極目的は何かを意識し、その目的が実現される過程で、悪が最終的に存立の基盤をうしなうことを意識しなければなりません。】

(78)同、三五頁（日本語訳、五八頁）。

(79)たとえば、王夫之『読通鑑論』巻一「秦始皇」二頁の「〔勢相激而理随以易〕、意者其天乎〔意はそれ天か！〕」を参照のこと。

(80)ヘーゲル『歴史哲学講義』三六頁（日本語訳、六〇頁）。

【このように、世界史的個人は世界精神の事業遂行者たる使命を帯びていますが、かれらの運命に目をむけると、それはけっしてしあわせなものとはいえない。かれらはおだやかな満足を得ることがなく、生涯が労働と辛苦のつらなりであり、内面は情熱が吹きあれている。目的が実現されると、豆の莢にすぎないかれらは地面におちてしまう。アレクサンダー大王は早死にしたし、カエサルは殺されたし、ナポレオンはセント・ヘレナ島へ移送された。】

王夫之『読通鑑論』巻一「秦始皇」二頁。

（81）キリスト教の伝統によると、人間の歴史の中には神的次元の「エコノミー（オイコノミア、摂理）」がある。これについては、たとえば、アンリ＝イレネ・マルー『歴史の神学』〔Henri-Irénée Marrou, *Théologie de l'histoire*, Paris, Éd. du Seuil, 1968〕三一頁以下を見よ。

【三五頁——つまり、人間の歴史の時間は、神的な救済の「エコノミー」を実現することと分かち難く一つである。キリスト教神学者が強調し続けてきたように、このエコノミーは「ディア・クロノス」、時間を通じて、時間という手段によって完成する。】

（82）ここではポール・ヴェーヌの研究から示唆を受けた。『歴史をどう書くか』〔Paul Veyne, *Comment on écrit l'histoire?*, Paris, Éd. du Seuil 1971, rééd., 1979,《Points Histoire》〕二四頁（大津真作訳、法政大学出版局、一九八二年、三六頁）。

【出来事ではないものは、まだそれとして迎えられていない出来事である。郷土史、心性史、狂気の歴史、何世代にもわたる安全保障の追求の歴史。したがって、わたしたちがそれとして意識していない歴史性を、出来事ではないものと呼ぶのだ。】

（83）古典となったレイモン・アロンの分析を参照のこと。『歴史哲学序説』「歴史の因果性という図式」〔Raymond Aron, *Introduciton à la philosohie de l'histoire*, Gallimard rééd., 1981〕二〇一頁以下。

【二〇四～〇五頁——先行与件が部分的な原因であることを証明するには、それが諸情勢にふさわしい結果であったのだろうという非現実的な変遷を作り上げなければならないし（先行与件はいったん抑圧され変形される）、多様な先行与件が含んでいる帰結を、バラバラにあるいは同時に探求しなければならない。】

（84）ポール・ヴェーヌ『歴史をどう書くか』第八章「因果性と遡及話法」を参照のこと。

【一九四～九五頁（日本語訳、二六二～六三頁）——歴史の綜合などと言っても、このような穴埋め操作となんら異ならない。わたしたちは、確率論という穴だらけの認識に関する理論から、言葉を借用してきて、この操作に遡及話法という名を与えることにする。或る出来事を将来、起こるはずのものとして考える場合には、予報がある。つまり、たとえばポーカーでフォア・カードのチャンスがどれくらいあるか、また、どれくらいあったか、ということである。反対に、遡及話法の問題は、諸原因の確率はどれくらいかにかかわる問題である。もっとうまく言い直せば、いろいろな仮説の確率にかかわる問題である……いっさいの遡及話法は、こういう次第で、因果にかかわる説明（かわきが王に水を飲ませる）を用いる。多分（人の主張するところではあるのだが）正真正銘の法則（のどがかわいている人はだれでも、それが可能ならば、水を飲むだろう）さえ用いる。歴史における綜合を研究すること、または遡及話法を研究することは、歴史のなかで、帰納法がどんな役割を演じているか、「歴史の因果性」がなにから構成されているかを研究することである。言いかえると、大文字の〈歴史〉なるものは存在しないので、因果性と言っても、それはわたしたちの日常生活のなかにあるもの、すなわち月下の因果性なのである。】

(85) 王夫之は歴史家の仕事を、「推其所以然之由〔それがそこからこうなった由来を推し量ること〕」だと包括的に定義した（ここでの「由」は本来の意味の「〜から」と理解するべきである）。『読通鑑論』「叙論二」一一一〇頁を参照のこと。

(86) 体系が閉じていることを、中国思想はしばしば（とりわけ王夫之の歴史的考察では）、「数」（次の章を参照のこと）という語で示している。それとの比較対照のために、レイモン・アロンの言を引用しておこう。「現実まるごとは思考不可能である。必然的な関係が適用できるのは、閉じた体系か孤立した分野だけである。具体的なものとの関係でいえば、すべての法は蓋然的である。体系には無縁であり、学からは無視された諸般の事情が、予想された現象の展開を断ち切り、変えていくのである」（『歴史哲学序説』二〇六頁）。

(87) 「堕落」という概念は、モンテスキュー『ローマ人盛衰原因論』〔Montesquieu, *Grandeur et Décadence des Romains*〕（田中治男・栗田伸子訳、岩波文庫、一九八九年）の第十章「ローマ人の腐敗について」（日本語訳、一〇七頁）では、その道徳的・伝統的意味が表現されていた。

【私は、共和政末期のローマに入ってきたエピクロス派がローマ人の魂と精神を堕落させるのに大いに影響した、と考えている。ギリシャ人は、ローマ人以前にこの学派にかぶれていたため、より早く、堕落した】。

しかし、その少し前では、論理的意味（必然的な反転という意味）で受け取られていた。「現在、世界にはほとんど誰も気づいていないが、密かに、沈黙のうちに、日々その力を増大させている共和国がある。この国が、その賢明さが定めているとおりの隆盛の域に到達するならば、必然的にその法律を変えることになるのは確かである。しかし、それは、立法者の仕事でなく、堕落それ自体の作用であるだろう」（『ローマ人盛衰原因論』第九章「ローマ没落の二つの原因」、日本語訳、一〇四頁）。

この「堕落」という概念を、モンテスキューは『法の精神』〔*L'Esprit des lois*〕（第八篇「三政体の原理の腐敗について」）では、古代の思想家にならって、様々な種類の政体に対して展開していた。とはいえそこでは、政治的諸原理の崩壊が問われたのであって、生成に内在する変遷についてではなかった。

（88）『ローマ人盛衰原因論』第十八章「ローマ人によって採用された新しい原則」。

（89）同右。

突如侵入するひそかな趨勢という考えが、第十四章「ティベリウス」の冒頭において、対比の中で展開されている。「河流が、ゆっくりとそして音もなく、それに対する堤防を浸食し、最後には、一瞬のうちに堤防を崩壊させて、それによって守られている平野を覆ってしまうのと同じように、主権的権力は、アウグストゥスの下では気づかれることなく活動していたが、ティベリウスの下で、暴力的に破壊作用を起こした」（日本語訳、一五〇頁）。こうした趨勢が「集積」するという考え方は、王夫之と共通であるし（「勢已積」『読通鑑論』巻三「武帝」六六頁を参照のこと）、モンテスキューが行った対比と類似したものが、『宋論』（巻七「哲宗」一三五頁）にもある。

【考神宗之初終、蓋類是矣。当其始也、開辺之志、聚財之情、如停水於脆土之隄而待決也（神宗の始めと終わりを考察してみると、これと類似しているようだ。つまり、その始めには、辺境を開拓し、財を築こうという気持ちに溢れていた。それは、ちょうど壊れやすい土でできた堤防に水が止まっていて、それが決壊するのを待っているようなものであった）。】

これと同様に、緊張と弛緩に基づいた、趨勢の反作用による反転という考えが、第十五章「ガイウス・カリグラからアントニヌスまでの皇帝について」にある。「カリグラは、ティベリウスが廃止した民会を再建し、そして、やはり彼が確立した不敬罪という恣意的な罪を廃棄した。ここから、悪い君主の治世の始まりはしばしばよい君主の治世の終わりと同じである、という判断がなされるかもしれない。というのは、これらの悪い君主は、自分が継承した君主の行動に対抗しようとする精神から、他の君主が徳によってなすことをなすにいたることがある」（日本語訳、一五七頁）。その後に、モンテスキューはこの考えを、論理的というよりは悲劇的に普遍化していく。「何ということか！　ローマの元老院は多くの王たちを失脚させたが、それは、自らを何人かのもっとも無法な公民たちの最低の奴隷の地位に陥らせ、自分自身の命令で自らを殲滅してしまうことでしかなかったのだ。それ故、元老院の権限が高められたのは、それがより見事にひっくり返るのを見るためでしかなかった」(日本語訳、一六一頁)。

(90) レイモン・アロン『歴史とその解釈』一八頁。

(91) 同、一一九頁。

(92) たとえば、アルベール・リヴォー『ギリシア哲学における生成の問題と質料の概念――その起源からテオフラテスまで』〔Albert Rivaud, *Le Problème du devenir et la Notion de la matière dans la philosophie grecque depuis les origines jusqu'à Théophraste*, Paris, Félix Alcan, 1905〕一四頁を参照のこと。

【見てきたように、ある時には、父と子の親子関係であるのに、ある時には、あまり正確ではない弛んだ関係であったりする。こうした宇宙開闢論の異なる諸節を律している言葉を一つ定義するとすれば、それはêpeita（次に）である。この言葉によって詩人は、神々が継承され、後から次々に登場し、異なる時代に属していることを伝える。しかし、詩人は、神々が統一された同じ展開をして、一つの実体によって互いに結びついているとは述べていない。】

多くの場合、単なる「次に」(êpeita)が、宇宙開闢論の諸節を結びつけているが、これは、神々が後から次々に登場し、異なる時代に属していることを意味しているにすぎず、神々が「統一された同じ展開をして、一つの実体によって互いに結びついている」ということではない。

(93) 同、四六一頁。

【したがって、アリストテレスの教説は、生成の教説であるとしても、不動の形式のほかは認識しようとしないのである。唯一で永遠の宇宙の中では、固定した不動の形式が、不変の法として、継起する無常なる個物を支配し秩序を与えている。】

(94) プラトン(『国家』第七巻、第十巻)とアリストテレス(『政治学』第三巻、第四巻)から、モンテスキュー(『法の精神』第八巻)に至るまで、西洋の哲学者たちは、歴史の転変を、一つの政治制度から別の政治制度への移行としてしか見てこなかった。すなわち、君主制から独裁制、独裁制から民主制(あるいはその反対)等々である(たとえば、レイモン・ヴェイユ『アリストテレスと歴史『政治学』について』〔Raymond Weil, *Aristote et l'Histoire. Essai sur la《Politique》*, Paris, Klincksieck, 1960〕三三九頁以下〔第十章　都市の歴史　B　政体の変遷〕を参照のこと)。つまり、転変は、それ自身は不変である形式(様々な政体の形式は、それぞれの原理から考察されている)から考えられたのであって、変化に内在する論理からではなかったのである。

第八章　現実の中で働く勢い

これまでのように、古代中国のテクストは、大部分を『諸子集成』（第二冊、第三冊、第七冊）から引用した。伝統の異端に立つ王夫之のテクストは、北京中華書局版（一九七五年、一九七六年、一九八一年）を参照した。

（1）アリストテレス『自然学』194b（出隆・岩崎允胤訳『自然学』、アリストテレス全集三、岩波書店、一九六八年）、『分析論後書』71b（加藤信朗訳『分析論後書』、アリストテレス全集一、岩波書店、一九七一年）、『形而上学』982a（出隆訳『形而上学』、アリストテレス全集十二、岩波書店、一九六八年）。

（2）レオン・ヴァンデルメールシュ『カトリシズムとアジア的社会』「中国の伝統と宗教」〔Léon Vandermeersch, 《Tradition chinoise et religion》, *Catholicisme et Sociétés asiatiques*, Paris, L'Harmattan, 1988〕二七頁。また、同じ著者が、『王道』〔Léon Vandermeersch, *Wangdao ou la Voie royale*, Paris, École française d'Extrême-Orient, 1980, II〕「儀礼と形態論」二六七頁以下において、このことを論じた重要な論述も参考のこと。

【結局のところ、社会的秩序治に対する中国的な考え方を最も特徴的に表すものは、儀礼主義、すなわち形式的行為を合目的性に先行させるということではないだろうか？　別言すれば、儀礼は形式的秩序で十分であるという確信だが、それは古代中国の諸制度の魂であり、王道の実践に不可欠の徳である。】

レオン・ヴァンデルメールシュは、中国的な論理が西洋の「目的論」からどのように区別されるのかを、見事に明らかにした。わたしが、彼の分析を再び取り上げることで、一つだけ問うたことは、はたして「形式」という概念が、中国的な独自性を最もよく説明するのかということである。形式では、形状／占形に内在するダイナミックな側面を十分に表すことはできないし、さらには、西洋思想はアリストテレスに基づいているために、形式と合目的性を（対立させるのではなく）同一視しかねないからである。「形態論／語形論 morphologie」はすべて、その用法からして、「統辞論 syntaxe」が付加されてしまうのである。ところが、中国では、形状は機能の体系として働いている。そのために、わたしは、布置という概念を強調するに至ったのである。

（3）『中国の自然神学について』「ドゥ・レモン氏への書簡」〔Leibniz,《Lettre à M. de Rémond》, *Discours sur la théologie naturelle des Chinois*, Paris, L'Herne, 1987〕九三〜九四頁（山下正男ほか訳『中国学・地質学・普遍学』工作舎、一九九一年、三五頁）。

これについては、オリヴィエ・ロア『ライプニッツと中国』〔Olivier Roy, *Leibniz et la Chine*, Paris, Vrin, 1972〕七七頁以下も参照のこと。

【ライプニッツの言う「自然的な勢い」というのは、事物がその自然＝本性に従って活動を展開することで、全体的にはかなり良いものだとして神が選択したものである。外から見れば、この勢いは必然性のように見えるために、中国の用語の曖昧さが出てくる。「あらかじめ立てられた秩序」とは、この勢いの活動が一旦展開しはじめると、神が介入することなく進んでいくということだ。ここでは、どんな意識的な思いがあっても、世界の進行には直接介入できないように見える。そのため、ここから偶然の運任せという印象が出てくるのである。かくして、中国人は明らかに、偶然と必然という用語を用いているとなって、ライプニッツはそれを「よりよい原理」と「予定調和」として翻訳するに至った。曖昧さが用語にあるのか、中国人の精神にあるのかは分からないが、本質的なことは示されている。すなわち、「理」は創造者である。】

（4）『易』坤卦。王弼もまた、この方向で注釈している。

（5）『老子』五十一章、三一頁。【道生之、徳畜之、物形之、勢成之。】

（6）『鬼谷子』第七「揣篇」。

（7）同、第十「謀篇」。

（8）このこと〔道家思想の国教化〕については、シャルル・ルブラン『淮南子、漢初思想の哲学的総合』〔Charles Le Blanc, *Huai Nan Tzu. Philosophical Synthesis in Early Han Thought*, Hong Kong University Press, 1985〕六頁以下を見よ。

【このように見ると、『淮南子』は、哲学的な根拠に基づいて、道家思想を国家の根本教説として主張する請願として登場したと言えるかもしれない。統治階級の公認教養としての儒家思想が、強力に中央集権化された権力を好み、中央政府が漢社会のあらゆる個別的な側面に介入することを正当化したのに対し、道家思想は非介入を提唱したからである。】

（9）『淮南子』巻九「主術訓」一三一頁。

(10)『鬼谷子』第八「摩篇」。
(11)『淮南子』巻一「原道訓」六頁。
(12)同、巻九「主術訓」一三四〜一三五頁。
(13)同、巻十九「修務訓」三三三頁。
これは、J・ニーダム『中国の科学と文明』第二巻〔J. Needham, *Science and Civilisation in China*, Cambridge, vol. II, 1956〕六八〜六九頁〔(四) 自然に反する活動（為）とその反対（無為）〕に引用されている。
(14)同、巻一「原道訓」五頁。
【夫萍樹根於水、木樹根於土。鳥排虚而飛、獣蹠実而走。蛟龍水居、虎豹山処。天地之性也。両木相摩而然。金火相守而流。員者常転、窾者主浮。自然之勢也。】
(15)こうした表現では、本質的な役割は「而（〜して、〜すると）」という「虚詞」に割り当てられている。それは、ある段階から別の段階への移行を意味している。
(16)この点で注目に値するのは、王充〔『論衡』〕の「物勢」（「物の勢いについて」）と「自然」（「自然について」すなわち、自然発生的に産み出されるものについて）という二篇の冒頭が、実に完璧に合致していることである。
【「物勢」——
儒者論曰、「天地故生人」。此言妄也。夫天地合気、人偶自生也。猶夫婦合気、子則自生也。夫婦合気、非当時欲得生子、情欲動而合、合而生子矣〔儒者は言う。「天地は意図的に人を生み出す」。これは妄言である。そもそも天地が気を合すると、人が偶々おのずと生じたのである。それはちょうど夫婦が気を合すると、子供がおのずと生まれるようなものである。その時に、子供を産もうと欲したのではなく、情欲が動いて合し、合すると子供が生まれたのである〕。】
【「自然」——
天地合気、万物自生。猶夫婦合気、子自生矣〔天地が気を合すると、万物はおのずと生じる。それはちょうど夫婦が気を合すると、子供がおのずと生まれるようなものである〕。】
とはいえ、王充は「勢」という語を固有の概念としてはまだ考えていない（たとえば、「物勢」篇の終わりでは、「勢」は二次的で一般的な仕方で用いられている）。「勢」という概念が、自然現象を説明するために、哲学的にはっきりと洗練され始めるのは、劉禹錫からであろう。
(17) 「自」と「故」という対立する意味。
(18) 「物勢」篇。
(19) この重要な主題については、レオン・ヴァンデルメールシュの『王道』第二巻、二七五頁以下〔「第十八章 宗教意識の儀礼的変化」〕の見事な詳説を見よ。
(20) 『荀子』第十七「天論」二〇八頁。
(21) 柳宗元「天説」。
韓愈は、人が天からどれだけ災いを被ったとしても、人には天を恨む権利はないと退けたが〔自然に被害が出るのは、虫が果物に穴をあけるようなものだ。何というエコロジストであろうか！〕、柳宗元はそれに応じて、天もまた、果物〔大きな瓜〕がそうであるように、善行にも悪事にも無感覚だと論じた。そして、公私ともに柳宗元の親友であった劉禹錫は〔彼らは王叔文の党に属していた〕、柳宗元の「自然主義的」テーゼを、哲学的により洗練して表現した。

つまり、これ〔天と人の分離〕は当時の重要な論争であって、そこから「勢」という語は、理論的な意義を得たのである〔柳宗元が封建制に至る変遷の歴史を考察した時、この語が中心的に用いられたことを想起せよ〕。

中国の哲学史家は、柳宗元の思想を「唯物論的」に解釈している。それについては、侯外廬「柳宗元の唯物論的哲学と社会学」七頁を見よ。
(22) 劉禹錫「天論」上。
(23) 同、下。
(24) 同、中。
(25) 劉因『静修先生文集』「退斎記」。
(26) この反転の論理は、古くは『老子』にも確かに見られる〔とりわけ、七章、九章、二十二章、三十六章〕。聖人は後退することで前進するし、個人的な利害関心が無いからこそ自分にふさわしい利益がやってくる。この論理を、三世紀に王弼が「勢」という語で解釈した。(g)「持而盈之、不如其已。揣而梲之、不可長保〔持してこれを満たすのは、それを止めるのに及ばない。鍛えてこれを鋭くすると長く保つことができない〕」〔『老子』九章〕に対して、王弼はこう注釈している〔『王弼集校釈』

上、楼宇烈校釈、中華書局、一九八〇年、二二頁)。

持、謂不失徳也。既不失其徳、又盈之、勢必傾危。故不如其已者、謂乃更不如無徳無功者也。既揣末令尖、又鋭之令利、勢必揣衄、故不可長保也。

持とは徳を失わないという意味である。その徳を失わなければ、満たすことになり、勢は必ず危うきに傾く。だから止めるのに及ばないのであって、徳も功も無いことに及ばないということである。先端を鍛えてとがらせると、鋭利になるが、その勢は必ず挫折する。だから長く保つことができない。

ここで重要なのは、『老子』の教え以来、事物の趨勢に固有の補完が問題になったということだ。この補完は、趨勢に含まれていて、「理からして」必然的なものだ。言い換えれば、神的な善意志によって、何らかの彼方やこの世の外からもたらされる、応報(宗教的な見方、とりわけキリスト教的な見方においてはそうである)が問題ではなかったのである。

(27) 劉因『静修先生文集』「退斎記」。
(28) 王夫之『張子正蒙注』巻一「太和」一～二頁。
(29) 同、五頁。
(30) 同、十三頁。
(31) 同、「参両」三九頁(張載の本文)。
(32) 同、四一頁。
(33) 同、四二頁。
(34) 王夫之『読四書大全説』巻九、五九九～六〇一頁。

【粗疎就文字看、則有道之天似以理言、無道之天似以勢言、実則不然。既皆曰「役」、則皆勢矣。集注云「理勢之当然」、勢之当然者、又豈非理哉。所以慶源、双峰従理勢上帰到理去、已極分明。

「小徳役大徳、小賢役大賢」、理也。理当然而然、則成乎勢矣。「小役大、弱役彊」、勢也。勢既然而不得不然、則即此為理矣。

大徳大賢宜為小徳小賢之主、理所当尊、尊無歉也。小徳小賢宜聴大徳大賢之所役、理所当卑、卑斯安也。而因以成乎天子治方伯、方伯治諸侯、諸侯治卿大夫之勢。勢無不順也。

若夫大之役夫小、彊之役夫弱、非其徳其賢之宜彊宜大、而乗勢以処乎尊、固非理也。然而弱小之徳与賢既無以異於彊大、藉復以其蕞爾之土、一割之力、妄逞其志欲、将以隕其宗社而死亡俘虜其人民、又豈理哉。故以無道之弱小、而無彊大者以為之統、則競争無已、戕殺相尋、雖欲若無道之天下尚得以成其相役之勢而不能。則弱小固受制於彊大、以戢其糜爛鼎沸之毒。而勢之順者、即理之当然者已。

曹操曰、「使天下無孤、則不知幾人称帝、幾人称王」。自操言之、固為欺凌蔑上之語、若従旁曠観、又豈不誠然耶？是雖不得謂彊大之役人為理之当然、而実不得謂弱小之役於人非理之所不可過也。故本文云、「小役大、弱役彊、天也」。自小弱言之、当役而役、豈非理哉。是非有道之天唯理、而無道之天唯勢、亦明矣。

双峰以勢属之気、其説亦可通。然既云天、則更不可析気而別言之。天者、所以張主綱維是気者也。理以治気、気所受成、斯謂之天。理与気元不可分作両截。若以此之言気為就気運之一泰一否、一清一濁者而言、則気之清以泰者、其可孤謂之理而非気乎。

有道、無道、莫非気也、則莫不成乎其勢也。気之成乎治之理者為有道、成乎乱之理者為無道。均成其理、則均成乎勢矣。故曰、「斯二者、天也」。使謂泰有理而非気、否但気而無理、則否無卦徳矣。是双峰之分有道為理、無道為気、其失明矣。

若使気之成乎乱者而遂無理、則応当無道之天下、直無一定之役、人自為政、一彼一此、不至相啖食垂尽而不止矣。其必如此以役也、即理也。如瘧之有信、豈非有必然之理哉。無理之気、天地之間即或有之、要俄頃而起、俄頃而滅。此大乱之極、如劉淵、石勒、敬瑭、知遠。百年而不返、則天地其不立矣。

理与気不相離、而勢因理成、不但因気。気到紛乱時、如飄風驟雨、起滅聚散、迴旋来去、無有定方、又安所得勢哉。凡言勢者、皆順而不逆之謂也。従高趨卑、従大包小、不容違阻之謂也。夫然、又安往而非理乎。知理勢不可以両截溝分、則双峰之言気、亦徒添蛇足而已。】

（35）『コレージュ・ドゥ・フランス年報　講義と研究業績要覧一九八七～八八年度』〔*Annuaire du Collège de France. Résumé des cours et travaux*, 1987-1988, Paris〕五九八頁以下を参照のこと。

（36）王夫之『読四書大全説』巻九、六〇一～〇二頁。

（37）　王夫之『詩広伝』「小雅」四一、九七～九八頁。
この文章に対する簡潔な分析が、林安梧『王船山人性史哲学之研究』（台北、東大図書公司、一九八七年）一二三頁にある。一般的に見て、「理」と「勢」の反転可能性という主題は、今日、中国の哲学史家が王夫之を扱う時に、しばしば取り上げるものである。しかし、それはわたしには単純化しすぎているように思われる（というのも、そこでは、西洋の「弁証法」の等価物をあまりに直接的に見出そうとしているからだ）。また、哲学に固有の争点／賭金がそこから引き出されることもない。

（38）　王夫之『尚書引義』（長沙、湖南人民出版社）巻四「武成」九九～一〇二頁。
この巻の読解に対して、方克が『王船山弁証法思想研究』（長沙、湖南人民出版社、一九八四年）一四〇頁、一四四頁で示した解釈には従えない。
【一四〇頁――武王が紂を征伐したことについて、王船山は、武王が直接に紂王に対して攻勢をしかけたと考えたために、「後同悪之討、先殷郊之戦」と述べたのである。ここでは、主に「勢」の「軽重」の問題を考えているのであって、「理」の「順逆」ではない。】
【一四四頁――殷が夏に、周が殷に取って代わったことについて、王船山は、総合的に見れば、いずれも「理」が「勢」になったのだが、その中間には「勢」に順って「理」となった要素も含まれている（主要なものは、武王が紂を征伐したことである）と考えている。】
方克は、「自分の力に有利にはたらく実際的な勢いに適応することで、規制的な原理に合致する（「順勢以成理」）という表現が、武王（そして牧野の戦い）の征伐に当たると考えているが、それは間違いではないだろうか。というのも、この箇所で問題になっているのは、普遍的な定式であり、原理であるからだ。事実、この巻全体は、武王の所業と文王の所業を区別した上で、武王の所業から見て、「理」と「勢」を分離する政策は、たとえどれだけ十分意図されたものであれ、すべて批判されると考えている。権力を守るのに必要な道徳的な要請を尊重せずに、権力を得ようとする政策が批判されているのである。

（39）　この伝統の歴史については、ミシェル＝ピエール・レルナー『アリストテレスの合目的性概念の研究』（【Michel-Pierre Lerner, *Recherches sur La Notion de finalité chez Aristote*, Paris, PUF, 1969】一一頁以下を見よ。

（40）　たとえば、アリストテレス『動物部分論』639b (éd. de J. -M. Le Blond, Paris, Aubier, 1945, pp. 83-4)を見よ（島崎三郎

訳『動物部分論』、アリストテレス全集八、岩波書店、一九六九年)。

(41) たとえば、アリストテレス『自然学』198b (trad., Carteron, Paris, Les Belles Lettres, p. 76)で機械論が提示されている箇所を見よ。

(42) たとえば、アリストテレス『自然学』199a (Carteron, p. 77) を見よ。

(43) たとえば、アリストテレスの『自然学』199a (Carteron, p. 77)、『動物部分論』640a (Le Blond, p. 87) を見よ。

また、これに関しては次の研究も参照のこと。ジョゼフ・モロー『アリストテレスとその学派』〔Joseph Moreau, *Aristote et son école*, Paris, PUF, 1962〕一〇九頁以下。最近の研究では、ランブロス・クゥルバリトゥシス『自然科学の到来、アリストテレス『自然学』について』〔Lambros Couloubaritsis, *L'Avènement de la science physique. Essai sur la《Physique》d'Aristote*, Bruxelles, Ousia, 1980〕第四章。そして、サラ・ウォーターロウ『アリストテレスの自然学における自然、変化、行為主体』〔Sarah Waterlow, *Nature, Change and Agency in Aristotle's Physics*, Oxford, Clarendon Press, 1982〕第一章「変化の内的原理としての自然」と第二章「自然はいかなる事物を有するのか?」。

(44) アリストテレスのような「自然主義者」でさえも、善は世界に内在しているのではなく、その源泉である神から発出すると考えていた。そして、これは将軍と軍隊を比較すれば確かめられると述べる。『形而上学』L 1075a (trad., Tricot, Vrin, 1964, p. 706)を参照のこと。「実際、軍隊の善はその秩序にあるが、それを指揮する将軍もより多く善を有していなければならない。なぜなら、将軍は秩序の理性によって存在するのではなく、秩序が将軍によって存在するのだから」。

(45) これについては、拙稿『プロセスか創造か』〔*Procès ou Création*, Paris, Éd. du Seuil, 1989〕一四九頁以下を参照のこと〔「第九章　唯物論思想が問題になりうるのだろうか?」〕。

(46) アリストテレス『自然学』第一巻188b (Carteron, p. 40)。

(47) 同、189a (Carteron, pp. 41-2)。

(48) 『形而上学』L1069b (Tricot, p. 644)。

また、『生成消滅論』314b (Tricot, p. 6)、329a (Tricot, p. 99)も参照のこと(戸塚七郎訳『生成消滅論』、アリストテレス全集四、岩波書店、一九六八年)。

(49) 『形而上学』L1075a (Tricot, p. 708)。

これについては、たとえば、アルベール・リヴォー『ギリシア哲学における生成の問題と質料の概念――その起源からテオフラテスまで』三八六頁を参照のこと。

（50）これらの定式は、中国の伝統全てに共通している。
たとえば、王夫之『張子正蒙注』第二章「参両」三〇頁、三七頁、四〇頁を参照のこと。

（51）アリストテレス『形而上学』L1069b-1070a (Tricot, p. 648)。

（52）このエピステーメーという概念は、フーコーが述べた意味で用いているが、フーコーに反してもいる。というのも、わたしたちは、エピステーメーを構成している言説の形状を、他の文化の「ヘテロトピー〔他処〕」の観点から暴いているのだが（ヨーロッパ文化に対する中国の観点）、その言説の形状が長期間にわたっているために、フーコーがあれだけ批判した、伝統という表象を再び持ち込んでいるからである（とはいえ、性の歴史に関するフーコーの最近の仕事は、こうした長期間に渡るものを、ある仕方で認識させるものではないだろうか?）。

（53）同、1071b (Tricot, p. 667)。

（54）『自然学』第四巻 208b (Carteron, p. 124)。
このことについては、ジョゼフ・モロー『アリストテレスの空間と時間』〔J. Moreau, *L'Espace et le Temps selon Aristote*, Padoue, Editrice Antenore〕七〇頁以下を見よ。

（55）『自然学』第二巻 196a-198a (Carteron, pp. 69-74)、『形而上学』A984b (Tricot, p. 35 cf. note 2)、『形而上学』Z 1032a (Tricot, p. 378 sq.)、『動物部分論』第一巻 640a (Le Blond p. 87, note 34)。

（56）『自然学』第一巻 192a (Carteron, p. 49)。

（57）『形而上学』L 1072b (Tricot, p. 678)。

中国語語彙集

第一部

第一章　潜勢力は配置から生まれる（兵法において）

a　其戦勝不忒
b　勝於易勝者也
c　其巧在於勢
d　気勢、地勢、因勢
e　勢者、所以令士必闘也
f　人雖衆多、勢莫敢格
g　埶如彍弩
h　求之於勢、不責於人
i　勇怯、勢也
j　勢勝人
k　計利以聴、乃為之勢、以佐其外
l　勢者、因利而制権
m　所以無朕者、以其無常形勢也
n　兵無常勢、水無常形
o　審時度勢
p　勢、利

第二章　地位が決定的な要素である（政治において）

a　趣物而不両
b　勢位足以屈賢
c　不恃其彊而恃其勢
d　以勢為足恃以治官
e　吾所為言勢者、言人之所設
f　威無勢也、無所立
g　凡人君之所以為君者、勢也
h　処勢
i　人君失勢、則臣制之
j　得乗信幸之勢
k　多建封、所以便其勢也
l　参、伍〔三、五〕
m　観聴之勢
n　聡明之勢興
明主
o　法、術
p　以衆為勢
q　処勢而不能用其有
r　執柄以処勢
s　得勢位則不進而名成
t　明主之行制也天、其用人也鬼

u　勢行教厳〔逆〕而不違
v　皆〔合〕舎勢之易也而道行之難
w　非懐其義、服其勢也
x　善〔能〕持勢

第一部の結論　操作の論理

a　好善而忘勢
b　是其水之性哉、其勢則然也
c　勢斉則不一
d　人服而勢従之
　人不服而勢去之
e　必、莫不
f　筆筆作奇鬼攫人之勢

第二部

第三章　形の躍動、ジャンルの効果

a　蓋書、形学也
　有形則有勢
b　得勢便、則已操勝算
c　筆勢、字勢
d　異体同勢
e　気勢――形勢
f　勢以生之
g　須求点画上下偃仰離合之勢
h　偃仰向背
i　形勢逓相映滞
j　須求映滞、字勢雄媚
k　取勢、得勢――失勢
l　画険絶之勢
m　見得山勢高不可測
n　一収復一放、山漸開而勢転
o　其水勢欲濺壁
p　勢使相偎
q　勢高而険
r　得参差之勢
s　以勢度之、方得其妙
t　只須虚実取勢
u　有取勢虚引処
v　兵無常陣、字無常体
w　勢多不定
x　即体成勢
　循体而成勢
y　勢者、乗利而為制
z　並総群勢
a′　総一之勢
b′　文之任勢
c′　勢実須沢
d′　原其為体、訛勢所変

e′ 遺勢鬱湮、余風不暢
図風勢

第四章　風景を貫く生命線

a 其行也、因地之勢
其聚也、因勢之止
b 地勢原脈、山勢原骨
c 千尺為勢、百尺為形
d 山水之象、気勢相生
e 遠望之以取其勢
f 近者玩習不能究錯縦起止之勢
g 尤工遠勢古莫比
h 要之取勢為主
i 理勢
j 凡一草一木倶有勢存乎其間
k 得勢則随意経営、一隅皆是
l 勢之推挽在於幾微
m 只取興会神到（超妙）

第五章　分野別の有効な配置

a 纏絲勁〔沈家楨その他編『陳家太極拳』〕
b 割其勢
c 勢、法
d 手勢、指法
e 興雖別而勢同
f 高手作勢、一句更別其意
g 下句弱於上句、不看向背
h 若語勢有対
i 勢有通塞
j 後勢特起、前勢似断
k 語与興駆、勢逐情起
l 気象氤氳、由深於体勢
m 高手有互変之勢

第六章　ダイナミスムは連続する

a 気以成勢、勢以御気
b 勢可見而気不可見
c 勢有余
d 無凝滞之勢
e 使其形勢遞相映滞、無使勢背
f 第二、三字承上筆勢
g 草則行尽勢未尽
h 飛動増勢
i 其相連処、特是引帯
j 横斜曲直、鈎環盤紆、皆以勢為主
k 如筆将仰、必先作俯勢
l 逆其勢
m 気勢貫串

n　総之統乎気以呈其活動之趣者、是即所謂勢也
o　以筆之気勢、貌物之体勢
p　有所承接而来、有所脱卸而去
q　勢、理
r　文勢、文章
s　凡切韻之動、勢若転圜
t　勢不相依、則諷読為阻
u　承接二句尤貴得勢
v　無復有能行之勢
w　勢者、意中之神理也
x　為能取勢、宛転屈伸以求尽其意
y　遂宕成一篇之勢
z　前解実生起後解之勢
a′　伏線有勁弓怒馬之勢
b′　筆勢奇絶
c′　文勢曲折波瀾之極
d′　畳成奇勢、使下文走得迅疾可笑
e′　只是筆墨抑揚、以成文勢
f′　作者特欲為後文取勢
g′　必叙別事以間之、而後文勢乃錯綜尽変

第二部の結論　龍のモチーフ

a　勢委蛇曲折、千変万化、本無定式
b　地勢原脈、山勢原骨、委蛇東西或為南北

c　使勢蜿蟺如龍
d　蟠虬之勢、欲附雲漢
e　虫蛇虬蟉、或往或還
f　字体形勢、状如龍蛇、相鈎連不断
g　筆勢夭矯
h　其勢万状、変態莫測
i　真如龍行夭矯、使人不可捉搦

第三部

第七章　歴史における状況と趨勢

a　非無力、勢不可
b　久処利、勢必王
c　勢不能為姦
勢得為姦
d　勢治之道也
勢乱之道也
e　修今則塞於勢
f　三代異勢而皆可以王
g　攻守之勢異也
h　封建非聖人意也、勢也
i　勢之来
j　勢之処趨、豈非理而能然哉
k　勢所必濫
l　勢所必激

m 勢相激而理随以易
n 勢有所不得遽革
o 封建之必革而不可復也、勢已積而俟之一朝
p 漸有合一之勢
q 民力之所不堪而勢在必革
r 事随勢遷而法必変
s 以古今之通勢而言之
t 天下之勢、一離一合、一治一乱而已
u 五行相勝、相生
v 正統
w 離而合之、合者不継離也〔「乱而治之、治者不継乱也」の方が適切〕
x 神気者、始終相貫、無遽生遽滅之理勢
y 一動而不可止者、勢也
z 皆自然不可中止之勢
a′ 極重難返之勢、不能逆挽於一朝
b′ 無一而非必亡之勢
c′ 物極必反
d′ 極重之勢、其末必軽、軽則反之也易、此勢之必然者也
e′ 順必然之勢者、理也。理之自然者、天也。
f′ 泰、否
g′ 屈而能伸者、惟其勢也
h′ 極而必反之勢成乎天
i′ 否極而傾、天之所必動、無待人也
j′ 承大弛而勢且求張之日
k′ 相仍者之必相変也、勢也
l′ 張弛・伸屈・治乱・盛衰・抑揚
m′ 居貞以俟、徐起而順衆志以図成
n′ 因其漸衰之勢
o′ 天者、理而已矣、理者、勢之順而已矣
p′ 軽重之勢、若不可返、返之幾正在是也
q′ 屈於此者、伸於彼、無両得之教、亦無不反之勢
r′ 生之与死、成之与敗、皆理勢之必有
s′ 理者固有也、勢者非適然。以勢為必然、然而有不然者存焉
t′ 幾
u′ 勢流不反
v′ 此所謂勢不同而無模擬之能
w′ 古之不能為今者也、勢也
x′ 此理也、亦勢也
y′ 度其勢
時異而勢異、勢異而理亦異
z′ 知時以審勢、因勢而求合於理

第八章　現実の中で働く勢い

a 地勢坤
b 勢成之

c　幾之勢

d　因其勢以成就之

e　勢之自然

f　物類相応於勢

g　推而不可為之勢

h　数存、然後勢形乎其間焉

i　適当其数乗其勢

j　天果狭於勢耶

k　以理之相対、勢之相尋

l　噭之勢必汚

m　理勢

n　相蕩、其必然之理勢

o　皆升降飛揚自然之理勢
〔おそらくは、前注(29)で引かれている「気之聚散、物之死生、出而来、入而往、皆理勢之自然、不能已止者也」の方が適切である〕

p　精極理勢

q　理当然而然、則成乎勢

r　勢既然而不得不然

s　勢之順者、即理之当然者已

t　気、理

u　理以治気、気所受成、斯謂之天

v　只在勢之必然処見理

w　理成勢

x　勢成理

y　以勢之否、成理之逆

z　理之順即勢之便

a′　攻守異勢

b′　因理以得勢

c′　亦順勢以循理

d′　奉守之理以攻、存攻之勢以守

e′　不能予持後勢

f′　離事無理、離理無勢

g′　勢必傾危
勢必摧峨

第三部の結論　順応と効力

a　乗勢

b　妙

c　順

訳者あとがき

ここにお届けするのは、フランソワ・ジュリアン著『勢　効力の歴史――中国文化横断』である。François JULLIEN, *La Propension des choses: pour une histoire de l'efficacité en Chine*, Paris, Des Travaux/Seuil, 1992.

本書は、もともとミシェル・フーコー、ポール・ヴェーヌそしてフランソワ・ヴァールによって一九八二年に創設された、デ・トラヴォ（研究）叢書に収められたものである。デ・トラヴォ叢書の方向性を示す言葉が扉に掲げられている。

研究とは、重要な差異を知の領域に導き入れうるものである。それには著者と読者がいかばかりかの労苦を払う必要がある。そうすれば、それは何らかの喜びで報いられるだろう。つまり、研究とは、別の形の真理に接近する可能性のあるものなのだ。

これを読むと、二〇年前の息吹が伝わってくるようである。そして、ジュリアンは、こうした差異の思考の系譜の中に、中国研究者でありかつ哲学者として自らを登録していった。原題の『物の勢い』という題名にしてから、フーコーの『言葉と物』を意識してつけられたものである。

この書物は、その「重要な差異」を西洋と中国との間に見ている。そのため、日本語に翻訳する以前から、この書物にはそもそも翻訳という問題がついて回っていた。それは、ここでなされた著者の労苦それ自身が、フランス語とは他なる諸言語（主として中国語であるが、ギリシア語、ラテン語、英語、ドイツ語そして日本語も含まれる）で書かれた作品 travail を、フランス語に翻訳することによって、全く新たな差異の空間を作り上げようとすることに払われていたからである。それは、中国語の原典を正確にフランス語に翻訳することだけが問題ではない。さらに、翻訳を通じて、中国的な問題系からも、フランス的な問題系からも距離を取り、その間において哲学的な争点／賭金を発明することだったのである。

したがって、この作品を日本語に翻訳するということは、ただ正確に翻訳するだけでなく、哲学的な争点／賭金が明らかになるように、そしてさらには、新たな差異がもたらされるように翻訳する必要があった。しかし、著者でもなく読者でもない（あるいは逆に、著者でもあり読者でもある）翻訳者に要求されたこの「いかばかりかの労苦」は、わたしの乏しい能力を遙かに超えるものであった。そのため、この日本語版には、読者が一読してわかりにくいところが多々あろうかと思われる。それはすべて訳者が責めを負うべきものであり、読者諸賢のご寛恕を願うとともに、お気づきの点に関してはご教示いただけると幸甚である。

なお、本書は昨年、Collection Point (Seuil, 2003) の一冊として再版されている。また、三種類の外国語訳があり、英訳である François Jullien, *The Propensity of Things Toward A History of Efficacy in China*, translated by Janet Lloyd, Zone Books, New York, 1995 は、訳出の際に大いに参考にした。他には、スペイン語版（Anthropos, Barcelone, 2000）とベトナム語版（Ed. The-Gioi, Hanoi, 2003）がある。

＊

本書の内容について簡単に触れておきたい。一言で言えば、この本は、「勢」という言葉を手掛かりに、中国文化を横断的にそして哲学的に理解しようとするものである。意外なことに、従来の中国哲学研究において、つまり「哲学」が制度として移植された近代以降の言説において、「勢」が哲学的な鍵概念として扱われることはそれほど無かった。それは皮肉なことに、「勢」にうまく対応する西洋的な哲学概念が無かったために、「哲学」の語彙として中国哲学研究に登録されていなかったからである。ジュリアンは、西洋哲学に対する根底的な批判を行うために、中国という「外部」に迂回するのだが（この迂回にオリエンタリズムの匂いがないわけではないとしても）、その戦略にとってこの「勢」という概念は実にうってつけであった。なぜなら、西洋哲学とはそもそも学問のジャンル分けの運動でもあるが（日本にしても中国にしても、いわゆる近代以降、このジャンル分けの運動としての「哲学」に魅了され苦しめられた）、「勢」はそれを横断しながら働くために、それだけで諸ジャンルの存立それ自体を問い直すからである。つまり、「勢」は、哲学化される以前の中国思想の可能性の中心なのである。加えて、「勢」は一種のダイナミズムを指し示す概念であって、構造に寄り添いながら、それをはみ出す次元に属している。これは同時に、現代フランス思想の重要な問題系の一つである「内在」もしくは「超越無き内在平面」の意味を、別の角度から深めるものでもありうる。

具体的に見ておくと、序文において方法論を述べた後、第一部では兵法と政治という領域における「勢」を論じている。そこでは、西洋的な正面対決の論理と異なる布置＝配置の論理が描き出されている。続いて、第二部では、詩・書・画そして小説という芸術領域において、「勢」を通じてどのような芸術的効果が期待されているのか、そしてそのための技法は何であるのかが詳細に論じられる。ここでは、わたしたちには馴染みの深い、「筆勢」や「書勢」という概念が検討される。そして、第三部では、歴史学と自然学（もしくは形而上学）における「勢」の意味が論じられる。歴史においては、クロノロジーを貫いて把握される「趨勢」という概念が検討され、自然学（形而上学）においては、目的論や因果律から切り離された説明原理を中国に求めることで、神という超越を立てない思考の可能性を探っている。そして、第三部の結論において、このような「勢」の概念が働くことを可能にしている中国的思考の枠組みを提示して全体を結んでいる。

それぞれの領域でなされる議論はユニークであり、なかでも第三部は議論の的になるものだろう。まず、歴史に趨勢を読み取るタイプの思考は、日本においてもずっと優勢を占めており、たとえば丸山真男や、古くは内藤湖南といった思想家が、歴史の中に「勢い」や「大勢」を見出した上で、自らの議論を展開しているのは周知のことである。そして、問題なのは、はたしてこのようなタイプの思考が、ジュリアンが言うように目的論的・因果律的な構えからどこまで自由なのか、逆に、かえって強い目的論に絡め取られていないかということである（これに関しては、拙論「「統」への欲望を断ち切るために――中国史の書き方と読み方――」（濱下武志・平勢隆郎編『中国史』、有斐閣、近刊）を参照のこと）。同様に、自然学もしくは形而上学においても、中国的な思考が西洋的な観念論とは異なるにしても、はたして因果律の不在にまで本当にたどり着いているのか、かえって閉じた体系を前提しているからこそ、因果律が不在であるかのように見えているだけではないのかが問われなければならない。その時、ジュリアンの議論は、批判可能な出発点となりうるだろう。

*

フランソワ・ジュリアンの略歴に関しては、拙訳「外(中国)から考える」(岩波『思想』二月号、一九九九年)と、中島隆博・志野好伸訳『道徳を基礎づける　孟子 vs. カント、ルソー、ニーチェ』(講談社現代新書、二〇〇二年)の解題で詳しく紹介したので、ここでは最小限の紹介と最近の仕事に触れるにとどめたい。

現在、ジュリアン氏はパリ第七大学の教授で、古典中国の哲学と美学を教授する一方、マルセル・グラネ センターの所長であり、かつ現代思想研究所の所長でもある。その関心は幅広く、本書が示すとおり中国哲学・美学・文学全般にわたっており、ギリシア哲学から現代ヨーロッパ哲学までを射程に収めているが、比較研究と間文化性の有する問題系を繊細な仕方で提示している。本人の言によると、「自民族中心主義からくる先入見とエグゾティスム(異国趣味)が引き起こす誘惑という二つの暗礁を避けながら、しかも安易な普遍主義にも漫然とした相対主義にも陥らないような間文化的な関係を、開かれた現場において構築したいと思う。それは、中国的な「ヘテロトピー(他処)」を働かせることで、ヨーロッパの伝統を見直し、思想を脱/再カテゴリー化して、思考可能な領野を再配置してみようというのである」ということになる。

最近の主要な研究には次のものがある。

『本質もしくはヌード』(Paris, Seuil, 2000)

『「時間」について——生きることの哲学エレメント』(Paris, Grasset et Fasquelle, 2001)

『大象無形　オブジェを描かない絵画』(Paris, Seuil, 2003)
『影の領分——悪と否定的なもの』(Paris, Seuil, 2004)

＊

翻訳について、もう一度触れておきたい。本書の翻訳を開始したのは一九九二年である。しかし、この本が翻訳に関して有する原理的な困難さのために、引用文献を原典からすべて洗い直す必要があった。志野好伸さん（明治大学文学部専任講師）の多大な協力を得たことで、ほとんどの文献に目を通すことができた。志野さんには、そのほかに訳稿に何度も目を通していただいた。ここであらためて志野さんに心から感謝いたします。それによって、フランス語・中国語・日本語の間のバランスを取りながら、何とか訳語を確定することができた。あわせて、日本ではなかなか目にすることができない欧米の中国研究の一端を、注の中に訳出することもできた。読者の読解の一助になれば幸甚である。

こうした次第で脱稿は遅れ、訳稿が一応完成したのは一九九八年であった。ところが、そこからさらに紆余曲折があり、この本が出版されることはなかった。ジュリアン氏からも再三にわたって出版を慫慂されたのだが、諸般の事情がもたらす勢いのためだろうか、それはかなわなかったのである。ところが、「物極まれば反す」という言葉どおり、事態は急転する。それは、二〇〇三年に知泉書館の小山光夫さんと出会ったことである。小山さんは、まさに「重要な差異を知の領域に導き入れる」という意味での「travail（研究／労苦）」の意義を十分理解する編集者であり、その出会いによって、物の布置が変わり、まったく新たな世界が開けたのである。人が関わらなければば、何も変わらないということが、あらためて身に沁みた。小山さんにも心から感謝をいたします。

その他にも、廣瀬玲子さん（専修大学教授）からは訳稿について貴重なアドバイスを頂いた。そして、索引は東京大学大学院の大橋完太郎さん、柿並良佑さん、寺田瑞木さんの御尽力によるものである。皆さんに心から御礼申し上げます。

この間、わたしは父を亡くした。何もしてあげられなかった悔恨が、いまだに胸の奥に沈んでいる。わたしは確信しているが、死は決してプロセスの中の変化ではない。この本を、父に捧げる。

二〇〇四年盛夏

中島隆博

中島　隆博（なかじま・たかひろ）

1964年，高知県に生まれる．東京大学大学院人文科学研究科中国哲学専門課程（博士課程）中途退学，現在東京大学大学院総合文化研究科助教授．

〔主要業績〕「中国思想とニヒリズム——自然から必然へ」（竹内整一・古東哲明編『ニヒリズムからの出発』ナカニシヤ出版，2001年），「国家と戦争——放にして祀らず」（『哲学を使いこなす　東洋大学哲学講座２』知泉書館，2004年），「「中国哲学史」の系譜学——ジョン・デューイの発生的方法と胡適」（『中国哲学研究』第19号，2003年），「胡適と西田幾多郎——哲学の中国，哲学の日本」（『中国　社会と文化』第19号，2004年），末木文美士・中島隆博編『非・西欧の視座』（大明堂，2001年），『事典　哲学の木』（講談社，2002年），フランソワ・ジュリアン『道徳を基礎づける——孟子 vs. ルソー，カント，ニーチェ』（中島隆博・志野好伸訳，講談社現代新書，2002年）．

〔勢　効力の歴史〕　ISBN4-901654-37-3

2004年 8 月25日　第 1 刷印刷
2004年 8 月30日　第 1 刷発行

訳　者　中　島　隆　博
発行者　小　山　光　夫
印刷者　藤　原　良　成

発行所　〒113-0033 東京都文京区本郷1-13-2
電話(3814)6161　振替00120-6-117170
http://www.chisen.co.jp
株式会社　知泉書館

Printed in Japan　印刷・製本／藤原印刷

人名索引

ア　行

哀公 Ai　43
アナクサゴラス Anaxagore　225
アリストテレス Aristote　28, 65, 75, 77, 195, 196, 198, 225-31, 233-35
アレクサンダー大王 Alexandre　26
アロン Raymond Aron　194
アンドロマケー Andromaque　105
安禄山 An Lushan　172
ヴァンデルメールシュ Léon Vandermeersch　45, 199
ヴィーコ Vico　194
衛恒 Wei Heng　65, 66
エピクロス派 épicurisme　193
エリュアール，ポール Paul Éluard　127
エレア派 les Éléates　232
袁宏道 Yuan Hongdao　186
エンペドクレス Empédocle　225
王安石 Wang Anshi　175, 177
王維 Wang Wei　88
王羲之 Wang Xizhi　65, 135
王宰 Wang Zai　82
王士禎 Wang Shizhen　87, 88, 123, 124
王充 Wang Chong　203
王昌齢 Wang Changling　101, 103, 109, 111
王穉登 Wang Zhideng　68
王微 Wang Wei　81, 82
王夫之 Wang Fuzhi　5, 11, 88, 90, 125, 126, 142, 164-74, 177, 179, 180, 182, 183, 187, 210, 211, 213, 214, 216-19, 221-24
王莽 Wang Mang　171

カ　行

カールグレン Karlgren　110
賈誼 Jia Yi　162, 166
郭熙 Guo Xi　80
霍光 Huo Guang　180
郭璞 Guo Pu　77, 78, 134
岳飛 Yue Fei　181
何進 He Jin　181
カント Immanuel Kant　28, 57, 98, 199
韓拙 Han Zhuo　134, 138
韓非 Han Fei　161
キーガン，ジョン John Keegan　26
姜夔 Jiang Kui　66, 118, 119
龔賢 Gong Xian　71
キリスト　218
ギロー Pierre Guiraud　75
金聖歎 Jin Shengtan　59, 127-30, 135, 136, 139, 140
空海　91
虞世南 Yu Shinan　71
クラウゼヴィッツ Clausewitz　27, 28
クルティウス，クイントゥス Quinte Curce　27
嵇康 Ji Kang　109, 110
荊浩 Jing Hao　69, 79, 134
元帝 Yuandi　178
項羽 Xiang Yu　182
黄公望 Huang Gongwang　68
孔子 Confucius　138, 161
黄巣 Huang Chao　173
皎然 Jiaoran　109, 113, 114, 142
康有為 Kang Youwei　64
顧炎武 Gu Yanwu　165, 166, 186
顧愷之 Gu Kaizhi　67, 69, 134

サ　行

柴進 Chai Jin　130
蔡邕 Cai Yong　64,92
シーザー César　189
ジェルネ Jacques Gernet　214
始皇帝 Le premier empereur　55,162,165,166,189
失地王ジョン Jean-sans-terre　161
司馬光 Sima Guang　180
朱仝 Zhu Tong　59
シュペングラー Oswald Spengler　194,195
荀子 Xunzi　53,54,160,204
商鞅 Shang Yang　32,160
葉燮 Ye Xie　187
昭帝 Zhaodi　180
秦檜 Qin Hui　178
神宗 Shenzong　175,177
仁宗 Renzong　173
沈宗騫 Shen Zongqian　120-22
慎到 Shen Dao　31
鄒衍 Zou Yan　170
斉己 Qiji　100
石濤 Shitao　69,70
石勒 Shi Le　213
宋江 Song Jiang　140
曹操 Cao Cao　181
曹丕 Cao Pi　172
宗炳 Zong Bing　80,81
ソフォクレス Sophocle　26
孫臏 Sun Bin　19,20

タ　行

笪重光 Da Chongguang　68,120
丹波康頼　91
張懐瓘 Zhang Huaiguan　66,117,118
張彦遠 Zhang Yanyuan　68
趙左 Zhao Zuo　85
ディエニ，ジャン＝ピエール Jean-Pierre Diény　136
ディオゲネス（アポロニアの）Diogène d'Apollonie　225
デモクリトス Démocrite　225,234
トインビー Arnold Toynbee　194,195
湯王 Tang　222
唐志契 Tang Zhiqi　68,84
盗跖 Zhi　160,161
唐岱 Tang Dai　85
董仲舒 Dong Zhongshu　170
竇武 Dou Wu　181
ド・サント・マリー de Sainte-Marie　227
ド・ジョミニ de Jomini　27
杜甫 Du Fu　82,111,138,186

ハ　行

ハイデガー Martin Heidegger　77
伯夷 Bo-Yi　160
莫是龍 Mo Shilong　69,84
バルト Roland Barthes　75
潘金蓮 Pan Jinlian　130
ハンソン，ヴィクター・ディヴィス Victor Davis Hanson　26,27
ハンニバル Annibal　193
ファン・フーリック Robert Van Gulik　97
フーコー Michel Foucault　7,46,47,107
武王 Wu　223
フォン・ビューロー von Bülow　27
武松 Wu Song　130
武帝 Wudi　175,180
プラトン Platon　196,225,226
プロメテウス Prométhée　244
文王 Wen　222
ヘーゲル Hegel　10,188,189,214
ベンサム Bentham　46,47
方薫 Fang Xun　69,84,120
ボシュエ Bossuet　194
ホメーロス Homère　26
ボルヘス Borges　107

マ・ヤ 行

マキャベッリ Machiavel 45,46
孟子 Mencius 51,52,211,212
毛宗崗 Mao Zonggang 130
毛沢東 Mao Zedong 25
モンテスキュー Montesquieu 193,194

羊欣 Yang Xin 65

ラ 行

雷横 Lei Heng 59
ライプニッツ Leibniz 200,227
李贄 Li Zhi 185
李日華 Li Rihua 70
理宗 Lizong 184
李白 Li Bo 186
劉因 Liu Yin 207-09
劉禹錫 Liu Yuxi 205-07
劉淵 Liu Yuan 213
劉勰 Liu Xie 72,74,122,123
柳宗元 Liu Zongyuan 162-64,205
劉邦 Liu Bang 182
林冲 Lin Chong 136
老子 Laozi 138,208
魯智深 Lu Zhishen 136
ロンゴバルディ Longobardi 200,227

事 項 索 引

ア　行

悪 le Mal　215,242
稲妻 éclair　140
岩 roche　69,134
陰 *yin*　116,176,192,201,210,211,228-30,240
因果律 causalité　75,191-93,197-200,202,203,206,210,230,232,235,236,239,243
陰爻　82,94,176
印象主義 impressionnisme　127
エコノミー（摂理）économie　190
エネルギー énergie　20,65,116,121,133-35,210,213,214,217,225,227,230
王権 souveraineté, le pouvoir royal　160,163

カ　行

卦（八卦，六十四卦）hexagramme　94,98,131,176,177,195,213
画 peinture　59,71,82,92,115,120,126,131
開 ouverture　121,122
風 vent　32,70,76,103
掛け軸　→巻物
神 Dieu, dieu　6,196,198,236,237,239,244
官僚制 bureaucratie　162,164
気（生気）souffle　66,77,78,90,115,121,125,131,134,203,213,217
樹，樹木 arbre　69,135,138
基体＝主体 substrat-sujet　228,229,231
技法 art　91,92,107,116,118,126,128,130,131,164,240
興，インスピレーション inspiration　110,114,239
去勢 castration　95
儀礼 rite　48,55,204,244
琴 luth　93,99,104,106,109
緊張 tension　6,54,63,69-71,80,90,111-13,117,120,124,128-30,133,134,141-43,165,171,177,178,218,244
緊張の効果 effet de tension　66,70
郡県制 le système administratif　162,164,166,167,211
警句 beaux vers　126
形而上学 métaphysique　143,214,216,217,220,224,227,234
権威主義，権威主義者 autoritarisme　36,38,42,45,46,55,159-62,175
現実化 actualisation　18,63,115,133,142,201,210,213,214,224,227,230,232,233
現実主義，現実主義者 réalisme, réaliste　51,53,161,196,221,224
碁 go　126
合 fermeture　121,122
効果 effet　6,8,20,32,38,63,68,70,73,74,76,79,116,126,129,134,140,141,143
効果の勢い propension d'effet　72-74
交替 alternance　7,25,68,80,82,94,113,114,118,122,123,125,127-29,136,137,139,144,168-71,174,176,178,179,183,184,187,195,197,210,222,224,228,232,240,244
幸福 bonheur　109,179,206,214,238
効力 efficacité　8,22-24,25,28,29,31,35,43,53,54,56,59,75,91,98,125,143,160,191,221,238,241,243
五行 cinq éléments　94,98,170
骨，骨格，骨組 ossature　65,79,84,86

サ　行

細線〔皴〕ride　84
山水　→風景
自然 nature　42,77,98,100,126,144,177,183,185,200,202-04,206,210,213,215,218,225,226,229,230,232,233,236,239,240
自然学 physique　77,78,121,198,227,228,232
自然主義 naturalisme　99,205
七王の乱　166
自動調整 autorégulation　50,190,227
詩の空間 espace poétique, monde poétique　6,87,89,142,143
儒家（道徳家），道徳主義 confucianisme, moraliste　5,36,43,44,51,55,56,161,169,208,243
手勢 *che* des mains　93
書 calligraphie　6,59,71,82,111,115,117-22,126,131,142
上帝 Seigneur d'en haut　204
進化論 évolutionnisme　168
新儒学 néo-confucianisme　164,207
身体　→体
進歩 progrès　167,168,171,187,189,194
新法家 néo-légiste　205
進歩主義 progressisme　194,195
神話 mythe　167,199,243
趨勢 tendance　7,22,26,31,54,118,121,122,159,162-67,169,171-74,178,180-88,192-94,197,200-02,206-09,211-13,217-22,224,234,236,237,240
スタイル style　74,111
聖賢，聖人 Sage　32,34,35,43,54,161,164,165,171,179,180,183,209-10,239,242-43
生成，生成変化 devenir　98,117,121,176,196-98,220,226,232,233,241
正統，正統性 règnes, légitimité　170,171,223,224
生命線 ligne de vie　78-80,84,86,89,90,134
世界史 l'histoire universelle　188,189
戦術 tactique　18,24,25,49,53,55,178,209,240
潜勢力 potentiel, potentialité　4,6,19-22,24-26,32,36,55,63,64,67,72,79,89,90,95,98,117,123,125,133,143,160,176,233,234,236,239
先祖 parents　78
全体主義 totalitarisme　36,38,40,42,46,55
潜伏，潜伏的な latence, latent　49,176,210,232
戦略　→兵法
草書 la cursive　118,120,135,141,142
装置　→布置
存在 être　196,198,232,241

タ　行

体，身体 corps　65,85,86,91,98,115,119,121,133-36,141
太虚 le Grand vide　82,210
太極拳，中国拳法 boxe chinoise　94,98,115-17
対照，コントラスト contraste　68,69,111,115,120,124,129,139
大勢 le grand *che*　86
脱神秘化 démystification　206
力 force　3,6,64,73,133,134,160
地図 carte géographique　81,82,89
中国拳法　→太極拳
中国語 langue chinoise, chinois　110,122,123
調整機構，調整的な力 régulation, dynamique régulatrice　120,178,183,204,206,213,214,217,219,226,236,244
庭園術 art des jardins　81
テロス（目的）télos　9,190,226,233
天 Ciel　42,133,134,141,165,174,177,179,180,183,189,200,201,203-07,

210, 213, 214, 217, 220, 224, 237, 240, 243
天下 sous le soleil 168
典雅 72, 73
天子 Fils du Ciel 163
弩 arbalète 20, 27, 32
道家，道家思想（自然主義者）taoïste, taoïsme (naturaliste) 43, 138, 161, 202, 205, 208, 209
童心 cœur d'enfant 185
道徳家 →儒家
動物 animal 99, 100, 163
徳 vertu 46, 50, 160, 170, 179, 201, 212, 213, 216, 223

ハ 行

配置 disposition 3, 4, 6, 9, 18-26, 29, 31-33, 52, 55, 59, 63, 67, 89-91, 92, 98, 100, 101, 108, 113, 123, 136, 143, 160, 199, 200, 202, 217, 225, 229, 230, 234, 239, 244
八卦 →卦
発生的文体論 stylistique génétique 75
パノプティコン Panopticon 46, 47
反転 renversement 162, 175, 177, 179, 181, 193, 214, 216, 218, 220
ピュシス（自然）phusis 235
賦 186
風景（山水）paysage 6, 67, 78-82, 84-87, 89, 99, 102, 104-06, 108, 109, 112, 113, 121, 128, 134, 218, 240
風水 géomancie 77, 78, 80, 134
不均衡 le déséquilibre 174, 175, 179
布置（装置，布陣）dispositif 6, 7, 9, 21, 28, 31, 36, 41, 44, 49, 50, 52, 54-56, 59, 64, 66, 71, 75, 79, 90, 108-10, 113, 114, 117, 126, 133, 135-38, 140, 141, 143, 159, 178, 180, 183, 188, 197, 200, 202, 204, 208-10, 214, 217, 218, 220, 224, 225, 230, 232, 233, 235, 237, 240-42
仏教 bouddhisme 81, 101, 132, 207, 214, 227
プロセス processus, procès 9, 17, 18, 23, 24, 26, 28, 43, 44, 49, 54, 56, 60, 63, 66, 75, 116, 121, 127, 132, 133, 140, 143, 144, 159, 160, 162, 164, 166, 168, 169, 177, 179, 180, 182, 183, 187, 188, 190, 192, 195, 197, 201-03, 206, 209-10, 213, 215, 224-28, 232, 236, 240-44
文人 le lettré 51, 52, 83, 93, 103, 115, 208, 214
兵法（戦略，兵法家）stratégie, stratégique 4, 6, 8, 17, 18, 20-26, 29-32, 37, 48-51, 54, 58, 60, 72, 79, 97, 101, 116, 138, 143, 160, 175, 191, 202, 226, 242
変遷 évolution 7, 17, 22, 24, 26, 30, 65, 159, 160, 162, 186, 191, 192, 200, 201, 203, 215, 240, 241
法家 légiste 35, 36, 42, 49-51, 141, 160, 161, 184, 241
封建制 féodalisme 37, 162-64, 166, 167, 211
房中術 Art de la chambre à coucher 94
墨家 Mohiste 38
盆栽 bonsaïs 81

マ・ヤ・ラ行

巻物，掛け軸 rouleau 108, 121
松 pin 69, 93, 95, 134, 138
水 eau 24, 52, 68, 71, 72, 86, 170, 202
道 Voie, Tao 6, 30, 44, 51, 53, 116, 138, 201, 217, 218, 239
ミメーシス mimèsis 63
脈，脈動 pulsation, veine 79, 119, 121, 131, 134
目的論 téléologie 75

矢 flèche, carreau 32, 72, 117, 138
躍動 élan 63, 66, 67, 76, 113, 117, 118, 121, 124, 126, 127, 129-31, 133-36
柳 saule 69

山 montagne　68,86,103,120,121,134
陽 *yang*　116,135,176,192,201,210,211,228-30,240
陽爻　82,94,176

乱 désordre　215-18
理（論理的なもの）logique　6,95,122,125,164-66,174,180,188,207,209,210-13,216-18,221,224
理性 raison　107,108,188,189
理勢 tendance logique　209,210
龍 dragon　32,33,40,46,83,93,101,103,132-35,138,140,142,144,240
ロマン主義 romantisme　75

書名索引

易 *Livre des mutations*　98,175,176,195,200,213,215
淮南子 *Huainanzi*　20,22,24,40,55,202
管子 *Guanzi*　36,37,160
韓非子 *Hanfeizi*　32-34,37,39-41,43,44
鬼谷子 *Guiguzi*　201
「九勢」《Neuf *che* (Jiu shi)》　92,95
君主論 *Le Prince*　45
形而上学 *Métaphysique*　229,230,234
言葉と物 *Les Mots et les choses*　7,107
詩経 *Les Trois cents poèmes*, *Shijing*　72,109,186
自然学 *Physique*　228,235
水滸伝 *Au bord de l'eau*　58,59,128,140
生成消滅論 *De generatione et corruptione*　195
荘子 *Zhuangzi*　30
孫子 *Sunzi*　17-21,24,25
ティマイオス *Timée*　225,226
パイドン *Phédon*　228
プロセスか創造か *Procès ou Création*　11
文鏡秘府論　123
文心雕龍 *Wenxin diaolong*　72,75
法律 *Lois*　225
孟子 *Mengzi*　51
離騒 *Lisao*　72
呂氏春秋 *Lüshi chunqiu*　37
老子 *Laozi*　201
ローマ人盛衰原因論 *Grandeur et Décadence des Romains*　193